职业教育教师专业发展丛书

职业教育学

主编 李强

ZHIYE JIAOYU XUE

北京师范大学出版集团
BEIJING NORMAL UNIVERSITY PUBLISHING GROUP
北京师范大学出版社

图书在版编目(CIP)数据

职业教育学／李强主编.—北京：北京师范大学出版社，
2010.7（2018.8重印）
（职业教育教师专业发展丛书）
ISBN 978-7-303-11166-4

Ⅰ．①职… Ⅱ．①李… Ⅲ．①职业教育-研究-中国
Ⅳ．①G719.2

中国版本图书馆 CIP 数据核字（2010）第 126656 号

出版发行：北京师范大学出版社 www.bnup.com
　　　　　北京新街口外大街 19 号
　　　　　邮政编码：100875
印　　刷：北京京师印务有限公司
经　　销：全国新华书店
开　　本：730 mm×980 mm　1/16
印　　张：15.5
字　　数：220 千字
版　　次：2010 年 7 月第 1 版
印　　次：2018 年 8 月第 4 次印刷
定　　价：27.00 元

策划编辑：周光明　　　　责任编辑：周光明
美术编辑：高　霞　　　　装帧设计：弓禾碧工作室
责任校对：李　菡　　　　责任印制：陈　涛

序

　　进入新世纪以来，国家把大力发展职业教育作为经济社会的重要基础和教育工作的战略重点，职业教育的快速发展推动了我国由人口大国向人力资源大国转变的历史进程。我国职业教育已经发生了重大的变化，也实现了历史性的突破。随着《国家中长期教育改革和发展规划纲要》的制定与实施，深化职业教育改革创新、加快提高职业教育人才培养质量、实现职业教育教学水平全面提高的历史重任，摆到广大职业教育工作者面前。

　　面对职业教育发展的新机遇、新挑战，努力造就一支师德高尚、业务精湛、结构合理、充满活力的高素质专业化教师队伍，为职业教育改革与发展提供强有力的人力资源支持尤为关键。我国一直重视教师队伍建设，2006 年教育部、财政部印发了《关于实施中等职业学校教师素质提高计划的意见》，2007 年教育部在《关于"十一五"期间加强中等职业学校教师队伍建设的意见》中明确提出了中等职业学校教师队伍建设的指导思想、工作目标和任务，随后实施了专业骨干教师国家级培训、专业骨干教师省级培训，开发重点专业师资培养培训方案、课程和教材以及中等职业学校紧缺专业特聘兼职教师资助计划等一系列项目，对职业教育师资队伍建设起到了巨大的促进作用。

　　与全国一样，广西的职业教育师资队伍建设，在严格教师资质、提升教师素质、提高教师业务水平、完善培养培训体系等方面进行了积极的探索。在此基础上，我们组织编写了《职业教育教师专业发展丛书》。这套丛书从职业科学角度来诠释职业教育管理、职业教育学、职业教育课程与教学论、职业教育研究方法和职业教育心理学的基本理论，在职业教育学科建设方面进行了有益探索。全套丛书从不同侧面展示了职业教育学科的概貌且各具特色。

　　《职业教育管理》一书，针对职业教育的改革与发展，阐述了现代职业教育管理理论，职业教育管理的职能和方法，职业教育管理体制，职业教育政策与法规，职业教育人力资源管理，职业教育德育管理，职业教育教学管理，职业教育科研管理，职业教育评价等内容，编写过程中注重职业教育管理的前瞻性、现实性和科学性，将职业教育管理的理论与实践相结合，并为职业学校的教育管理工作者提供了很好的管理案例。

《职业教育学》一书，汲取职业教育学学科建设的积极成果，立足中国职业教育实践的实际，以行动导向理念为指导，建构有区域特色和实践应用性的职业教育学。在此基础上，本书在职业教育学学科发展史、职业教育发展历史介绍的基础上，讨论职业教育学的学科性质、研究对象、职业教育的本质、目标、体系等基本问题，辨析、澄清一些理论和实践问题，并对职业教育人才培养过程中的专业设置、教学、德育、职业指导和教师专业成长等基本环节、要素进行介绍和探索，试图为职业教育人才培养、师资培训等工作给予可能的导向。

《职业教育课程与教学论》一书，着眼于对职业教育发展中亟待解决的现实问题的研究，如课程开发、教学设计与实施等，阐述了从职业科学角度将职业知识融入职业教学的思路和流程，强调了在熟悉相关职业领域里工作过程知识基础上，将职业知识融入课程开发之中并通过行动导向的教学实现职业能力培养目标的职业教育课程观与教学观，使本书既具有对职业教育课程与教学理论的思考，又具有实际运用的职业教育课程与教学的实践参照。

《职业教育研究方法》一书，借鉴普通教育研究方法，结合职业教育研究的特殊性，按照研究者完成课题可能涉及的主要研究方法，逐层展开研究思路。全书从职业教育研究选题与设计入手，对职业教育观察法、文献法，调查研究、实验研究、行动研究、叙事研究方法进行深入探讨，并从定量分析、研究成果表述与评价方面为读者提供了提炼研究成果的思路与方法。同时，本书每一章都附有相关案例剖析，设身处地为读者活学活用本书的研究方法提供了蓝本。

《职业教育心理学》一书，以先进的教育教学理论为指导，以职业院校学生学习活动为主线，聚焦于职业院校教与学过程中的心理学基本规律，着重阐述了职业院校的学生心理特点和学习规律，分析了影响职业院校学生和教师心理问题的因素，提出了师生心理健康的维护策略，围绕学生的学习动机、课堂管理与教学等主题进行了有益的探讨，此外还介绍了职业态度的培养、职业素质测评与职业指导的相关内容。本书既具有对职业院校学生与教师心理规律的理论探索与思考，又具有运用心理学规律来实施职业教育教学的参考指导作用。

本套丛书的编写团队，由专门研究职业教育的学者、一线的职业院校教师、教育管理人员、教师教育研究人员等共同组成。这套丛书可以作为职业教育教师资格培训考试、职业教育教师职前培养和职后培训的教材，也可以作为各级教育行政部门、职教科研单位、职教师资基地进行职业教育学科研究和交流的材料。

职业教育学科建设直接影响职业教育教师专业化发展。现代职业教育客观上要求职业教育教师既具备一般性专业科学的知识，还必须掌握与工作过程、技术和职业发展相关的知识，职业教育教师的教学实践必须与不断变化的专业技术人员的职业实践相适应。虽然，在职业教育学科建设、职业教育教师专业发展方面我们取得了可喜的成绩，但是必须清醒地认识到，职业教育研究领域还有许多亟待研究解决的问题。可以说，我们还任重道远。

广西壮族自治区　高校工委　书记　高　枫

教　育　厅　厅长

2010 年 3 月

目　录

第一章
绪 论

　　教育从一开始就与最原始的生存、生活和生产斗争知识及其技能的传习紧密结合在一起，在一定意义上讲，最初的教育就是职业化的。随着人类知识的不断积累和丰富，由专门机构（学校）负责培育下一代就成为了人类最普遍的教育形式。教育内容由最初的生活常识性知识逐渐向生产斗争的经验性知识转变，并不断向哲理性知识、学科专门化知识、职业技术知识分化和综合。随着三次工业革命对生产力的巨大提升，职业教育也不断地由日常生活、简单生产劳动向机械化、电气化、信息化等方向发展，传统学校教育增加了相关职业教育的课程，并逐渐产生了专门从事职业教育的各级各类学校，职业教育研究及其相关理论有了现实的土壤和实践需要，职业教育学也逐渐从一般教育学学科体系中生根、发芽，而成为一门独立的学科，并随着时代发展不断地完善。

第一节　职业教育学的学科性质与地位

　　职业教育随着人类生产实践的发展应运而生，关于职业教育本身的思考和研究也逐渐丰富起来。有研究指出，"19 世纪末至第二次世界大战，职业教育理论成果日趋丰富并逐渐系统化，职业教育学从教育学中分离出来，形成独立学科。"[①] 但是，迄今为止，关于职业教育学究竟是不是一门独立的学科，仍存在着许多争议，还没有形成一个能够为绝大多数职业教育研究者和从业者所公认的界定。但这个问题本身是职业教育研究者思考、讨论、交流、著述职业教育现象及其问题所不能回避的，也是为职业教育学的学科身份提供合理辩护的需要。

---

　　① 李向东. 职业教育学的产生与发展 [J]. 职业教育研究，2005，（1）.

一、职业教育学的性质

关于职业教育学的学科性质，有学者通过研究发现理论界有这样几种看法：一是从划分科学门类的角度以及研究逻辑出发，有的将其解释为"职业－教育学"，是建立在普通教育学和整个教育科学理论成果基础上的。二是从宏观的角度出发，有的将其看作是溯源于教育学的一般理论，并在职业教育发展、改革的实践上得以升华，具有实践性、综合性强的应用学科。三是从学科交叉的角度出发，有的将其看作是一门教育学与技术学的交叉学科，甚至逐渐向多元化的职业领域扩展，具有明显的跨学科、跨行业、跨部门的特性。

可见，理论界对职业教育学的学科性质还没有形成统一的口径和独立的科学体系，职业教育学的学科性质定位显得滞后。基于以上认识，罗匡等学者认为，职业教育学的学科性质的定位可以从三个层面来加以规定：一是职业教育学产生与发展的历史逻辑决定了其内在的学术性，来源于教育实践、职业教育实践，但它必须高于实践，树立其内在的理论品质。二是职业教育学所反思的职业技术领域中需要解决的各种理论的、政策的和现实的问题，决定其必然具有实践性和应用性。三是职业教育学研究的范式交融性。它既不是技术与教育学的结合，也不是教育与技术学的结合，它是一个整体，一方面将学科研究辐射和延伸到其他学科；另一方面又能有效地借鉴其他学科范式。任何一个职业教育问题的研究都需要多学科的介入和融合，同时，千变万化的职业教育实践预示着未来研究范式的多元化和交融性。[①]

基于职业教育学是为职业教育实践提供理论指导的学科性质。可以认为，职业教育的概念、功能、体系、教育内容、教学方法、职业道德教育、就业指导等都是它要研究的问题。职业教育学的概念也能够基于此来加以界定。我们认为，所谓职业教育学，就是剖析职业教育现象，研究职业教育问题，揭示职业教育特殊规律的一门科学。它同时也是教育学一级学科下的一门二级学科。对职业教育学的这种界定，被目前大多数职业教育研究者所认同，普遍重视它的"实用性"。因此，职业教育学学科理论研究必须能够引导职业教育发现问题、分析问题、解决问题，如果忽视实用性，那么，理论指导实践就可能无的放矢。

---

① 罗匡，张勤，李彧宏，饶异伦. 论职业教育学学科性质与定位 [J]. 江苏技术师范学院学报，2008，23 (6).

二、职业教育学的地位

职业教育学的学科地位必须从它所在的学科领域、问题领域出发，以比较的视角来考察，才能真正体现出它特殊的学科地位和价值。这里可以从以下两个关系来认识它的学科地位。

(一) 职业教育学与其他各类教育学的关系

各类教育学是指学前教育学、普通教育学、高等教育学、特殊教育学等。它们与职业教育学一样都是为各类教育事业的实践提供理论指导。它们的差异主要是由它们各自所研究的对象不同而产生的，从而形成了各自的理论体系和特色。职业教育学与各类教育学共同组成了整个教育学的复杂体系。

(二) 职业教育学与整个教育学体系的关系

职业教育学与整个教育学体系的关系是个体与总体、局部与整体的关系。一方面，职业教育学是整个教育学的一部分，是教育学体系不可或缺的组成因素，它的存在补充、完善了整个教育学的内容，它的发展促进了整个教育学的发展；另一方面，整体的教育学奠定了职业教育学的理论基础，它为职业教育学提供了基本的理论依据。从某种意义上说，整个教育学体系与职业教育学的关系如同母子的关系一样，前者孕育了后者，如果没有前者，则必然没有后者；后者则承续了前者，有了后者，前者才得以发展。

第二节　职业教育学的研究对象

目前，对于职业教育学的研究对象和边界的认识还比较模糊，缺乏独立的范畴和相对严密科学的逻辑体系，还没有较为完整、独立的理论。由于目前关于职业教育学学科性质的定位还不明确，也使得职业教育的理论研究与实践之间还未能形成良性互动机制。目前的职业教育学仍处于学科建设的初级阶段，所以很有必要吸收和借鉴教育学的相关理论进行分析，但也不可过分依赖，可以尝试立足职业教育实践问题，用多维视角构建职业教育学自己独特的"话语系统"。

一、研究职业教育发展过程中的一般现象

这里所谓"一般现象"，指的是职业教育发展过程中各相关主体、组织机构

的参与职业教育活动所表现出来的基本事实。职业教育学作为教育学系统中的一个新兴的分支学科，它既受教育的总体规律制约，又有自己独特的特点。职业教育学除了有教育学理论的思想性、系统性、科学性特点外，还具有应用性的特点，是一门实用性很强的学科。所以，不能以普通教育的理论模式来研究职业教育，应结合职业教育发展过程中的普遍现象来揭示职业教育的规律，以适应职业教育发展的环境。

二、解决职业教育发展过程中所遇到的问题

不同社会或同一社会的不同历史时期对职业教育的要求是不同的，培养人才的目标也不相同，因而职业教育发展所面临的问题也就不同。如何能够有效的指导职业教育实践活动，促进职业教育事业的蓬勃发展，就必须跨过阻碍其发展的障碍，做到理论联系实际，解决职业教育发展中的一般问题和特殊问题。而职业教育的特殊问题还得由职业教育学来解决。

三、探索培养职业技术人才的特殊规律

所谓规律，就是不以人的意志为转移的客观事物内在的本质联系及其发展变化的必然趋势。要想把某种工作做好，必须按照它的规律办事。职业教育的主要任务是要培养职业技术人才，职业教育要更好的发展，培养社会所需要的技术型人才，就必须探索职业教育的规律，引导职业教育实践活动向正确的方向发展，不断的完善职业教育。

第三节　职业教育学的产生与发展

职业教育学是人类社会和职业教育的实践发展到一定历史阶段的产物。尽管作为一门新兴科学它还十分年轻，但自产生以来，职业教育学对人类日益关注的职业教育活动展开了广泛的研究，职业教育学理论在解释职业教育现象、影响职业教育实践、促进职业教育发展等方面都发挥着积极的作用，逐渐的为人们所接受。职业教育学经历了思想萌芽、形成独立学科到逐步完善三个阶段。

一、职业教育思想的萌生阶段

职业教育的思想在我国是历史悠久的，我国是世界四大文明古国之一，从很早的古代起，我们伟大中华民族的祖先，就劳动、生息、繁衍在这块广大的

土地上，在生产过程中，他们逐渐学会了制造劳动工具，并不断寻求提高劳动技能的方法，逐步积累了一些经验，在传递这些经验的过程中，由于当时还没有文字和书本，所以无论是对于生产经验的传授，氏族公社历史、习俗以及习惯方法的学习，还有道德品质的培养；等等，都是靠口耳相传和靠观察模仿的。随着生产力的发展，文字的出现，促使了学校教育的产生，在许多文字记载的学校教育中，包含了许多古代的职业教育思想。

我国古代出现了不少以职业技能闻名的杰出人物。如春秋战国时期的著名木匠鲁班，还有非常重视职业教育的墨子，亲自进行自然科学知识的传授；隋代修建赵州桥的石匠李春；宋代著有《木经》的木工喻浩；宋末元初的纺织专家黄道婆；明代著有《髹饰录》的漆工黄大成，及木工出身的建筑家萌祥等。这些人都为发展我国古代的职业教育思想启蒙做出了不朽的贡献，而且还整理出许多优秀的包含大量职业教育思想的文献，如夏代的《夏时》，是一本专门记载当时农业生产知识和天象物候知识的书，编此书的目的，就是为了进一步传授农业生产经验，扩大教育的效果。战国时期写成的《夏小正》、《吕氏春秋》中，记载了不少农业知识、天文历法和水利技术方面的知识。西汉时期氾胜之写的《氾胜之书》比较系统地总结了当时的农业生产经验。《汉书》记载农家学说一百多篇，有论耕种、积贮、养蚕、种树、养鱼、藏果实、看土壤、相六畜等。南北朝时期贾思勰所著的《齐民要术》共十卷，百余篇，整理了大量古书里所记载的农业知识，并总结了我国北部农民在农业和畜牧业方面的生产经验，阐述了农作物及树木、林果、蔬菜等的培养方法，介绍了家畜、家禽的饲养方法。此外还介绍了酿酒、做酱和食品制作等过程。元代王祯著的《农书》，明代徐光启著的《农政全书》，阐述了许多农学理论，介绍了种植农作物、树木和养蚕、养家畜、养鱼的方法，存录了许多医治家畜病患的药方。另外还记载了历代农田水利方法和欧洲农田水利的情况，并附图说明。明末宋应星所著的《天工开物》，是我国和世界科学史上的一部重要著作，共十八卷，内容极为丰富。它详细介绍了粮食和油料、甘蔗、棉、麻、桑、豆的种植，蚕、蜂的饲养，以及矿石、煤炭、珍珠、玉石的采集，缫丝、纺织、染整、粮食加工、毛皮处理、颜料制作、榨油、制糖、产盐、制曲、造纸、陶瓷、冶炼、铸造、锤锻、车船和兵器制造等工艺过程，并附有插图一百二十三幅，比例恰当，画面生动，有立体感。这部百科全书式的著作，受到国内外科学技术史研究者的重视，先后有英、法、日等译本。这些书籍和文献，都对我国职业教育的发展起了重要作用，但后来由于我国长期处于封建社会，生产力发展极为缓慢，导致了近代我国职业教育理论和实践都落后于西方。

在西方，17世纪前，学徒制成为职业教育的特有形式。学徒通过跟随具有一定技能的师傅共同劳动，在师傅的指导下学习一定的技能。较早的学徒制形式是父子关系的师徒，父亲把自己的技艺传授给自己的儿子，以便自己的职业被儿子世袭并继承父业，也使技能得以传递。奴隶制中晚期以后，主要出现了斯巴达和雅典两种教育体系。斯巴达是一个农业国家，教育内容侧重体操和军事训练。雅典是一个商业比较发达的国家，教育内容侧重哲学、艺术、商业教育。封建社会中，宗教成为封建制度的精神支柱，出现了教会学校和骑士教育两种教育类型。教会学校的教学内容是"三科"、"四学"，合称"七艺"（三科：文法、修辞、辩证法。四学：算术、几何、天文、音乐），其目的是把学生培养成对上帝虔诚、服从教权和政权、进行宗教活动的教士。骑士教育的内容为"骑士七技"（骑马、游泳、投枪、击剑、打猎、下棋、吟诗），以及一些宗教观点和武士品质的教育，其目的是要培养英勇善战的骑士。

与这种变化相适应，重视生产劳动的教育思想，提出教育与生产劳动相结合的思想在西方一些思想家的著作中出现。

文艺复兴时期英国空想社会主义者莫尔（T. more，1477—1535），是最早重视生产劳动教育的政治家，他所著的《乌托邦》（1956年）一书描写了理想的实行公有制的社会。他主张把教育与劳动结合起来，让学生得到全面发展。提出儿童在学校里，一面学习知识；一面到田野中实地观察和参加劳动。还主张每一个人应至少学习一种手工艺，以便选择职业或就业。

文艺复兴时期法国作家、人文主义者拉伯雷（F. Rabelais，约1494—1553）于1532年出版了著作《巨人传》。该书提出了直观教学法的思想，对年轻的巨人进行自然主义的智育和手工艺教育。提出了在实践中学习，如让年轻巨人参观金属熔炼的过程，参加各种工场实践，在实际生活中学习手工技艺等。

康帕内拉（T. Campanella，1568—1639）所著《太阳城》一书，主张一个城市用城墙分为七个区域，其中利用一个区域作为职业教育的场所，在这个场所里，布置各种图表、标本、机具、工具等，并请高明的师傅传授知识，讲授职业技术基本知识并组织学生参加现场和实地实习等。

英国哲学家贝蒂（W. Betty，1623—1687）在《给哈特利浦的建议》（1647年）中，提出了实施职业教育的方法和职业院校的模式。贝蒂认为，与学徒相比，学校型的职业教育可以缩短学徒年限，保证教育质量，学校聘请最著名的工匠任教，能使学生学到最先进的技术。

捷克著名的教育家夸美纽斯（Johann Amos Comenius，1592—1670），出身于手工艺师家庭，是最早论述职业教育的教育家。他著有《大教学论》、《母育学校》、《泛智学校》等。在《大教学论》中，他把人的智力发展分为幼儿期、儿童期、少年期和青年期四个阶段，并分别配以母育学校、国语学校、拉丁语学校和大学。他认为，除大学外，其他三类学校均应向学生传授手工艺知识和职业技术。他主张儿童应得到全面的知识和训练，反对让学生过早地确定职业发展方向。《大教学论》中指出："刚满 5 岁的儿童就决定他们一生的职业，或者认定他们更适合读书，或者认定他们更适合于手工劳动，这未免太早了。"

18 世纪初，1708 年，德国的塞姆勒（C. Semler，1669—1740）首次创办"数学、机械实科学校"。塞姆勒认为，要让手工业者学会比当时的手工业师傅更多的职业知识和技能，就必须用实科学校取代学徒制。但是 1708 年、1738 年两次办学均未成功。1747 年，赫克（J. J. Heeker，1708—1768）在柏林创办了"经济、数学实科学校"，开设语言、读书、机器、几何、建筑、地理、制造商业和特别班 8 个，聘请能工巧匠为教师，通过实习学习工业知识与技巧，以便将来从事职业活动。赫克办学的模式取得了成功并在各地推行。同时，18 世纪的美国、德国、奥地利还对贫民子女进行慈善性的职业教育。

18～19 世纪，也出现了一些对职业教育理论做出较大贡献的代表人物。

法国教育家卢梭（J. J. Rousseau，1712—1778），在他的《爱弥儿》这部著作中，详细阐述了自己的手工教育思想。他对手工技术劳动课给予了高度评价。主张让儿童多参加实习作业，儿童应每周去工场 1～2 次，每次去一整天。卢梭认为，实习作业不仅是培养工匠，更主要的是陶冶学生情操，培养学生个性和热爱劳动、尊重劳动者的感情。

瑞士教育家裴斯泰洛齐（J. H. Pestalozzi，1746—1827），在他的著作《林哈德和葛笃德》中，提出了教学与生产劳动相结合的主张。他认为：使功课劳作合一，提倡职业训练，是提高人的工作能力，增加实际生产量的最好途径。

英国空想社会主义者欧文（Robert Owen，1771—1858），著有《新道德世界书》。19 世纪初，工业革命浪潮波及欧、美两洲，职业学校在欧、美各国普遍建立。职业教育的理论需要进一步探讨。欧文亲自创办学校实施职业教育，探讨教育与生产劳动相结合的理论。他曾于 1824 年亲自带领 5 个儿子和一些门徒，在美国的印第安那州建立"新和谐"共产主义实验区。在实验区创办了"工业和农业学校"。在学校不仅教读、写、算的普通教育的文化知识，还开设制鞋、织袜、纺织、木工、石刻、畜牧、园艺、作物栽培等技术实习课和劳动课。教育与生产劳动相结合，是欧文教育实践的一种伟大尝试。

斯宾塞（H. Spencr, 1820—1903），英国教育家，著有《教育论》。他认为教育的目的是为了更好的生活，教育的手段和内容应是与人们生活有关的职业及一些科技知识。

马克思、恩格斯通过对教育、生产劳动以及社会发展之间辩证关系的深刻分析，认为教育与生产劳动之间建立起相互渗透、相互影响和相互促进的关系。所有参加机器大工业生产的劳动者都必须受教育，学校中的学生也应参加一定的生产劳动，教育与生产劳动相结合是造就全面发展人的根本方法。学校中实施智育、体育和生产劳动结合起来的综合技术教育，可以使学生形成社会生活中必需的综合技术素质，并且能陶冶情操，获得身心的和谐发展。教育与生产劳动相结合是改造资本主义社会的最强有力的手段。

乌申斯基（1824—1870），俄国教育家，对俄国的职业教育理论做出过较大贡献。他认为通过劳动才能培养人的高尚品质和纯朴感情，劳动不仅创造财富，而且培养人朝气蓬勃的精神力量。所以他十分重视劳动教育，培养学生的劳动习惯。

上述各种理论中，人们认识到有关生产劳动知识技能教育的重要性及对社会发展和人自身发展的重要意义，批判传统的以人文科学为主的旧教育，主张在学校中开设有关生产劳动的课程，进而发展成为教育与生产劳动相结合的思想，少数学校进行了相关改革实验。但由于所处时代的局限性，可以说他们的职业教育理论具有浓厚的理想色彩，还没有形成独立、完整的"职业教育学"的理论体系，但这些理论对后来职业教育的发展产生了极大的影响。所以说，19 世纪之前，是职业教育学的萌芽阶段。

二、职业教育学形成独立学科阶段

从 20 世纪初开始，经过一批教育家继续探讨职业教育理论，推动了职业教育理论与实践的发展，职业教育学的研究确立了自己的研究对象，理论成果日趋丰富并逐渐系统化，世界职业教育进入了一个新阶段，职业教育的理论研究也在不断深入。职业教育学开始从教育学中分离出来，成为一门独立的学科，标志着职业教育学的产生。随着社会发展和科技进步，职业教育及其研究越来越受到各国的重视，职业教育学也在不断的发展。进入 20 世纪 70 年代，职业教育学已经比较完善，在研究方法上具有科学性与多样性，在研究内容上具有广泛性与现代性，它标志着现代职业教育学的正式创立。从 20 世纪初到第二次世界大战前后，出现了一批对职业教育学产生重大影响的代表人物。

凯兴斯泰纳（G. Kerschensteiner，1854—1932），德国著名的教育家，毕生从事于职业教育的理论和实践工作。著有《劳作学校要义》一书，比较系统地介绍了劳作教育理论。他认为，公立学校应办成"劳作学校"，劳作学校的主要任务有两个，一个是性格训练，一个是职业训练。在性格训练上，注重职业道德的思想教育，使职业训练伦理化。主要通过劳作实习，训练培养具有独立和谐的发展性格和为国出力的精神。在职业训练上，重视实习场所的作用，主张学生所学的知识、技能重在应用，并主张劳作实践课独立设置，并由有能力的专门教师来承担。他的职业教育思想不仅在德国，而且对欧美其它国家职业教育的发展都产生了深远的影响。

杜威（John Dewey，1859—1952），美国著名的哲学家、教育家。著有《民主主义与教育》一书，在该书中专列"教育的职业方面"一章。他的职业教育理论在美国和世界教育界有很大影响，对中国的职业教育也产生了一定的影响。杜威1919年5月来中国讲述他的教育理论，先后在南京、上海等地讲演。杜威向当时的沿袭欧洲旧传统教育、与社会生活严重脱离的教育模式提出了挑战。他认为，教育即生活，职业教育运动的重要意义在于改革传统的"读书学校"，学校自身须有一种社会的生活，须有社会生活所应有的种种条件，学校的学业需和学校外生活连贯一气。并讲："利用工业的各种因素使学校生活更有生气，更富有现实主义。"同时杜威反对纯粹出于"经济目的"和"实用利益"而进行的职业教育，反对当时美国出现的职业教育与学赚钱为用途的观点，注重"人的发展"的职业教育观。在此阶段美国著名的职业指导理论家和实践活动家弗兰克·帕森斯著有《选择职业》一书，帕森斯确立的职业指导的原则和创立的职业咨询机构对其以后美国职业指导工作一直有着积极的影响。

怀特海（A. N. Whitehead，1861—1974），英国著名的哲学家和教育家，晚年移居美国任哈佛大学哲学教授，著有《教育的目的》一书。他非常重视专门教育，认为专门教育可以形成人的独特风格。但他反对过分专业化，认为普通教育与职业教育应相互沟通，相互渗透，反对普通教育与职业教育对立的观点。

克鲁普斯卡娅（1869—1939），苏联职业教育的理论家和领导者。对苏联教育，特别是职业教育做出了突出贡献。她是综合技术教育的积极倡导者。她指出了综合技术教育的四个基本要素：第一，教育与生产劳动相结合；第二，通晓社会生产基本形式的理论和实践；第三，掌握有关基本生产过程的科学知识；第四，掌握使用基本机器、器具的技术。她认为：应全面地发展学生的才能，防止过早的专门化教育，应在普通教育的基础上实施专门化教育。还认为，职业教育的发展应同国家经济发展的远景密切结合。克鲁普斯卡娅的理论，为职业教育学的产生奠定了基础。

在中国的这一时期，黄炎培等一批学者开始学习、译介西方论著并且与自我创新相结合，开创了中国职业教育学科的独立形态阶段。当代学者天津大学的米靖博士对我国这一时期的职业教育学的学科探索进行了系统梳理。他认为，自1917年中华职业教育社（中华职教社）的成立为标志，中国进入了职业教育学学科的独立探索时期。①

从中华职教社创立前后至1949年新中国成立前的30余年间，是20世纪上半叶中国职业教育学学科发展的重要阶段，从学科发展的角度而言，在职业教育基本理论（职业教育原理）、国外职业教育理论与实践研究、职业教育心理研究、补习教育研究、职业学校教师教育、职业指导理论与实践、农村及农业职业教育、工业职业教育、商业职业教育、女子职业教育等方面均有多种著作问世。表1-1是米靖博士根据《民国时期总书目》所列出的"职业技术教育"书目进行的统计，基本上能够反映当时的情况。

表1-1　20世纪上半叶国人撰译的职业教育理论著作、译作、辞典数目统计

类　　别	数　量（册）
职业教育原理专著	15
职业教育史与外国职业教育现状	16
教学理论与教学法、课程标准	5
职业教育论文集	4
职业心理学	1
职业指导	24
国外职业教育著作译著	7
补习教育	5
女子职业教育	1
工业职业教育	1
农村与农业职业教育	3
商业职业教育	2
职业教育法令汇编	7
总计	91

---

① 　本小节关于中国职业教育学学科研究的内容参见：米靖. 20世纪上半叶中国"职业教育学"的学科探索［J］. 江苏技术师范学院学报，2008，23（2）.

在中华职教社 1917 年创立前后，至 1949 年新中国成立前，涌现出一批职业教育原理和职业指导学方面的专著，如表 1-2，表 1-3 所示。中国在这一阶段，职业教育学研究的主要代表人物有以下几位：

表 1-2　20 世纪上半叶"职业教育原理"论著列表

朱元善译述：《职业教育真义》，上海商务印书馆，1917 年 7 月版

邹恩润编译：《职业教育研究》，中华职业教育社，1923 年 3 月版

庄泽宣著：《职业教育概论》，上海商务印书馆，1926 年 1 月版

庄泽宣著：《职业教育》，上海商务印书馆，1929 年 10 月版

庄泽宣著：《职业教育通论》，上海商务印书馆，1933 年 12 月版

潘文安著：《职业教育 ABC》，上海商务印书馆，1929 年 1 月版

杨鄂联著：《职业教育概要》，上海世界书局，1929 年 6 月版

张旦初著：《职业教育纲要》，上海法学社，1930 年 1 月版

熊子容著：《职业教育》，上海黎明书局，1931 年 5 月版

陈选善主编：《职业教育之理论与实际》，中华职业教育社，1933 年 2 月版

邵祖恭著：《反职业教育论》，南京京华印书馆，1934 年 6 月版

江西省实施百业教育委员会编：《百业教育之理论》，编者刊，1936 年 11 月版

江恒源、沈光烈著：《职业教育》，南京正中书局，1937 年 2 月版

何清儒著：《职业教育学》，长沙商务印书馆，1941 年 3 月版

黄炎培，中国职业教育的奠基人，他的职业教育思想，为我国职业教育学的发展做出了卓越的贡献。他在自身实践的基础上，借鉴欧美、日本等国有关职业教育的理论，形成了颇具特色的职业教育理论体系，其中包括职业教育的目的论、办学方针论、课程论、教学原则论、方法论、道德教育论、职业教育的效益论等。关于职业教育的目的，他认为主要是：谋个性之发展，为个人谋生之准备，为个人服务社会之准备，为国家及世界增进生产能力之准备，做到"使无业者有业，使有业者乐业"；[①] 关于职业教育的办学方针，他提出办学应遵循社会化和科学化的方针；关于课程，黄炎培指出："社会日趋进步，职业也日趋分化，职业学校的课程、教材，尤需赶上科学的发展，使学生不至于落后于社会形势，落后于科学"；[②] 关于教学原则，他总结出要"手脑并用，做学合

---

① 中华职业教育社. 黄炎培教育文选 [C]. 上海：上海教育出版社，1985，273.

② 黄炎培. 我来整理职业教育理论和方法 [J/OL]. 2005-11-7. 黄炎培纪念馆. http://www. 1918. net. cn/hyp/zzxkl. asp? id：133.

一"的原则；关于职业教育的方法，他强调使用调查研究方法，在充分掌握事实资料的基础上进行理论研究；关于职业道德教育，他提出要使从事某种职业的人敬业乐群，具有强烈的使命感；关于职业教育的效益论，如黄炎培解释，就是通过职业教育的实践，完成职业教育的目的，给社会经济和社会生产力的发展带来有益的效果。此外，黄炎培还对职业教育的概念、学制、实习、职业指导等作过系统论述。

表 1-3　20 世纪上半叶"职业指导学"主要论著列表

类　别	书　目
国外职业指导理论著作翻译	［美］卜龙飞著，王文培译. 青年职业指导. 上海：上海中华书局，1924 年版 ［美］勒维特，布朗著，杨鄂联，彭望芬译. 小学职业陶冶. 上海：上海商务印书馆，1925 年版 I. David cohen 著，潘文安，蒋应生译. 职业指导之原则与实施. 上海：上海商务印书馆，1931 年版
国外职业指导实践研究	［日］增田幸一著，沈光烈译. 职业指导概论. 上海：世界书局，1942 年版 顾树森. 德国职业指导实施法. 上海：上海中华书局，1926 年版 顾树森. 英国职业指导. 上海：上海中华书局，1928 年版 喻鉴清编译. 各国职业指导. 上海：上海商务印书馆，1936 年版
国人职业指导著作	邹恩润. 职业指导. 上海：上海商务印书馆，1923 年版 邹韬奋. 职业指导实验. 上海：中华职业教育社，1925 年版 庄泽宣编. 职业指导实验. 上海：上海商务印书馆，1925 年版 潘文安. 职业指导 ABC. 上海：世界书局，1928 年版 潘文安著. 青年职业指导. 上海：大东书局，1929 年版 潘文安，孙祖城著. 女子职业指导. 上海：上海商务印书馆，1929 年版 潘文安，陈重寅等编. 小学职业指导实施法. 上海：上海商务印书馆，1933 年版 喻鉴清，陈重寅编. 中小学升学及职业指导. 上海：上海商务印书馆，1934 年版 何清儒. 职业教育论文集. 上海：中华书局，1934 年版 莫若强. 职业指导与职工选择. 上海：上海商务印书馆，1935 年版 潘文安著. 小学职业指导. 上海：中华书局，1935 年版 民国政府教育部普教司. 职业指导参考资料. 1935 年版 黄逸峰. 铁路职业指导. 上海：上海商务印书馆，1936 年版 何清儒. 职业指导学. 上海：上海商务印书馆，1939 年版 江恒源. 如何办理职业指导. 上海：上海商务印书馆，1941 年版 广东省地方行政干部训练团编. 职业教育与职业指导. 1941 年版 苏健文. 实验的职业指导. 上海：世界书局，1947 年版

朱元善译述的《职业教育真义》一书，是整理和编辑日本学者川之宇之介所著《职业教育原理》一书而成。蒋维乔在为此书所作的绪言中，明确指出当时研究"职业教育原理"的迫切性，他说："今之谈职业教育者，果能了解其真义与否，吾殊未敢信也。度其多数人之心理不过视为衣食主义而已，吾且闻人倡言诉及我国所定道德教育宗旨而欲以利易之。夫人生之目的，苟谨在衣食而已，利而已则亦何赖乎教育。若是乎，职业教育之真义不可不急为表明也"。此书全书十一章，分别论述了"职业教育之发达小史"、"现今之职业教育"、"职业教育与陶冶"、"人类之产业发达与发生"、"职业教育与各教科"、"实科之研究"、"小学校与职业教育"、"实业补习学校"、"实业科教员养成问题"、"徒弟制度与工场法"和"指导职业"。此书尽管编译自日本学者的著作，但朱元善在选择内容和确定框架方面也颇费心血，可以说，也是朱元善本人对职业教育原理基本框架和内容的一种认识。此书的体系基本上涵盖了职业教育的主要问题，涉及面比较广泛，为之后我国职业教育原理的主要内容与框架奠定了重要的基础。

庄泽宣是另外一位重要的职业教育研究者，其所著的《职业教育》与《职业教育概论》实是同一本书的两个版本，内容完全相同，这两本与庄泽宣的另一本《职业教育通论》的内容和体系是有差异的。《概论》以"职业教育"的基本原理为主，讨论职业教育的定义、起源、分类与分级、办法，以及职业教育在各国学校系统中的位置、各国职业教育的发展趋势、中国职业教育的现状和问题及解决对策；《通论》则侧重于详细地介绍英法、德美、日俄和中国的职业教育发展状况，以及农业、工商、女子与家事教育、职业指导等内容。可见，同样作为职业教育的原理性著作，同一个人在撰写的过程中，前后也采取了两种体系，这说明当时对职业教育原理的主要体系的认识在不断加深，事实上，这两本书的框架整合在一起就构成为当时职业教育原理的基本体系。

何清儒于1941年出版的《职业教育学》一书，内容比较丰富，体系比较完备。全书分为三编：一般职业教育、职业补习教育、特种职业教育。一般职业教育这一编中，分别研究了职业教育概论、职业分析以及职业教育的实况、设科、课程、实习和师资；职业补习教育这一编中研究了职业补习教育的教师组织、教材、个别指导、考绩；特种职业教育这一编中研究了职业训练、劳工教育、女子职业教育、军队职业教育和残废职业教育。此书在一定意义上是对20世纪上半叶中国职业教育学知识、经验的一次总结，理论性较强，所论述的内容也的确比较全面，它代表了我国职业教育原理著作在当时的最高水平，其内容和体系对于今天具有重要的启示作用。

这一时期，涌现出了一批职业教育原理方面的著作，我们能够明显地看出中国化的特色日渐浓厚，具有本土知识、经验的职业教育原理的学科体系与表述体系已经相对成熟。

在20世纪上半叶，中国职业教育学学科体系发展的过程中，中国学者有着明确的学科发展的路径意识，那就是一定要先从发达国家学习优秀的理论与经验，然后完成学科发展中国化的目的。因此，这一时期，不少学者都认真地研究和译介了国外职业教育的理论著作，并且比较深入地研究了各国职业教育制度的沿革与现状。

第一，在职业教育学的原理性著作中，几乎都将别国的职业教育制度的沿革与现状作为重要的内容，进行宏观的、概况性地介绍。这一时期，比较关注德国、美国、日本、俄国、英国和法国的职业教育状况。除前述朱元善和庄泽宣在其著作中专门论述国别职业教育之外，熊之容、江恒源和沈光烈的著作中也均列专章介绍国外职业教育制度和概况。

第二，编译国外职业教育著作，形成比较系统的中文著作。除前面介绍的朱元善的《职业教育真义》外，邹恩润（邹韬奋）编译的《职业教育研究》一书也值得一提，此书对国外大量相关资料进行了整理，分别描述了职业教育的意义、职业教育的需要、职业教育及学校的分类、职业心理、教育指导、职业指导和预备、职业补习教育等内容，此书反映了当时国际职业教育的最新研究成果，具有极强的理论奠基作用。此外，邹韬奋还根据美国人贾伯门"Trade Tests"一书编译了一本《职业智能测验法》，也是一本比较重要的职业心理学方面的著作。

第三，出现专门研究国别职业教育发展的著作。这一时期，还出现一些专门研究某国职业教育的专著，系统地介绍了日本、德国、苏联等国家的职业教育发展状况，涉及职业教育制度、职业补习教育、生产劳动教育等内容。如顾树森著《德美英法四国职业教育》于1917年出版；陈表著《各国劳动教育概观》于1930年出版，等等。

第四，翻译数部比较重要的职业教育理论性著作。如日本秋保治安的《职业技师养成法》一书由熊崇煦译于1919年出版；美国勒维特和布朗的《小学职业陶冶》一书由杨鄂联、彭望芬编译于1925年出版；美国利克的《实业教育》一书由王长平译于1926年出版；德国凯兴斯泰纳的《劳作学校要义》一书由刘钧翻译于1935年出版，等等。这些著作对中国职业教育学科建设起到了一定的推动作用。

综上所述，从 20 世纪初到第二次世界大战前，无论在西方还是在我国，都已出现了较完整的职业教育理论，职业教育学的理论化和科学化水平有了很大提高，伴随职业学校教育制度化，对职业教育现象的研究成为专门领域，其范围涉及职业教育体系、目的、内容、方法、人员、管理等方面，其认识从感性、经验层次上升为理性、本质层次，逐渐形成职业教育理论体系，逐渐形成了独立的职业教育理论体系，职业教育学这门学科正式诞生。

三、职业教育学的完善与多元化发展阶段

第二次世界大战结束以后，世界各国认识到职业教育对社会发展的促进作用，职业教育的规模迅速扩大，职业教育理论研究进入完善和发展阶段。职业教育理论的国际交流频繁，联合国教科文组织和国际劳工组织在推广先进职业教育思想方面发挥了重要作用。

(一) 职业教育研究日益繁荣

在美国，1971 年出版了埃文斯 (R. N. Evans) 的《职业教育学基础》(*Foundations of Vocational Education*)；1975 年出版了马利 (D. Maley) 的《群集概念的职业教育》(*Cluster Concept in Vocational Education*)；1976 年出版了卡尔霍恩 (C. C. Calhoun) 和芬奇 (A. V. Finch) 的《职业教育和生计教育：概念和实践》(*Vocational and Career Education：Concepts and Operations*)；1982 年出版了《职业教育的概念和实践》(*Vocational Education：Concepts and Operation*)。[①]

在日本：20 世纪 70 年代以来出版了仓内史郎和宫地诚哉编著的《职业教育》；细谷俊夫编著的《技术教育概论》等。

在德国：1979 年出版了海因茨·G. 格拉斯所著的《职业教育与劳动教育学》。

在中国：20 世纪 80 年代以来出版了几十本职业教育理论著作，较有代表性的有高奇主编的《职业教育概论》；1986 年刘鉴农主编的《职业技术教育学》；1988 年严雪怡主编的《中专教育概论》、卢鸿德等主编的《职业技术教育学》和元三主编的《职业教育学概说》；1989 年王金波主编的《职业技术教育

---

① 王金波. 职业技术教育学导论 [M]. 哈尔滨：黑龙江教育出版社，1989，25－27.

学导论》；1991 年吕可英等主编的《中国职业技术教育学》和张福珍等主编的《应用职业技术教育学》；1992 年李球等主编的《职业教育学》；1995 年纪芝信主编的《职业技术教育学》和赫庭智等主编的《职业教育学》；1998 年国家教委职教所编的《职业技术教育原理》、马建富主编的《职业教育学》和卢双盈等主编的《职业教育学》；2001 年张家祥等主编的《职业教育学》；2002 年刘春生等主编的《职业教育学》、周明星主编的《职业教育学通论》和李守福主编的《职业教育导论》；2004 年刘合群等主编的《职业教育学》；2005 年李向东等主编的《职业教育学新编》；2006 年何小刚著《职业教育研究》；2007 年姜大源著《职业教育学研究新论》等。

（二）职业教育新理论和实践不断涌现

1. 校企合作理论与实践

以德国"双元制"为主要校企合作实践，是一种由企业和职业院校合作进行职业教育的模式。职业院校通过课堂向学生传授文化知识和有关技术理论知识；企业通过实训教师向学生传授职业技能及必要的职业经验，组织学生参加生产实践。它可以使学生在接受教育的过程中逐渐熟悉未来的工作和社会。我国的职业教育实践中提倡的"产训结合"，也反映了校企合作的思想。这种职业教育模式的特点是：第一，在徒工培训中，实行在企业里学习实际操作和在职业学校里学习理论知识平行进行，把教育体制与就业体制结合起来的"双轨制"。第二，各级各类职业学校互相补充，形成从学徒工培训到中等、高等职业就业独立而严密的职业教育网。第三，职业教育方法灵活、形式多样。有进修培训、晋升培训、改行培训等各种短期培训，不拘一格培养职业技术人才。[①]

2. 群集理论与实践

20 世纪 60 年代兴起于美国，是将相同或相似性质的职业归为一群，主张按原定计划学生专业适应范围，为学生提供适合一个职业群的课程，让学生掌握其基本知识和技能，为学生将来就业后能在这一群集中转换职业提供准备。

3. MES 理论与实践

随着科学技术的进步和社会经济的发展，生产过程中技术、工艺、材料、

---

① 何小刚. 职业教育研究 ［M］. 合肥：安徽人民出版社，2006，357－358.

产品、设备以及操作方法更新速度加快，传统职业教育模式不能适应社会发展的需要。20世纪70年代初期，国际劳工组织借鉴德国、瑞典等国的"阶段式"理论和英国、美国、加拿大等国的"模块培训"经验，创立了EMS理论。MES是英文Modules of Employable Skill的缩写，可译为"就业技能模块组合"、"职业技能模式"、"可应用技能组件式计划"、"模块培训法"、"模块教学模式"等。它在几十个国家推广，受到企业和政府的赞赏。

4. CBE 理论与实践

CBE是英文Competence Based Education缩写，其原文含义是"以能力为基础的教育"或"能力本位教育"。CBE是以职业能力作为进行教育的基础，作为培养目标和评价标准，以通过职业分析确定的顺序安排教学计划。它打破传统的以学科为科目，以学科体系和学制确定的学时安排教学和学习的教学体系。学习者事先就已经了解了应该学习并掌握的各项能力及评估方式，教育者要向学生提供教学指导，使之能够达到既定的教学目标。

20世纪60年代后，世界各国掀起兴办和研究职业教育的热潮，出版了一批职业教育学研究成果，国际间交流日益增强，职业教育理论出现国际化趋势；职业教育理论体系日趋完善，各种职业教育理论相互借鉴，学术空气逐渐浓厚；职业教育学的研究过程中借鉴了社会学、心理学以及劳动科学等其他学科研究成果，广泛采用实验、实证等研究方法，使得出的结论科学性增强。[①]

第四节　职业教育学的研究任务和内容

职业教育学是一门科学，科学的功能和作用在于揭示规律以指导实践。职业教育学这门科学的根本任务就是揭示职业教育的规律，如何按规律培养高质量的职业技术人才，来指导职业教育的实践，促进职业教育的蓬勃发展。

一、职业教育学的基本任务

在理解职业教育学的学科任务时，我们应从下面三个方面入手：

（一）研究职业教育发展规律，正确认识和定位职业教育

职业教育的规律是指职业教育内部诸因素之间、职业教育与其他事物之间

---

① 李向东. 职业教育学的产生与发展［J］. 职业教育研究，2005，（1）.

内在的、必然的、本质的联系。把握职业教育规律还必须将其与职业教育的方针政策及职业教育经验汇编区别开来。规律是不以人们的意志为转移的客观过程的反映。对于规律，人们只能发现它、认识它、掌握它、利用它，而不能改变它、消灭它，更不能人为地制造它。职业教育的各种方针政策是人们为发展职业教育事业，在教育理论的指导下，根据我国的实际情况而制定的，是人们主观意志的体现。虽然它也反映了职业教育的发展规律，但却不能等同于规律。正如斯大林曾经指出的那样："一种是科学规律，它反映自然界或人类社会中不以人们意志为转移的客观过程；另一种是政府颁布的法令，它是依靠人们的意志创造出来的并且只有法律上的效力，但这两种东西无论如何也不能混为一谈。"① 职业教育学更不同于职业教育经验汇编。经验汇编是职业教育实践经验的汇集，是由实践得来的知识，具有重要的借鉴作用，但它是局部的、个别的、具体的经验，也是表面的感性的东西，还未上升为理论。所以，它对职业教育实践缺乏普遍的指导意义。职业教育学是对实践的概括和总结，是职业教育实践的结晶和理论升华，具有科学性、理论性和严密性。所以，职业教育学不同于职业教育经验汇编。

（二）研究职业教育问题，为职业教育实践提供理论依据

职业教育是一种社会现象，它随着社会的发展而发展，在不同的历史阶段中，职业教育具有共性，又具有不同的特点。为此，职业教育学的理论与实践研究，必须依据解放思想、实事求是的思想路线，从我国国情和不同区域的实际情况出发。一方面，它不仅要对广大职业教育工作者的理论课教学、思想品德和学校管理等实践活动提供理论指导，而且还要对生产实习等实践性教学提供理论指导，以提高实践性教学质量；另一方面，职业教育学还要为国家和教育行政机关进行职业教育决策提供科学的理论依据，从而保证职业教育事业沿着正确的方向发展，促进职业教育的改革和发展。在现实条件下，就是要科学地分析和解决职业教育发展中的新情况、新问题，以建立具有中国特色的社会主义职业教育体制。

（三）培养全社会树立现代职业意识，促进职业教育事业发展

观念对行动具有先导作用。在一场伟大的社会变革过程中，必须不断克服

---

① ［苏联］斯大林. 苏联社会主义经济问题 ［M］. 北京：人民教育出版社，1952，2.

陈旧的教育观念，树立适应时代发展要求的教育思想，才能使教育很好地为经济和社会发展服务。必须看到，中国的传统教育，一贯倡导读书做官，因而社会上重视升入普通高校，而轻视上职校，学做工。其实这是在意识上尚未进入现代社会，潜意识里还死守着僵化的封建观念"万般皆下品，惟有读书高"。我国过去生产力发展缓慢，人们头脑中职业教育意识淡薄，对劳动者素质条件缺乏应有的要求，致使职业教育长期成为教育系统中最薄弱的环节。目前，我国经济建设已转到依靠科技进步和提高劳动者素质的轨道上来，面对这个重大转移，人们的教育观念如果不能很好地适应形势发展要求，必然导致职业教育重回旧路，缺少全民的支持。所以，必须从理论上广泛宣传职业教育对加速社会主义现代化建设的重要意义和作用，使人们认识到职业教育是现代教育的重要组成部分，在整个社会树立职业教育意识。从而使各级领导部门、各行各业都来自觉地支持、依靠和参与兴办职业教育，使职业教育为发展社会生产力，提高综合国力，提高和改善人民生活，做出积极贡献。

二、《职业教育学》的基本框架

行动导向是兴起于德国的一种职业教育教学理念，近年来受到了我国职业教育界的广泛关注和认同，对此也有了比较深刻的认识和研究。这本《职业教育学》编写就主要基于行动导向的理念。

学者梁卿和周明星撰文指出，根据行动导向的理念，《职业教育学》应指向职教教师的教育教学能力培养，其具体内容的选择应该坚持以实际的教育工作过程为导向。这就意味着，要依据行动导向的理念选择《职业教育学》内容，就需要首先分析职教教师有哪些教育工作需要完成，每一教育工作的基本过程是怎样构成的；其次要分析完成这些工作及每一过程环节需要哪些知识，在此基础上选择并确定《职业教育学》的内容。[①]

1. 职业教育的基本问题

尽管目前对于职业教育的基本问题还没有达成共识，但有一点是非常明确的，即我们必须考察职业教育的基本问题。职业教育的基本问题总是通过各基本影响因素以本质属性的形式表现出来的。如果从纯学科的角度看，任何一门

---

① 梁卿，周明星. 行动导向的《职业教育学》教学内容改革初探［J］. 江苏技术师范学院学报，2008，23（12）.

学科都必须具有符合其内部发展逻辑的哲学基础。职业教育的发展趋势将不可避免地从设计模式转向内生模式，因为影响职业教育的相关因素可能会随着外部环境的变化而变化，但基本问题应该是确定不移的。这些基本问题包括了职业教育的概念、特性、功能、培养目标、体系和专业设置等问题。在本书中包括了第一章、第二章、第三章、第四章、第五章、第六章。

2. 教学过程

教学是职业院校的中心任务，也是职教教师的主要任务之一。因此，职教教师必须具备一定的教学能力。教师的教学能力突出表现在课堂教学前的教学设计、课堂教学中的教学实施、教学监控以及教学测量评价等方面。《职业教育学》应该把教学作为重要部分，在具体内容的选择上，包括职业教育教学的概念和基本理念，如何进行职业教育的教学设计，如何实施教学并对教学进行监控，如何对教学进行测量与评价等。在本书中被列为第七章。

3. 德育工作

除了应开展教学工作之外，职教教师还需要对学生进行德育教育。德育工作当然可以渗透在教学中进行，但是专门的德育在当前的职业院校中也是不可或缺的。因此，职教教师还应该具备德育能力。为此，《职业教育学》理所当然的应该包括德育论的内容。这部分内容应该包括德育的内容、如何实施德育和如何对德育的效果进行评价等。此外，由于部分职教教师需要承担班主任工作，因此，《职业教育学》的教学内容还应该包含班主任工作的内容，其核心内容是作为班主任，如何建设一个好的班集体。在本书中被列为第八章。

4. 职业指导

与普通教育教师不同，职业教育的教师还要承担职业指导工作，还要具备一定的职业指导能力。因此，与如何开展职业指导相关的内容应成为《职业教育学》不可或缺的内容。在本书中被列为第九章。

5. 教师专业成长

职业教育肩负着培养面向生产、建设、服务和管理第一线需要的高素质技能型人才的使命。而这种使命的实现，必须依靠高素质的职业教育教师队伍。而随着社会经济的发展，职业教育从"规模发展"走向了"规模、质量、结构、效益协调发展"的新阶段，其师资需求也从"学历文凭"提升到"素质能力"的一体化高度。因此，职业教育教师特殊的成长规律必须被《职业教育学》加以描述。在本书中被列为第十章。

依据行动导向的理念，《职业教育学》教学内容的组织应摒弃学科体系导向，而是按照工作过程展开。针对职业教育工作行动顺序的每一个环节来呈现相关内容，就可以大大加强《职业教育学》与教师实际的教学行动之间的联系，真正加深未来职业教育师资对职业教育的理解，提高他们的教学能力。当然，一本《职业教育学》也无法把涉及的工作过程详尽展开，只能对主要过程的有关原理性知识或问题进行探讨，其他有关的知识或问题将会在本套丛书的其他几本著作中加以讨论。

第二章
职业教育的特性及其发展

教育是培养人的社会活动，职业教育作为一种根据社会发展和人发展的教育，随着工业革命的不断演变，逐渐从普通教育体制中分化出来，成为一种新型的培养应用型人才的教育活动，具有其发展的特性及发展模式，是教育体制的重要组成部分。

第一节　职业与职业教育的内涵

自从人类社会出现了分工，也就出现了职业活动，职业是社会分工的产物。随着社会的不断发展，职业的内涵也不断地丰富与完善促进着职业活动的发展，随之出现相应的职业训练与职业教育。

一、职业与职业分类

职业是职业教育的基础，对于职业及职业分类的认识，有助于对职业教育概念及其本质的理解和深化，并有助于职业教育专业分类及其体系建构。

（一）职业

早在原始社会末期，随着奴隶社会的不断发展，农业与手工业、畜牧业的不断分离，导致了脑体劳动的逐渐分离，并出现了最早的职业。在古代，有"官有职，民有业"一说，这里的"职"与"业"主要指的是朝廷人员与老百姓所从事的主要工作，"职"指的是官事；"业"指的是农牧工商，也就是今天所指的行业。可见，在我国古代，职与业是分开赋予涵义的。较早地完整使用"职业"一词，是在《荀子·富国》："事业所恶也，功利所好也，职业无分，如是则有树事之患而有争功之祸矣。"到了近代，随着社会的进步，社会分工日益细化与复杂化，职业逐渐地被一起使用，主要含义是"职业是指个人在社会中所从事的并以其为主要生活来源的工作的种类。"①

职业是参与社会分工，利用专门的知识和技能，为社会创造物质财富和精神财富，获取合理报酬，作为物质生活来源，并满足精神需求的工作。包含以下几个方面的内涵：第一，与人类的需求和职业结构相关，强调社会分工；第二，与职业的内在属性相关，强调利用专门的知识和技能；第三，与社会伦理相关，强调创造物质财富和精神财富，获得合理报酬；第四，与个人生活相关，强调物质生活来源，并设计满足精神生活。

(二) 职业分类

职业分类是以工作性质的同一性为基本原则，采用一定的标准和方法，依据一定的分类原则，对从业人员所从事的各种专门化的社会职业所进行的全面系统的划分与归类。②

社会经济的发展、生产力不断地提高促使社会进行分工，表现在职业活动中不同的职业分类，亚当·斯密在《国富论》中提到"劳动生产力上最大的改善，以及运用劳动时所表现的更大的熟练、技巧和判断力，似乎都是分工的结果。"③ 社会分工促使着职业不断的分化与发展，职业不断地细化与完善又促进着社会经济、生产力、文化等方面的不断进步和发展。可以说，社会分工是职业分类的依据。

1. 国外的职业分类

世界各国国情不同，其划分职业的标准有所区别。根据西方国家的一些学者提出的理论，在国外一般将职业分为三种类型：

（1）按脑力劳动和体力劳动的性质、层次进行分类。这种分类方法把工作人员划分为白领工作人员和蓝领工作人员两大类。白领工作人员包括：专业性和技术性的工作，农场以外的经理和行政管理人员、销售人员、办公室人员。蓝领工作人员包括：手工艺及类似的工人、非运输性的技工、运输装置机工人、农场以外的工人、服务性行业工人。这种分类方法明显地表现出职业的等级性。

（2）按心理的个别差异进行分类。这种分类方法是根据美国著名的职业指导专家霍兰创立的"人格—职业"类型匹配理论，把人格类型划分为六种，即

① 顾明远. 教育大辞典［Z］. 上海：上海教育出版社，1998，2027.

② 马建富. 职业教育学［M］. 上海：华东师范大学出版社，2008，2.

③ 王亚南. 资产阶级古典政治经济学选辑［M］. 北京：商务印书馆，1965，157.

现实型、研究型、艺术型、社会型、企业型和常规型。与其相对应的是六种职业类型。

（3）《国际标准职业分类》。《国际标准职业分类》把职业由粗至细分为四个层次，即 8 个大类、83 个小类、284 个细类、1506 个职业项目，总共列出职业1881 个。其中 8 个大类是：①专家、技术人员及有关工作者；②政府官员和企业经理；③事务工作者和有关工作者；④销售工作者；⑤服务工作者；⑥农业、牧业、林业工作者及渔民、猎人；⑦生产和有关工作者、运输设备操作者和劳动者；⑧不能按职业分类的劳动者。这种分类方法便于提高国际间职业统计资料的可比性和国际交流。

2. 我国职业分类

我国参照国际标准职业分类，在充分考虑我国经济发展实际情况、科技进步和产业结构变化的基础上，按照工作性质同一性的基本原则，对我国社会职业进行了科学划分和归类，于 1999 年 5 月，劳动和社会保障部、国家质量技术监督局和国家统计局共同颁布了《中华人民共和国职业分类大典》。这部《大典》较为准确地描述了每个职业的工作内容及活动范围，全面客观地反映了现阶段我国社会职业结构状况，不仅为开展劳动力需求预测和规划，进行就业人口结构，及其发展趋势的统计分析提供了重要依据，而且对开展职业教育和职业培训，实行职业资格证书制度，促进劳动力市场，完善企业劳动组织管理也同样具有十分重要的作用。

我国的职业分类结构包括四个层次，即大类、中类、小类和细类，依次体现由粗到细的职业类别。细类作为我国职业分类结构中最基本的类别，即职业。《大典》将我国社会职业划分为 8 个大类、66 个中类、413 个小类、1838 个职业。8 个大类分别是：

第 1 大类：国家机关、党群组织、企业、事业单位负责人，其中包括 5 个中类，16 个小类，25 个细类；

第 2 大类：专业技术人员，其中包括 14 个中类，115 个小类，379 个细类；

第 3 大类：办事人员和有关人员，其中包括 4 个中类，12 个小类，45 个细类；

第 4 大类：商业、服务业人员，其中包括 8 个中类，43 个小类，147 个细类；

第 5 大类：农、林、牧、渔、水利业生产人员，其中包括 6 个中类，30 个小类，121 个细类；

第 6 大类：生产、运输设备操作人员及有关人员，其中包括 27 个中类，195 个小类，1119 个细类；

第 7 大类：军人，其中包括 1 个中类，1 个小类，1 个细类；

第 8 大类：不便分类的其他从业人员，其中包括 1 个中类，1 个小类，1 个细类。

目前，劳动和社会保障部依据《中华人民共和国职业分类大典》确定了实行就业准入的 87 个职业目录。

二、教育与职业教育的含义

教育与职业教育是联系紧密的两个概念，理清二者的本质和关系有助于把握职业教育的特殊性，能更好地指导职业教育实践。

（一）"教育"的溯源及内涵

1. 汉语"教育"一词的溯源

在我国古代，"教"是指小孩效仿大人的演示而进行学习；"育"指妇女养育孩子。最早使用"教育"一词是孟子，始见于《孟子·尽心上》："君子有三乐，而王天下不与存焉。父母俱存，兄弟无故，一乐也；仰不愧于天，俯不怍于人，二乐也；得天下英才而教育之，三乐也。"东汉许慎在其著作《说文解字》中对教育的解释是"教，上所施，下所效也"；"育，养子使作善也"。随着社会的发展以及教育本身不断地演变发展，人们对教育的认识越来越深刻，并对其涵义不断的丰富解释，直到 19 世纪末 20 世纪初叶，中国人开始兴办新式教育，"教育"已经成为常用词。

2. 西文"教育"一词的溯源

在西方，教育一词源于拉丁文 educêre。本义为"引出"或"导出"，意思就是通过一定的手段，把某种本来潜在于身体和心灵内部的东西引发出来。从词源上说，西文"教育"一词是内发之意，强调教育是一种顺其自然的活动，旨在把自然人所固有的或潜在的素质，自内而外引发出来，以成为现实的发展状态。

3. 现代教育的内涵

在人类社会活动中，教育是培养人的一种社会实践活动，有广义和狭义之分。广义的教育泛指一切有目的地影响人的身心发展的社会实践活动；狭义的教育主要指学校教育，即教育者根据一定的社会要求和受教育者的发展规律，有目的、有计划、有组织地对受教育者的身心施加影响，期望受教育者发生预期变化的活动。

(二) 职业教育的含义

1. 国际上对职业教育的认识

职业教育活动在国际上各个国家普遍存在，由于各国对职业教育的不同理解，因而对这一概念的界定有所不同。目前，国际上对职业教育主要有三种不同的理解和官方的界定[①]：

第一种是狭义的，如苏联，把职业教育限于培养工人和农民的范畴，认为这类人才的培养不需要接受高等层次的教育，因而这种界定是把职业教育归为中等教育范畴。

第二种是广义的，如南斯拉夫，把职业教育定义得非常宽泛，认为所有的专业教育都是职业教育，它是相对于文化基础教育而言的，因为所有的专业教育的学生毕业后都要从事某个职业岗位的工作，都有一定的职业倾向。

第三种是介于两种之间的界定，如联合国教科文组织、世界银行、中国等，认为职业教育是一种特殊形式的专业教育，是专业教育的一部分，它包括职业教育和技术教育两种形式，前者是培养工人和农民的教育，后者为培养技术员、工程师的教育。前者通常被看作为工业、农业和商业内那些中等程度职业做准备的正规教育，而后者则为中等或更高程度的，与生产过程有关的知识和技能的正规教育。

2. 我国对职业教育的认识

目前在我国有两种不同的职教观念影响着对职业教育的认识和界定。[②] 一

---

① 邓友川. 我国职业教育发展的问题与对策分析 [D]. 成都：四川大学，2007，12.
② 孟景舟. 职业教育概念问题研究 [D]. 石家庄：河北师范大学，2007，18.

种是所谓的"大职教观"。石伟平教授是这样解释"大职教观"的：国际社会习惯把"职业教育"理解为"职业和技术的教育与训练"，它包括：以在校生为主要对象的职业准备教育，其中有普通学校的"职业基础教育"与职业院校的"职业教育和培训"；以在职人员为主要对象的岗位培训，以及以失业人员为主要对象的再就业培训。就职教形式而言，包括学校本位的职教模式、企业本位的职教模式、社会本位的职教模式以及"学校—企业综合模式"。随着终身教育思想的深入人心，职业教育成为贯穿于个人职业发展全过程的一种教育：职业准备教育→就业培训→岗位培训→晋级/专业/再就业培训。这就是现在所说的"大职业教育观"。

另一种是小职教观，也就是指学校形态的职业教育。在不同的职教观和不同的职业教育本质论的影响下，人们很难对职业教育的内涵有明确统一的认识。因此，有人就试图用广义的职业教育概念、中义的职业教育概念和狭义的职业教育概念，来对各种不同的观点进行折中和调和。广义的职业教育概念是指除普通教育以外的所有类型的教育。中义的职业教育概念是指职前职后为培养生产、建设、管理和服务第一线岗位所需应用性人才，向受教育者传授知识、培养技能的各级各类职业和技术教育以及普通教育中的职业教育的总称。狭义的职业教育指职前、职后向受教育者传授知识、培养技能，以培养经济和社会所需的低、中、高级技工和高级技师的总称。

我们认为职业教育是让受教育者获得从事某个职业或行业所需的实际职业知识、技能和职业道德的教育。

(三) 国际上职业教育的不同称谓

多年来对职业教育的概念和内涵一直争执不休，战后，职业教育受到很多国家的重视，在职业教育发展史上，职业教育曾有过多种称谓上的提法。下面简单介绍在国际上曾使用过的几种称谓：

1. 技术教育 (Technical Education，TE)

"技术教育"一词在 20 世纪前就已出现，有些国家用其命名是指培养生产技术工人的职业教育。然而，作为培养技术型人才教育制度的"技术教育"，是 20 世纪形成的新概念。

2. 技术与职业教育 (Technical and Vocational Education，TVE)

从 20 世纪 70 年代开始，联合国教科文组织一直用"技术与职业教育"的称谓。1974 年联合国教科文组织第 18 届会议上，在通过的《关于技术与职业教育的建议》文件中，把"技术和职业教育"作为对于职业教育所使用的一个综合性术语。2001 年联合国教科文组织修订的《关于技术与职业教育的建议》认为："'技术与职业教育'是作为一个综合术语来使用的，它所指的教育过程除涉及普通教育外，还涉及学习与经济和社会生活的各部门的职业有关的技术和各门科学，以及获得相关的实际技能、态度、理解力和知识。"

3. 职业教育与培训（Vocational Education and Training，VET）

"职业教育与培训"（Vocational Education and Training，VET）是由国际劳动组织提出的。

4. 技术和职业教育与培训（Technical and Vocational Education and Training，TVET）

20 世纪 80 年代中期后，世界银行和亚洲开发银行开始使用"技术和职业教育与培训"。1999 年教科文组织在韩国汉城召开的"第二届国际技术与职业教育大会"上，教科文组织在正式文件中首次使用了"技术和职业教育与培训"（TVET）的提法。表明将职业教育和就业培训、在职培训作为一个统一的连续过程。

5. 技术职业教育（Technical and Vocational Education，TVE）

我国台湾称为"技术职业教育"，与内地的职业教育同义。

6. "职业技术教育"（Vocational and Technical Education，VTE）

我国 20 世纪中期至改革开放以来曾广泛使用"职业技术教育"，主要指"宽口径"的职业技术教育，在苏联"职业技术教育"指为国民经济各部门培养技术工人的教育。

7. "职业教育"（Vocational Education，VE）

德国、美国等国家统一用"职业教育"提法，泛指除基础教育、普通高等教育、成人继续教育以外的为培养职业能力而进行的教育。我国 1996 年 5 月颁布《中华人民共和国职业教育法》，开始统一使用"职业教育"这一称谓。

（四）我国不同历史时期职业教育的不同称谓

无论在国内还是国际，职业教育的内涵都一直处于演变之中。在我国，职业教育的正式称谓在近代以来也几经演变，下面介绍几种常见的称谓：

1. 西艺教育

西方技艺教育，一般泛指洋务运动初期的技术教育。1862年，主管总理衙门的大臣奕䜣，开设了近代中国第一所新式学堂——京师同文馆，以培养外语人才为目的；1866年，开设了天文算术学馆和自然科学课程，并设立观象台、格致馆，使原来单一的外语学校成为综合性科学技术学校。此后，洋务派先后创办了20多所技术性学堂，如电报、交通、医学等。

2. 实业教育

实业教育主要是在1902—1922年之间使用的称谓，以教授工、农、商必需的知识、技能为目的的教育。1902年清政府颁布《钦定学堂章程》（壬寅学制），1904年颁布施行的《奏定学堂章程》（亦称"癸卯学制"），将实业教育正式列入学制系统，这是中国第一个实业教育制度，职业教育的制度化、专门化得到保障。

3. 实利主义教育

"实利主义"是杜威"实用主义"的另一译名。实利主义教育思想最初创立于美国，后来盛行于欧洲，清末才被输入中国。1912年1月，蔡元培任南京临时政府教育总长时，发表《对于新教育之意见》，提出公民道德、实利主义、军国民、世界观及美育"五育"并重、和谐发展的教育方针，显示出民国时期的教育超越封建专制主义的重大变革，认为实利主义教育不仅要求给人以各种普通的文化科学知识，而且强调给予发展实业的知识与技能，以及一定的职业训练。实利主义教育思想在后来的职业教育中产生了重要的影响。

4. 职业教育

1904年，我国山西农业学堂总办姚之栋在《关于增添教习》一文中首先提出"职业教育"一词，但当时未被采用。

1915年10月15日，陈独秀在《今日之教育方针》一文中，提出教育应是

"补偏救弊,以求适世界之生存",教育必须贯穿的"四大主义"。这"四大主义"中"职业主义"列为第三。职业主义是指用科学教育(技术教育)、职业教育来取代空洞的伦理说教的传统教育。从 1915 年开始,中国教育联合会多次议决推进职业教育议案。1917 年,以黄炎培、蔡元培等为首,发起成立中华职教社,提倡推广职业教育。1922 年的"壬戌学制"用"职业教育"这一名称取代了原有的实业教育、实利主义教育。

5. 技术教育

新中国建立后,对旧教育进行了改造,旧教育中的职业教育体制逐步被取缔,取消了职业教育这种称谓,代之以"技术教育",一批中专和技校被建立起来,中专套用专业教育和干部教育的模式。新中国成立至"文革"前,我国职业教育称为技术教育(含专业教育、技工教育)。

6. 职业技术教育

"文革"期间职业教育体系遭受严重破坏。改革开放以来至 1996 年,我国许多场合仍在沿用苏联的称谓"职业技术教育"。直至 1996 年,我国颁布了《中华人民共和国职业教育法》,才统一规定使用"职业教育"这一概念。

(五)职业院校教育与职业培训的联系与区别

目前,我国的职业教育包括职业院校教育和职业培训两大要素[①]:

1. 职业院校教育

职业院校教育从纵向看,指的是学历性的职业教育,分为初等、中等、高等职业院校教育。初等、中等职业教育的培养对象必须具备初中以上的文化水平(包括初中文化水平),分别由初等、中等职业学校实施;高等职业教育的培养对象必须具备高中以上的文化水平(包括高中文化水平),根据需要和条件由高等职业院校实施,或者由普通高等学校实施。

从横向看,它包括农业职业教育、工业职业教育、商业职业教育、交通职业教育、电力职业教育、政法职业教育,以及卫生、体育、金融、艺术等行业的职业教育。

---

① 中华人民共和国职业教育法 [Z]. 第 12 条.

2．职业培训

职业培训是按照职业或劳动岗位对劳动者的要求，以开发和提高劳动者的职业技能为目的的教育和训练活动。是非学历性的短期职业教育。职业培训的形式多种多样，目前，我国的职业培训包括从就业培训、转业培训、学徒培训、在岗培训、转岗培训及其他职业性培训。可以根据实际情况，将职业培训分为初级、中级、高级职业培训。

3．职业院校教育与职业培训的联系

职业院校教育与职业培训均属于职业教育的范畴，都是职业教育的重要组成部分。随着市场经济体制下劳动力市场的建立健全与劳动用人制度改革的深入，职业院校教育在以更快的步伐向"更专"的方向发展，为职业技能开发事业做出贡献，职业培训也在充分利用职业院校教育在师资、项目开发、管理、试验设施设备的优势方面，形成了相互依存的局面。

4．职业院校教育与职业培训的区别

（1）培训的对象范围不同。前者培训的主要是后备劳动力，后者培训的主要是现实的劳动力。前者大部分属于全日制教学范畴，所需时限较长，而后者则是比较灵活，所需时限较短。

（2）教学内容不同。职业院校的教学内容与范围面较宽，并界于常规教育和职业培训之间，设置的专业具有"指导性"的意义；而职业培训针对性比较强，专业化程度高，被培训者的职业角色趋向更加明朗化。前者一般要设置一定比例的文化课的教学，后者一般情况下，不专门设置文化课的教学，即使设置，也是必要的文化课补习。

（3）培训目标不同。职业院校教育要达到的目标是：通过传授系统的文化科学知识，使学生具有基本的技能与技巧；培养和开发学生的智力与能力；增强学生的体力，促使其身体各部器官及其机能正常发育；培养学生辩证思维能力和良好的道德品质；提高学生的综合职业素质。而职业培训的目标，主要是在具有一定的文化科学知识和基本技能的基础上，进行知识与技术的更新和专业技能素质的进一步提高。

（4）管理的主体不同。即职业院校教育和职业培训的主管部门不同。

第二节　职业教育的特性

作为一种教育形态，职业教育和其他教育一样，具有学校教育所共有的教育性特点，除此之外，职业教育还有着区别于其他类型教育自身明显的特性，是职业教育自身体系的内在特征，包括职业性、技术性、社会适应性、实践性、市场性等特点。

一、职业性

有学者从社会学角度来看，将职业教育的概念建立在这样的一个假设之下：职业教育＝职业＋教育。所以职业教育首先具备职业的特性，职业是职业教育的基础，职业教育应该以职业的形式进行。

职业教育的职业性体现在人才培养目标上，即培养一大批生产、建设、管理、服务一线的应用性技术人才，具有非常明确的目标性，是定向于特定职业或职业群的教育，直接针对工作岗位培养的专门人才。职业教育在培养人才过程中，每一个环节都以掌握岗位技能为目的，与生产、建设、管理、服务一线的实际需要紧紧地结合在一起，也就是说，市场需求什么专业技术人才，就设置什么专业，是建立在"职业"基础上的，如：电子商务专业、财务会计专业、秘书专业、旅游专业、土建施工专业、汽车维修专业、生产自动化专业等。不论是职前的学历性教育，还是在职人员的提高性教育，或者是下岗人员的再就业培训，从教育目标的确定，到教学计划的制订，再到教学计划的实施都是紧紧围绕着特定的行业、特定的系统、特定的职业甚至是特定的岗位。总之，在整个职业教育的全过程中，每一个环节都有其明确的职业性。

二、技术性

技术转化为现实生产力需要通过职业教育，技术通过职业教育，内化到劳动者身上，才能发挥出它的功能。从历史发展来看，职业教育的产生具备两个条件：一个是旧的学徒制无法适应大工业的要求，机器大工业对技术的传播产生了新的需求；另一个是生产技术开始知识形态化了，使技术以学校形式进行传播成为可能。[①]

---

① 孟景舟. 职业教育概念问题研究 [D]. 石家庄：河北师范大学，2007.

技术的演变会影响到职业教育发展的结构、层次、规模、课程和方法等。换句话说，职业教育的演变发展跟技术革命的演变有很密切的联系。技术革命导致职业教育改革发展，技术结构及产业结构的变动推动职业教育课程结构、内容的演变，技术革命及其引发的社会生产方式的变革决定职业教育思想的发生和发展，技术的进步推动职业教育办学模式和人才培养模式的改革。反过来，职业教育应该紧跟技术的不断进步，通过校企合作、工学结合的基本途径，促使教育方式、课程内容、培养方式的改革，促进学习者对新技术和新工艺的掌握，提高就业能力。技术知识已成为职业教育课程的主体内容。[①]

新中国成立以来，我国对职业教育的定位都指向于培养第一线高素质劳动者和实用人才，2005 年《国务院关于大力发展职业教育的决定》强调指出"以服务社会主义现代化建设为宗旨，培养数以亿计的高素质劳动者和数以千万计的高技能专门人才。"可见，无论从职业教育产生的动因还是从职业教育的目标、传授的内容来看，它都具有明显的技术性特征。

三、社会适应性

全世界各国的职业教育发展模式，是与本国社会实际紧密结合的。职业教育是为了适应特定区域经济发展、特定职业的需要而开发和实施的。职业教育的教学、课程、评价和管理等方面，必须与生产劳动和社会实践紧密结合在一起。

同普通教育相比，职业教育的根本任务是适应社会需要培养应用型、操作型、技能型人才，职业教育与整个社会的联系更紧密、更具体，为整个社会服务更直接。正如黄炎培先生所言："职业院校从其本质说来，就是社会性；从其作用说来，就是社会化。"这要求职业教育必须适应社会需要而不断变化，必须扎根于社会的各职业领域，与企业形成紧密的合作关系。具体要求表现在：

一是职业教育的发展速度与规模，都要适应社会经济发展，根据社会需求规划学校布局、设置专业规模。

二是在人才培养目标及定位上，要根据社会行业的需求，培养各层面、各行业、各规格的数以千计的技能型人才，既培养初中级管理、建设、服务工人，也要培养千百万的高技能管理、生产、服务等方面的人才。

三是在教学过程中，课程设置、基地建设及教学改革等方面要适应未来现

---

①　徐国庆. 职业教育原理［M］. 上海：上海教育出版社，2007，43.

代化生产的需要，不仅使学习者具有较成熟的专业知识和专业技能，而且使其具备适应现代化生产岗位的各种职业素质。

四是职业教育对社会环境具有依存性，只有吸纳全社会的力量才能办好，要求其办学必须是开放、灵活、多元的。职业教育是现代教育的重要组成部分。各级政府一定要高度重视，统筹规划，贯彻积极发展的方针，充分调动各部门、企事业单位和社会各界的积极性，形成全社会兴办多层次职业教育的局面。

四、实践性

职业教育培养具有必要的理论知识和较强实践能力，适应生产、建设、管理、服务第一线需要的高等技术应用型人才。职业教育的过程就是实践的过程，实践贯穿于职业教育的始终。职业教育这一特性表现在：

（一）教学内容突出实践性

高等职业教育实践性本质特征主要表现为：高等职业教育不同于其他普通高等教育，在教学内容的选择上不过分强调专业的学术性、系统性、完整性和理论性。基础理论课的内容以"必需"和"够用"为原则，重理论知识中相关结论的使用而轻其推导过程，把教学内容的着重点放在实践操用和专业技能的培养上。高等职业教育丢弃了其他教育类型的学生听得多、看得多、重理论、动手少的教学方法，而采用实践为重、为先的方法，可以先做后学、先学后教、以需定教。

（二）教学方法上突出实践性

在课程安排上先建立实践教学体系，后建立理论教学体系；先专业课教学，后基础课教学，在具体教学中尝试先让学生动手做一做，然后归纳总结，再有针对性地开展理论学习。事实证明，这样一种突出实践的教学方法是符合高等职业教育规律的教学方法，深受学生们的欢迎。

（三）教学过程突出实践性

国内外的高等职业教育的教学过程都无一例外地选择了突出实践性的产教结合教育模式。例如：德国的"双元制"模式；英国的"三明治"合作教育模式；日本的"产学合作"模式；韩国的校企合同"订单"培养模式。所有这些模式的共同特点就是对学生实施"夹心面包"式培养，在整个教学过程中学校的教学实训与在企业实习交叉进行，从而使教学更有实践性、应用性，也更贴近企业对学生技能的要求。这样的模式是技能型人才的培养规律，也是一个实现高职教育培养目标的规律。

五、市场性

职业教育发展除了符合教育规律外，还应遵循市场规律。职业教育是教育体系的一部分，这就决定了职业教育必须按照教育规律和市场规律办学，职业教育要满足市场对人才的需求，如果只是按教育规律办学而不考虑人才市场的需求，那么培养出来的学生，无论质量有多高都无法实现就业；又如果只是按人才市场需求办学，在教育过程中不尊重教育规律，那就培养不出高素质的人才。由此，高等职业教育既要按教育规律办学，又必须按市场规律运作，这就是说职业教育具有市场性。

（1）职业教育在办学指导思想上确立以"人才市场需求"为导向的运作模式，市场的需求就是设置专业的依据，企业对岗位或岗位群的具体要求就是职业教育课程和教学内容的教学要求，具体目标是教学要求与职业岗位要求零距离。因此，职业教育非常注重相关专业领域的最新技术发展，并根据发展实际调整课程结构和教学内容，做到教学内容及时反映本专业领域的新知识、新技术、新工艺、新方法，使教学内容与经济发展相适应，与技术改革相同步。

（2）职业教育就是就业教育，职业教育的市场性特征之一就是就业性。职业教育的培养目标、办学定位、课程设计、专业设置、教学过程，其目的和宗旨都是为就业服务，职业教育的就业目的性更明确、更具体。

第三节　职业教育的产生与发展

职业教育是社会分工和技术进步的产物，随着社会的发展而发展，不同的历史发展阶段，职业教育的发展有着不同的形式。从时间纵向上对职业教育发展进行梳理，能使人们对职业教育本质及发展规律有更深刻的认识。

一、职业教育发展的历史轨迹

从世界范围看，职业教育的产生与发展大概经历了四个时期：萌芽雏形时期、兴起时期、制度确立发展时期、蓬勃快速发展时期。

（一）职业教育的萌芽雏形时期（18 世纪 60 年代以前）

当人类开始有意识地向下一代传递采集、饲养、农耕、渔猎、养殖和手工制作等生产生活经验的时候，人类就出现了教育活动，并伴随人类社会的发展而不断变化。"口耳相传"、"观察模仿"、"长教幼"、"父教子"、"师徒相传"等形式是有关职业教育活动的原始形态，这虽不是现代意义上的职业教育，但它具有一些职业教育特征。古代社会的职业教育系统还远没有形成，还只停留在零散的、非正规化的、个别化的职业教育形式上。

在古代社会手工业时代，职业教育的萌芽期实施职业教育的主要形式为学徒制，是以师徒制为特征的职业技巧传授模式。在尚未出现专门职业学校前，几乎都是学徒教育模式。古代社会的和尚、道士、牧师、医生、工匠和商贩等职业人，就是通过学徒制在寺院、道观、教堂、医院、店铺、工地等场所培养出来的，中世纪的雄辩家、律师、医生等地位较高的职业人员也是通过学徒制培养的。在古罗马，学徒制就开始有行业组织干预，部分职业还出现专门的机构，如古希腊柏拉图《理想国》等经典著作中记载有学徒的资料；古埃及汉谟拉比法典中还规定了工匠收养子以传授技艺。到了中世纪后期，随着社会经济发展，城市开始繁荣，工商业得到壮大发展，并形成了新兴市民阶层，学徒制得到进一步的完善化、规范化发展。11 世纪末，一些行业主为了保护本行业的利益，纷纷建立行会组织，学徒教育纳入行会管理中，许多国家也纷纷规范行会管理制度，如 1567 年，英国女王伊丽莎白一世颁布了"工匠、徒弟法"，国家对学徒制作出规定、统一管理。[①]

在古代，除了学徒制，官学中也承担着一部分职业教育，如在古罗马时期，就有了专门的学校教育，在学校教育中会传授少量的生产知识、生活经验，但由于古代受教育者都是统治阶级，他们轻视生产技术教育，带有职业教育特征的教育活动只隐含在他们的正规普通教育中，是普通教育的一种补充形式。所以说，在古代官学中，职业教育的内容只是普通教育的附庸。

（二）职业教育的兴起时期（18 世纪 60 年代—19 世纪末）

职业教育活动虽然古已有之，但现代意义上的职业教育是随着资本主义大工业生产方式的产生发展而发展起来的。18 世纪 60 年代，瓦特发明的蒸汽机

---

① 李向东，卢双盈. 职业教育学新编［M］. 北京：高等教育出版社，2005，50.

带来了人类历史上的第一次工业革命，首先在英国开始，到 19 世纪 30 年代末基本完成。工业革命过程中，社会上出现了各种各样的机器，它们带来了生活条件、劳动内容以及生产组织结构的根本变化，这些机器的运用与发展对劳动力的数量与质量都提出了新的要求，要求参与者具有物理的、化学的和数学的普通文化科学知识，懂得机器工作的原理以及生产应变能力。当时传统的学徒制的培养方式，无论是规模、速度以及内容，都不能满足工业生产对技术工人的要求，迫切需要一种规模大、速度快、内容新的教育方式。于是，以传授现代生产科学技术知识为主要特征的职业教育应运而生，这就是所谓的近代职业教育。

近代产业革命促使社会生产力迅猛发展，为职业技术学校建立和发展提供了物质保障，随着机器工业生产制度的扩展而推广到其他国家，英、法、德、美、日本等国家都开始尝试建立职业技术学校，一些大企业内的职工培训业逐渐发展起来。英国莫尔《乌托邦》和拉伯雷《巨人传》等著作都提到了职业教育，作为理想社会建构部分，自然哲学教授乔治·伯柯贝克于 1800 年创办以技工为对象的讲习班，后来慢慢发展演变为"格拉斯哥机工讲习所"；德国佛朗斯于 17 世纪末创办了实科学校，把技术引进学校教育；法国利昂库尔公爵于 1786 年创办了初等教育兼技术教育的学校。[①]

这个时期的职业教育开始出现了学校形态的职业教育，从学徒的手工工艺转变为以传授科学技术原理为主要特征的现代工艺学创立。随着工业革命的不断推进，职业教育开始兴起并快速发展，但这个时期的职业教育还没形成正规的制度，职业教育基本是由民间产业部门负责管理，政府尚未充分认识到职业教育的意义。

（三）职业教育制度的确立发展时期（19 世纪末—20 世纪 40 年代）

19 世纪末到 20 世纪初，伴随着工业经济发展，生产力日益提高，人类社会进入了第二次工业革命，技术对经济和军事竞争作用充分显现了出来，各国开始重视职业教育，政府对职业教育积极参与和干预，调整改革了本国的教育制度，以法律、政策、拨款等方式促进职业教育发展，充分发挥职业教育在国家发展战略中的作用。这个时期职业教育的规模、体系、管理制度都日趋成熟，职业教育体系逐渐完善，已具有初、中、高三个层次。最鲜明的特点为逐步形

---

① 马建富. 职业教育学［M］. 上海：华东师范大学出版社，2008，8.

成了现代资本主义的职业教育制度。

英国 1889 年颁布了《技术教育法》，授权地方当局有权征收职业教育税，用于提供技术教育或支持民办教育，并帮助其他机构举办职业教育；1902 年，英国政府又颁布了《巴尔福尔教育法》，到 1921 年，英国中央教育署和一些专业协会合作，共同建立了一套较为系统的技术人员证书制度。

法国 1881 年开始以国家的名义兴办职业教育，政府重视技术教育的建设，形成了初等、中等和高等职业教育体系；1919 年政府通过被称为法国技术教育宪章的《阿斯蒂埃法》，该法规定国家代替个人承担对工人子弟进行职业教育的任务，标志着国家职业教育制度的正式形成。

德国 1919 年制定《魏玛宪法》明确规定，受完 8 年义务教育的学生进入职业补习学校一直到 18 岁为止；1920 年，各州又争相制定法令，要求贯彻《魏玛宪法》，以法律形式强制规定了国民必须全面参与职业教育。

美国国会 1862 年和 1890 年先后两次颁布了《莫雷尔法》，这是美国通过的第一个职业教育法，要求政府以"赠地"和"拨款资助"辅助各地举办初级学院与社区学院；1917 年，美国国会又通过了被称为美国教育史上第二个里程碑的《史密斯一休斯法》，该法正式确立了美国职业教育体系与制度，大大促进了美国职业教育的发展，职业教育师资也得到了壮大发展，据统计，从 1918 年至 1925 年美国职业教育教师在原有的基础上增加了 176％，学生增加了 224％，职业教育经费增加了 518％。[①]

日本作为后起的发达国家，在新兴的官办企业中举办职业培训活动，于 1894 年颁布《实业教育国库补助法》，1899 年又颁布了《实业学校令》，规范了日本职业教育发展，形成了初、中、高三个层次的职业教育系统。

(四) 职业教育的蓬勃快速发展时期（20 世纪 50 年代至今）

20 世纪 50 年代以后，第二次世界大战后，经济得到恢复发展，人类社会也开始进入了以原子能和计算机广泛应用为标志的第三次工业技术革命时代。新技术革命促使产业结构、劳动力就业结构产生变化，生产开始从劳动密集型转向知识技术密集型，科教兴国成为了世界各国政府的战略选择，职业教育在社会经济发展中的重要作用得到广泛认可，于是，在战后无论是发达国家还是发展中国家都纷纷采取各种措施，积极发展各种类型的职业教育。职业教育进

---

① 马建富. 职业教育学［M］. 上海：华东师范大学出版社，2008，9.

入了蓬勃快速发展时期。

从全世界范围内看，这一个时期的职业教育呈现出一些共同特点：

1. 各国政府加大投入扶持职业教育的发展，职业教育逐步走向国际化

第二次世界大战后，技术对经济和军事竞争的作用显而易见，职业教育发挥的作用得到重视，各国政府开始把职业教育作为国家事务来看待，出台政策、加大投入保证其顺利快速地发展。此外，这一时期，一些国际教育机构的出现，使职业教育发展越来越国际化，如国际劳工组织、世界银行、联合国教科文组织等，这些机构开始规范职业教育的名称，并出台相关政策积极发展职业教育。

2. 加强职业教育与普通教育的衔接

世界各主要发达国家纷纷采取多种举措，使职业教育与普通教育相互沟通、相互渗透、取长补短。各国普遍采取职业教育与普通教育的综合化的措施。英国政府推出一种"普通国家职业资格"课程，使学术性课程与职业性课程相互过渡；德国职业教育的突出特点是实行"双元制"，它与普通教育是两个完全不相通的系统；20世纪80年代以后，日本政府对中等职业教育和中等教育进行改革，设立综合高中。

3. 各国职业教育体系基本完善，各自发展具有特色的职业教育

第二次世界大战以后，各国职业教育学校布局、专业设置、教育模式等问题得到重视解决，发展职业教育与各种教育类型的衔接，各国基本上都形成了完善的职业教育体系。各国还致力于根据各国的社会经济发展特点，发展具有本国特色的职业教育模式，如英国的双轨制、德国的双元制、美国的社区学院、日本的短期大学等。

此外，这个时期关于职业教育的研究与思潮也得到了发展，国际上许多专家学者开始围绕职业教育问题进行深入的调查研究，并形成了比较系统的发展职业教育的思潮，比较有代表性的人物是英国经济学家巴洛夫、美国的教育社会学家福斯特。

二、我国职业教育的产生与发展

职业教育是职业教育学的直接对象。它的历史过程本身就展示出职业教育

的基本问题和规律，能够为目前的职业教育提供有益借鉴。

（一）古代职业教育的形式（19 世纪 60 年代以前）

原始社会时期，生产力极低，农业是经济的主体，人们在劳动中根据各自劳动内容不同形成简单的自然分工，当时商业、手工业只是农业的副业，尚未从农业中分离，所以还没有形成社会分工和不同职业。随着社会生产力的发展，畜牧业、手工业及商业才逐渐从农业中分离出来，这才出现农业、手工业、畜牧业、商业各种行业的职业活动。随着社会分工出现职业，人们也逐渐对职业有初步的认识，《周礼·考工记》中记载："国有六职，百工与居一焉。坐而论道，谓之王公；作而行之，谓之士大夫；审曲面执，以饬五材，以辨民器，谓之百工；通四方之珍异以资之，谓之商旅；饬地力以长地财，谓之农夫；治丝麻以成之，谓之妇工。"可见，当时已出现多种职业，也对职业有了初步的认识与分类。

在古代，统治阶级的教育活动中拒绝融入劳动生产技能与实践，从事生产劳动的人们并不可能接受学校教育，当时有关职业活动的教育，都是表现在人们的劳动生产中，主要表现为家传世袭和师徒相传两种方式。

第一种，家传世袭。当时的手工业者、畜牧业、商人等都是以家庭为基本单位，他们在养育子女的同时，根据自己所从事的不同职业，把自己的生产经验、技能等传授给子女用以未来的谋生，当时的职业教育活动更多是以家传世袭的方式来表现的。

第二种，师徒相传。在我国古代，民间有许多能工巧匠，他们广收徒弟，传授技艺，成为各个行业的祖师，如建筑行业的祖师鲁班、纺织业的祖师黄道婆、印刷业的毕昇等。

这两种方式是职业教育活动的雏形，更多的是农业、手工业、商业等经验和技艺的沿袭，主要方式是以父传子、以师带徒来开展生产劳动实践，通过模仿、实际操作、口头传授等方式传承从事行业的知识、技能等，他们传授的经验并无目的、不成系统，劳动者只能获得简单粗浅的一些谋生技能，无法掌握更为广泛、专业的科学技术知识。

（二）近代职业教育的萌芽与兴起（1860—1948 年）

中国近代职业教育兴起于 19 世纪 60 年代晚清的洋务运动，可以溯源于清末的军事技术教育，尤其是实业教育。

　　鸦片战争使我国遭受了严重的社会危机，而衰老的清王朝更是陷入危机四伏的境地，同时太平天国的农民运动对教育的冲击，则加速了封建教育的解体和崩溃。有一部分开明的地主阶级官员和有识之士，开始提倡向"西方"学习，主张"师夷长技以制夷"，要求以学习"西方"来摆脱困境，主要是以洋务派为代表的洋务运动。所谓洋务，是当时人们对外国事务的概称，主要指"制洋器"、"采西学"，向西方学习军事、民用工业技术和声、光、化等自然科学知识。1864年，李鸿章在写给清朝总理衙门的信中说："中国欲自强，则莫如学习外国利器。欲学习外国利器，则莫如觅制器之器，师其法而不必尽用其人。欲觅制器之器与制器之人，则或专设一科取士，士终身悬以为富贵功名之鹄，则业可成，业可精，而才亦可集。"以李鸿章、曾国藩为代表倡导的洋务教育，主要以"中学为体，西学为用"为原则，主要向西方学习船坚炮利，学习工业生产技术、自然科学知识，主张进行科举改革，在学校引用西学，培养实用型人才。在洋务运动中，他们开展了洋务教育实践活动，开始了中国近代职业教育的改革。

　　19世纪60年代，在曾国藩、左宗棠、李鸿章等人的主持下，清政府中的一批洋务派官僚创办了我国最早的近代军工工业以及与之相配套的燃料、采掘、交通运输等工业，江南制造局、金陵制造局、福州船政局、天津机器局等一批大型近代军事工业相继问世，是中国近代最早的中国人自己办的工业。19世纪70年代又兴办了一批近代民族资本主义性质的民用工业。这些军用和民用工业的兴起客观上促进了一批军工性质和实业性质的学校的产生。1866年，左宗棠奏请在福建马尾开办的马尾造船厂附设的福建船政学堂，是近代中国建立的第一所培养造船人才和海军人才的技术学校。该学校初始分两个科，分别培养工程师、技术员。1868年增设的"艺圃"，对青年工人实施艺徒教育。实行半工半读，工人在工作时间每天学习1个半小时（后又增为3小时）。这一时期，第一批军工技术学校，开始了我国最早的职业教育。洋务派所开办的新学堂，大致上可以分为外国语（"方言"）学堂、军事（"武备"）学堂和科技学堂三大类，分别施行"方言"教育、"武备"教育和科技教育。

　　这一时期，职业教育的制度及体系开始形成发展。1902年清政府颁布了《钦定学堂章程》（壬寅学制），章程里规定了一套比较系统的职业教育制度，当时称之为实业教育，实业教育遂正式成为近代教育的组成部分之一，从这时起到辛亥革命推翻清朝建立中华民国的十年期间，可谓我国职业教育体系建立和发展的时期，对近代职业教育的兴起产生了重要的影响。1903年，张百熙、张之洞、荣庆等人重新拟定的《奏定学堂章程》（癸卯学制），把实业教育分为三级三类，三级为：初级实业学堂，学制 4 年；中等实业学堂，学制 5 年，分为本科和预科，本科相当于现在的大专班，预科相当于现在的职业高中班；高等实业学堂，学制 3—4 年。三类为：正式实业学堂，分初、中、高三等；补习实业学堂，分普通补习事业学堂和艺徒学堂；实业师范学堂与实业教员讲习所。学制公布以后，实业教育初步发展并形成一个系统，据 1909 年统计，全国共有实业学堂 254 所，在校学生 16649 人，实业学堂数相当于同期普通学堂数的 43%。[①]

　　1912 年 9 月至 1913 年 8 月，国民政府教育部陆续颁布了各种学校规程，综合成一个完整的学校系统，即《壬子癸丑学制》。这个学制把实业学堂改为实业学校，分甲乙两种，甲种与中学平行，乙种与高小平行，以教授农工商必需的知识技能为目的，均三年毕业。1922 年 11 月，以范源濂为总长的教育部公布了《学校系统改革令》（壬戌学制）。在这个学制中，职业学校的名称取代了过去的实业学校。"职业学校"第一次名副其实地出现在我国教育史上。[②] 1912—1916 年甲乙两种实业学校由 425 所增加到 585 所，但在校学生人数并未增加，反而由 31726 人减至 31208 人。这是由于袁世凯篡夺辛亥革命胜利果实耽误了职业教育的发展。到了第一次世界大战及战后一段时期，由于帝国主义忙于战争及国内群众抵制日货运动，我国民族工商业得到了繁荣发展，产业工人队伍为近代职业教育发展奠定了基础。

　　这一时期，实业教育得到了一定程度的发展，一些教育人士开始引进国外实用主义教育思想，提倡职业教育。1917 年，以黄炎培、蔡元培等为首，在上海发起成立中华职业教育社，出版《教育与职业》期刊，提倡推广职业教育，这是我国教育史上第一个倡导、研究和实施职业教育宗旨的团体。据中华职业教育社 1926 年统计，全国有各种职业学校或职业教育机构共 1518 所[③]。1928 年、1933 年，南京国民党政府先后颁布了《职业学校法》等法律条文。

　　国民党统治期间，职业教育几经改革，使得职业教育从制度上逐渐完善，并得到初步发展，但由于政府投靠帝国主义，经济萧条，再加抗日战争，职业教育没有得到正常的发展。1947 年只有公私立专科学校 68 所，国立中等职业

---

① 王杰恩，王友强. 现代职业技术教育理论与实践 [M]. 济南：山东大学出版社，2007，39.
② 王杰恩，王友强. 现代职业技术教育理论与实践 [M]. 济南：山东大学出版社，2007，39.
③ 王杰恩，王友强. 现代职业技术教育理论与实践 [M]. 济南：山东大学出版社，2007，41.

学校 14 所，职业学校总数 700 余所。①

　　这里，我们介绍近代我国职业学校的发展的时间表，从中对我国职业教育发展可略见一斑：

　　1913 年 8 月 4 日，北京政府教育部公布《实业学校令》，共 11 条，规定实业学校以教授农工商业必须之知识技能为目的。同时也颁布了《实业学校规程》。

　　1918 年 2 月 4 日，北京政府教育部通知各省区：实业学校学生之膳宿等费概由公家支出。

　　1918 年 8 月 20 日，中华职业教育社在上海陆家浜成立中华职业学校。

　　1923 年 1 月，黄炎培在《职业教育》上发表《职业教育之礁》一文。指出在发展职业教育的过程中，受教育者有三种心理，实为职业教育前途之礁：一、求职业需有知识，故重视读书；二、既受教育，总须就任高等的职业，否则是大耻辱；三、入职业界实习，总觉实习不如读书之有味，职业界不如学校之受用。显然这三种心理是妨碍职业教育发展的。

　　1925 年 12 月 13 日，黄炎培在《教育与职业》杂志上发表《提出大职业教育主义征求同志意见》一文，指出职业教育须参与全社会的运动。

　　1931 年 4 月 2 日，国民政府教育部发出通令，要求各地从本年起限制设立普通中学，扩充职业学校。各县立中学应逐渐改组职业为职业学校，自本年度起停招普通中学生，改招职业学生。并在普通中学内一律添设职业科。

　　1932 年 2 月 17 日，国民政府公布《职业学校法》，共 17 条。规定职业学校以培养青年生活之知识与生产之技能为宗旨。分初级和高级两种。初级职业学校招收小学毕业生或从事职业具有相当程度者，修业年限 1 年至 3 年。高级职业学校招收初级中学毕业生或具有相当程度者，修业年限为 5 年至 6 年。

　　1933 年 2 月 2 日，中华职业教育社在上海举行了第七次专家会议。蔡元培在会上全面地评价了中华职业教育社成立 16 年来的工作。

　　1933 年 3 月 18 日，国民政府教育部公布《职业教育学校规程》。

　　1933 年 7 月 4 日，国民政府教育部公布《各省市县教育行政机关暨中小学施行升学及职业指导办法大纲》。

　　1934 年 2 月 24 日，中华职业教育社在上海举行第八次专家会议。强调职业教育应有通盘计划，希望政府保护国内实业并提倡重工业。

---

　　①　李向东，卢双盈. 职业教育学新编［M］. 北京：高等教育出版社，2005，55.

1937 年 2 月 5 日，国民政府教育部颁布《各省市推行职业补习教育办法大纲》。

1937 年 5 月 2 日，伪满发布《职业学校令》。

1940 年 5 月 23 日，国民政府教育部颁布《教育部协助职业学校生产资金暂行办法》。

1947 年 7 月 9 日，国民政府教育部公布《私立职业学校立案备案补充办法》。

1948 年 2 月 19 日，国民政府教育部公布《推行中等职业教育计划》，职业教育推进到了普通学校。

（三）新中国成立后职业教育的发展（1949—1978 年）

新中国成立以后，我国职业教育发展经历曲折的历程。中华人民共和国成立后，对原有的教育制度也进行了改革，有计划地实行普及教育，加强中等、高等教育，发展职业教育，开展了对于劳动者的业余教育和在职干部的教育，以适应国家建设的广泛需要。

1949 年召开中国人民政治协商会议第一次全体会议，会议制定的《中国人民政治协商会议共同纲领》中指出"有计划、有步骤地实行普及教育，加强中等教育和高等教育，注重技术教育"。1949 年 12 月召开了第一次全国教育工作会议，提出了要改变以往普通教育与职业教育比例失调、职业学校过少的现状。在这两次会议精神的指导下，共产党接管、整顿和改造了旧有的公私立职业学校，实行了面向工农大众的教育政策，调整、整顿中等技术教育，并合理地调整了学校布局和专业设置，并对失业人员进行职业培训，举办了大量农业中学。1951 年 10 月，政务院做出关于改革学制的决定将职业学校改称为中等专业学校。1958 年 3 月，当时的中宣部部长陆定一重新提出了"职业教育"这一概念，要求动员群众的力量办各种职业中学。新中国成立后的第一个五年计划期间，中等专业学校在校学生由 1949 年的 22.9 万人发展到 1957 年的 77.8 万人，增加了两倍多；技工学校在校学生从 1952 年的 1.5 万人发展到 1957 年的 6.6 万人，增加了三倍多；到 1960 年，农业中学发展到 22 万所，在校生达 30 万人。[①] 这一时期的职业教育发展平稳，修复了战争的创伤，使职业教育的面貌焕然一新，规模不断扩大，为发展新中国职业教育奠定了基础。

---

① 王杰恩，王友强. 现代职业技术教育理论与实践［M］. 济南：山东大学出版社，2007，65.

1958年，由于经验不足、急于求成，出现了高指标、浮夸风、瞎指挥的"大跃进"，在"大跃进"的推动下，教育事业发展出现了盲目追求数量指标，盲目大办教育的混乱计划，导致全国的中等专业学校数量急剧增长。1957年至1960年，中等技术学校由728所猛增至4261所，在校生从48万人增至137万；技工学校由144所激增至2179所，在校生从6万人增至51万人，1958年诞生的农业中学迅速达到2万多所，在校生230万多人。[1]"大跃进"使得职业教育的发展过快，条件跟不上，劳动过多，违背了教育教学规律，1961年党的八届九中全会不得不提出国民经济实行"调整、巩固、充实、提高"的方针，对教育进行全面整顿，职业教育大量被压缩。到1963年年底，中等专业学校压缩到865所，在校生32.1万人；农业、职业中学压缩到3115所，在校生26.7万人。[2]党中央与国务院在方针的基础上提出"普通教育与职业技术教育要两条腿走路"的指导思想，职业教育又逐步得到恢复与发展，到1964年，农业职业中学又增加到15108所，在校生达112.3万人；中专学校增加到1611所，在校生达53.1万人；技工学校增加到334所，在校生达12.37万人。到1965年，全国农业中学61626所，在校生达443.3万人；全国中等专业学校1265所，在校生54.7万人；全国半工半读学校有7294所，在校生达126.6万人。[3]这一时期，我国职业教育经过快速发展、盲目高速发展，然后经过调整整顿，进入比较合理的发展阶段，培养大批有技术的劳动者，为国家国民经济做出了很大的贡献，开创了中国职业教育新阶段。但好景不长，就开始了"文化大革命"。

党的八届十中全会后，毛泽东对全国政治形势和党的状况作了错误的估计，1966年5月发动了一场使全党、全国陷入重大浩劫的"文化大革命"。"文化大革命"十年，职业教育成为资产阶级"双轨制"教育的化身，批判了刘少奇同志倡导的"两种教育制度，两种劳动制度"，许多职业学校被迫关、停、并、转，职业中学与农业中学被一扫而光，中等教育出现了结构单一化，职业教育事业遭到了严重摧残。在"文革"十年，半工半读学校和职业中学一直没有招生，按1965年招生数52万人为基准估算，共少招533万人；中等专业学校（含中师）在1966年至1970年基本停止招生，按1965年招生数为基准估算，应招104万人，在此期间仅零星招生13.9万人，少招生约为90万人。[4]到

① 李向东，卢双盈. 职业教育学新编［M］. 北京：高等教育出版社，2005，65－66.
② 王杰恩，王友强. 现代职业技术教育理论与实践［M］. 济南：山东大学出版社，2007，44.
③ 王杰恩，王友强. 现代职业技术教育理论与实践［M］. 济南：山东大学出版社，2007，44－45.
④ 王杰恩，王友强. 现代职业技术教育理论与实践［M］. 济南：山东大学出版社，2007，45，46.

1976 年，在 10 年间普通中学增长 36 倍多，普通中学学生占全部中等学校在校生的 98%，整个教育结构各系统之间比例失调，给后来职业教育恢复发展带了极大的困难。

（四）改革开放以来职业教育的发展（1979 年至今）

职业教育在我国已有上百年的历史，但是职业教育得到真正大规模的发展，是在改革开放之后 30 多年时间里。粉碎"四人帮"后，党的十一届三中全会做出了把工作重点转移到社会主义现代化建设上来的战略决策，从此教育工作开创了新局面。1976 年 4 月邓小平同志代表中共中央在全国教育工作会议的讲话中指出："应该考虑各级各类学校发展的比例，特别是扩大农业中学、各种中专学校、技工学校的比例。"1980 年国务院批准了《关于中等教育结构改革的报告》，提出："发展职业教育，适应四化建设需要，是当前亟待解决的问题。"此后，党中央又发出了一系列调整中等教育结构、发展职业教育的指示，到 1980 年，"文革"中被破坏殆尽的中等职业教育有所恢复，各类中等职业学校达到了 8671 所，在校生数 191.54 万人。[①]

随着我国改革开放，经济建设成为首要任务，急需大量的技能人才，职业教育应需发展起来，国家开始出台政策扶持职业教育的发展。1985 年 5 月，《中共中央关于教育体制改革的决定》指出，"职业技术教育恰恰是当前我国整个教育事业最薄弱的环节，一定要采取切实有效的措施改变这种状况，力争职业教育有一个大的发展"，成为职业教育发展的一个重要的里程碑；1991 年，国务院做出了《关于大力发展职业技术教育的决定》，要求建立与其他教育相互沟通、协调发展的职业技术教育体系的基本框架；1993 年，中共中央、国务院颁发了《中国教育改革和发展纲要》，重申了发展职业教育的重要性；1996 年，《中华人民共和国职业教育法》颁布，标志着我国的职业教育走上了依法治教的道路，为职业教育发展提供了法律依据。截至 1996 年，我国职业高中达 8515 所，在校生达 395.75 万人；普通中等专业学校达 4099 所，在校生 422.79 万人；技工学校 4467 所，在校生 191.81 万人。此外，全国各地还兴办了职业初中。1996 年全国职业初中有 1534 所，在校生 77.52 万人，并出现了针对职业和农民的成人技术培训学校，1996 年全国总计有 44.28 万所，在校生 3648.87 万人。2000 年全国共有各类中等职业学校（包括普通中专、成人中专、职业高

[①]　马建富. 职业教育学［M］. 上海：华东师范大学出版社，2008，12.

中和技工学校）20250 所，招生 411 万人，在校生达 1307 万人，占高中阶段教育招生数和在校生数的比例分别为 45％和 51％，中等职业教育已成为我国高中阶段教育的重要组成部分。2001 年，全国初等职业教育招生 30 万人，在校生 83 万人；中等职业学校招生 398 万人，在校生 1164 万人；独立设置的高职院校 386 所，招生为 35 万人，在校生为 72 万人。[①]

2002 年，国务院做出了《关于大力推进职业教育改革与发展的决定》，标志着我国职业教育的发展又进入了一个新的发展阶段；2005 年《国务院关于大力发展职业教育的决定》进一步明确提出"到 2010 年，中等职业教育招生规模达到 800 万人，与普通高中招生规模大体相当；高等职业教育招生规模占高等教育招生规模的一半以上。'十一五'期间，为社会输送 2500 多万名中等职业学校毕业生，1100 多万名高等职业院校毕业生，标志着我国职业教育开始迈向持续发展时期，职业教育进入了蓬勃发展阶段"。在政府一系列连续的政策促使下，职业教育在现代社会发展中的重要作用日益突出，逐步从教育政策的边缘走向中心，特别是高等职业教育，到目前已占有我国高等教育规模的半壁江山，得到了历史性发展和跨越式突破。高职院校招生数和在校生数得到极大的扩大，1998 年高职院校招生 43 万人，占本专科生招生的 39.73％，在校生占本专科总数的 34.44％；2003 年高职院校招生 200 万人，占本专科招生总数的 52.24％，在校生占本专科总数的 43.24％；2004 年，高职（高专）院校有 1047 所，高等职业教育毕业生 147 万人，占全部高等教育的 52.5％，招生 237.43 万人，首次超过了本科院校 209.92 万招生数，在校生规模达到了 595.65 万人，与本科生在校生规模的差距大为缩小；2006 年，全国独立设置的高职高专院校 1147 所，普通高等职业教育招生人数和在校生人数分别达到 293 万人和 795 万人，均超过普通本科院校数、招生数和在校生数；2007 年高职高专将近 1200 所，招生将近 300 万人，在校生 860 多万人。

改革开放以来我国颁布的主要职业教育政策有力地促进了职业教育的发展，主要有：

（1）1983 年 4 年 28 日 教育部、国家计委《关于加速发展高等教育的报告》；

（2）1985 年 5 年 27 日《中共中央关于教育体制改革的决定》；

---

① 王杰恩，王友强. 现代职业技术教育理论与实践 ［M］. 济南：山东大学出版社，2007，49—50.

（3）1986 年 6 月 23 日 国家教育委员会、国家计划委员会、国家经济委员会《关于经济部门和教育部门加强合作促进就业前职业技术教育发展的意见》；

（4）1986 年 10 月 3 日 中国国家教委党组、中共国家计委党组、中共国家经委党组、中共劳动人事部党组《关于全国职业技术教育工作会议情况的报告》；

（5）1991 年 1 年 6 日 国家教委《关于加强普通高等专科教育工作的意见》；

（6）1991 年 10 月 17 日 国务院《关于大力发展职业技术教育的决定》；

（7）1993 年 2 月 13 日 中共中央、国务院《中国教育改革和发展纲要》；

（8）1994 年 7 年 3 日 国务院《关于〈中国教育改革和发展纲要〉的实施意见》；

（9）1995 年 10 月 6 日 国家教育委员会《关于推动职业大学改革与建设的几点意见》；

（10）1995 年 12 月 19 日 国家教委《关于开展建设示范性职业大学工作的通知》；

（11）1996 年 5 月 15 日 《中华人民共和国职业教育法》；

（12）1997 年 9 月 25 日 国家教委《关于高等职业学校设置问题的几点意见》；

（13）1998 年 2 月 16 日 国家教委《面向二十一世纪深化职业教育教学改革的原则意见》；

（14）1998 年 3 月 16 日 国家教育委员会《关于实施〈职业教育法〉加快发展职业教育的若干意见》；

（15）1998 年 8 月 29 日 《中华人民共和国高等教育法》；

（16）1998 年 12 月 24 日 教育部《面向 21 世纪教育振兴行动计划》；

（17）1999 年 1 月 11 日 教育部、国家计委《试行按新的管理模式和运行机制举办高等职业技术教育的实施意见》；

（18）1999 年 6 月 3 日 中央中共、国务院《关于深化教育改革全面推进素质教育的决定》；

（19）2000 年 1 月 17 日 教育部《关于加强高职高专教育人才培养工作的意见》；

（20）2002 年 8 月 24 日 国务院《关于大力推进职业教育改革与发展的决定》；

（21）2002 年 教高厅《关于加强高职（高专）院校师资队伍建设的意见》；

（22）2004 年 2 月 10 日 教育部《2003—2007 年教育振兴行动计划》；

（23）2004 年 3 月 29 日 教育部高等教育司《全国高职高专指导性专业目录》（试行）；

（24）2004 年 4 月 2 日 教育部《关于以就业为导向 深化高等职业教育改革的若干意见》；

（25）2004 年 9 月 14 日 教育部等七部门《关于进一步加强职业教育工作的若干意见》；

（26）2005 年 3 月 17 日 教育部《关于进一步推进高职高专院校人才培养工作水平评估的若干意见》；

（27）2005 年 10 月 2 日 国务院《关于大力发展职业教育的决定》；

（28）2006 年 3 月 30 日 教育部《关于职业院校试行工学结合、半工半读的意见》；

（29）2006 年 11 月 3 日 教育部、财政部《关于实施国家示范性高等职业院校建设计划加快高等职业教育改革与发展的意见》；

（30）2006 年 11 月 16 日 教育部《关于全面提高高等职业教育教学质量的若干意见》。

综上所述，我国职业教育在改革开放 30 多年以来的发展得到前所未有的发展，经历了起步探索时期（1978—1991 年）、法制化建设时期（1992—1998 年）、大力发展时期（1999—2003 年）及持续发展和特色化建设时期（2004 年—今）这几个阶段，基本形成了具有中国特色的初等、中等、高等职业教育相互衔接，又与普通教育、成人教育相互沟通，学历教育和职业培训并举的体系框架。现今，我国的职业教育已经历过蓬勃发展，开始转入持续发展和特色化建设阶段，职业教育建设结合社会经济发展需要，开始从注重社会需要转向注重个人需求上、从注重外延发展转向到内涵建设上、从注重规模扩张转向到质量保障上。

第四节　世界职业教育改革与发展趋势

随着科学技术及社会经济的发展，全球经济一体化的趋势越来越明显，科学技术和信息技术表现出技术密集和智能密集的特点。21 世纪是一个知识、信息、通信的时代，是以高新技术为核心的知识经济占主导地位的时代。在这个时代背景下，出现从业流动人口不断增加，多数国家面临就业和失业的巨大压力，于是大部分发达国家在产业结构的调整中不断软性化、高级化，逐步进入以服务业和信息产业为主的后工业化社会，这一变革发展过程中，经济与贸易的竞争需要，促使世界范围内对职业教育进行积极的改革发展。世界职业教育主要呈现如下趋势：

一、职业教育逐步法制完善化

职业教育的快速、稳步发展离不开法规的制定和完善。目前，世界各国的职业教育趋于规范化、法制化、完善化，纷纷进入完善职业教育法律体系阶段，发达国家普遍建有一整套相应的法律法规体系作为切实的保障。

从 20 世纪中期起，职业教育得到了蓬勃发展，各国纷纷制定关于职业教育政策、法规。比如，德国的"双元制"职业教育之所以举世闻名，其法律基础的完善是至关重要的。德国 1969 年颁布《职业教育法》；1981 年颁布《职业教育促进法》；1991 年又颁布了《联邦德国职业学校总协定》。美国 1984 年通过《柏金斯法案Ⅰ》（职业教育法案），开启了美国全民职业教育的大门；1990 年通过了《柏金斯法案Ⅱ》（职业教育与应用科技法案），为促进高中后职业教育的发展；1998 年又通过了《柏金斯法案Ⅲ》（职业与技术教育法案）。法国于 1984 年颁布新的《职业继续教育法》，强调职业教育的重要性，而且具体规定规章制度和经费补助的办法；1989 年出台《教育方针法》规定大力发展各级义务类职业教育，满足社会需求，方便学生就业。我国于 1996 年出台《中华人民共和国职业教育法》，标志着我国职业教育进入法制建设时期，使我国职业教育的发展获得了法律依据和保证。

二、职业教育走向终身化

随着信息时代和学习型社会的到来及发展，终身教育理念逐步深入人心，将职业教育体系中职前与职后教育有机结合起来，逐渐形成层次规范、结构衔接、体系开放的终身学习体系，建立"学习—工作—再学习—再工作"循环的终身教育模式已成为世界性趋势。

1999 年 4 月，联合国教科文组织在汉城召开了第二届世界技术和职业教育大会，大会主题为"全民的终身教育与培训：通向未来的桥梁"，大会提出："技术与职业教育对于所有人来说，都应成为一种主流教育渠道，而不是像以前认为的那样，只是从普通教育体系中延伸出来的一个庞大的附属品。"这一观点一经提出便迅速被世界各国所接受。德国职业培训条例明确规定，职业教育是一种就业教育，转职培训是为在业人员转换新的职业岗位而进行的一种补充教育，职业进修是为从业人员在某一领域进一步提升而开展的职业继续教育。英国教育与就业部近年来把促进社会成员的终身教育作为己任，通过广泛、多样、多级别的资格证书体系激励终身学习。学校对每位学生设立伴随一生的成绩记录卡，记录该生接受教育和培训的情况；企业通过调整工资差距，并提供一定的资金，激励员工积极参加各种培训，以获得更高级的职业资格证书，从而提高从业者的素质。日本政府通过法律形式来促进终身教育。从 1978 年到 1990年先后颁布了《部分修改职业训练法的法律》、《终身职业能力开发促进法》、《生涯学习振兴法》。目前，日本已组建了包括终身职业能力开发中心、职业设计指导中心以及地方职业能力开发综合中心在内的，面向 21 世纪的终身职业能力开发体系。美国早在 1971 年就在全美范围内推行实施终身化的职业教育——生计教育。生计教育是一项旨在对全体学生进行生计意识、生计探索、生计准备和生计定向等内容的持续性的综合教育计划，其目的在于帮助人们从幼儿园到成年获得全部生涯的谋生技能，并形成个人生活方式。

　　终身教育的趋势越来越明显，终身教育不仅要求构建一个全新的职业教育体系，而且更为重要的是要进行教育教学的改革，深入到职业培训之中，满足不断扩大的社会职业技能需求。终身教育的深入发展要求职业教育突破学历框架，淡化学历教育与岗位培训之间、普通教育与成人教育之间、全日制与非全日制教育之间的界限，要求其办学形式应是灵活的，有长期的职业教育，也有短期、在职的职业培训，有学校的实训基地、实验室、实习车间，也有学校外的培训中心和工作岗位，并且通过实行课程学分认证制度等形式，将技术教育与继续教育、学历教育与岗位培训结合在一起，使职业院校成为社会成员的终身学习场所。

三、职业教育学历层次高移化

　　目前，一些发达国家和地区的职业教育正在逐渐向硕士、博士学位高移并逐步形成一种发展趋势。这是跟科技水平提高密切相关的，知识经济时代发展，职业更加精细，对从业人员提出更高的要求，这必然会推动职业教育学历层次的高移。如德国高专的学生在学完主课阶段后，即可通过考试获得硕士（FH）学位，之后大多数选择就业，少数可进入大学或通过联合培养以及出国留学的途径攻读博士学位；日本通过举办专修学校、高等专科学校、短期大学三种形式的职业教育促使层次上移；澳大利亚颁发 TAFE 证书，学生可凭 TAFE 证书进入大学学习，并获得大学学位；美国政府为了满足青年升入中学后接受职业教育的需要，大力举办"社区大学"；英国政府在 1991 年向国会提出《高等教育改革白皮书》，要求让多科技术学院也可以授予学位。芬兰 20 世纪 90 年代职业教育改革的一个重要措施就是发展高等职业教育，组建高等职业技术学院。

四、职业教育与普通教育综合化

随着科学技术的日新月异，国际间的竞争日趋激烈，传统的偏重专业技术、忽视基础学科的职业教育已无法适应时代的发展要求，职业教育不仅要传授职业的知识、技能以及从事某种职业所具备的特殊态度、行为和特征，而且要继续发展所有在基础教育中已经形成的、为社会所认同的个性特征，这就要求各国根据职业教育要求和社会发展需要，适时地调整课程设置，实行科目综合化和选修制课程结构，使职教与普教课程体系上综合化，实现职业教育与普通教育相互沟通、相互渗透、取长补短。

德国职业教育的突出特点是实行"双元制"。为了适应社会对高素质职业人才的需要，德国政府提出了教育改革方案，明确职业教育要向普通教育阶段渗透和延伸，要求实科中学和文理中学增加职教内容，开设职教课程，加强职业指导，全面地、多途径地在基础教育阶段培养学生的职业素质和职业能力，承认"双元制"教育模式的职业学院学历与专科大学等值。英国教育传统上就有学历教育与职业培训之分，从中学开始就分选不同发展方向的学生，或进入高等教育或就业。多年来在英国只有获得"高水平的普通教育证书"的学生才有资格接受高等教育。英国政府 1993 年 9 月推出一种在义务教育阶段之后介于两者之间的新型普通国家职业资格课程，它采用单元课程与单元学分累积制的方式，使学术性课程与职业性课程相互过渡，从而解决了普教与职教课程一体化上的难题。日本政府 20 世纪 80 年代以后对中等职业教育和中等教育进行改革，设立综合高中。在这种新型高中里，除部分必修课外，学生可根据自己的兴趣、特长和对未来发展的打算，选择相应的选修科目学习。为了消除普通教育和专业教育之间的界限，在专业设置上打破传统的专业划分，开设诸如人文科学、自然科学、国际合作、电子机械、教育、工业技术等一系列适应时代发展的崭新的综合学科。美国 20 世纪 90 年代以来一直在倡导并实施一种职业教育与学术教育有机结合的职业教育观。

五、职业教育发展趋向多元化

多元办学是当今世界教育发展的共同趋势，职业教育作为教育的重要组成部分，有很强的地方适应性和专业针对性，与普通教育相比，更容易调动地方、企业和社会各界人士办学的积极性。无论从自身体系来说，还是从经济发展的要求来说，多元发展都是其必然的选择。在办学模式上，各国都大力倡导，尽可能加强企业与学校的联系，培养"下得去，用得上，留得住"的实用型人才，主要采用以学校为主、以企业为主，或以校企合作为主等多种方式办学，比如"订单式"培养模式、"工学交替"模式等，其目的都是加强教学科研的结合，落实校企合作，实现学校与企业的互惠互利。国际上常见的职业教育教学模式主要有北美的 CBE 教学模式（以能力为中心的教学模式）、德国的双元制教学模式、国际劳工组织（ILO）开发的、适合于技工培训的 MES 教学模式（就业技能模块教学模式）。从各国的各种教学模式来看，每一种教学模式都有自己的适用范围，都是符合各国的具体情况，并具有各国的职业特色，可以说，目前发达国家的教育呈现出多元化、综合化的趋势。

目前，我国职业教育也逐步形成多元办学的格局。我国职业教育实行以省级政府的统筹管理为主，国家进行宏观调控和质量监控的两级管理格局。今后的发展重点是以国家和地方投资的职业教育为主，通过各种优惠政策扶植和引导各种形式的民办职业教育，鼓励企业办学、私人办学和其他社会组织办学，支持中外合资办学。

六、职业教育逐步国际化

随着国际间政治、经济、文化交往的日益频繁，办学模式、教学内容适应国际交往的需要，这已是近年来职业教育发展的国际趋势。信息技术的发展，使我们生存的地球变得越来越小，国际交往越来越频繁。世界上跨国公司的长足发展，国际经济区域集团化的形成和发展，都为职业教育国际化提出了需求与条件。1992 年联合国教科文组织建立了"国际技术和职业教育项目"，目前共建立了 198 个网络点（教育部职业教育中心研究所就是中国的一个网络点）和地区中心。几年来各地区中心和网络点开展了许多工作，对国际间的交流与合作起到了积极地促进作用。欧盟委员会从 1995 年开始实施"达·芬奇"跨国职业教育和培训计划，加强培养学生的外语能力，提出学生毕业时应掌握两门外语的要求。实施职教学生的跨国交流，各国联合开发外语课程和适应每个职业领域或经济部门具体需要的教材。

七、职业教育全民大众化

1999 年 4 月，联合国教科文组织在汉城召开了第二届世界技术和职业教育大会，大会提出："技术和职业教育与培训应能使社会所有群体的人都能入学、所有年龄层的人都能上学，它应为全民提供终身学习的机会。"它的特定含义包括：（1）保证女童和妇女有同男子一样接受技术和职业教育的机会；（2）努力使下列人员都有机会接受正规或非正规的技术和职业教育与培训计划：失业者和各种处境不利的群体，包括早期辍学者、残疾人、农村贫民以及武装冲突结束后的流离失所者和复员军人。大会中还提出："承诺为所有人提供技术和职业教育，要求制定适宜的政策和战略，增加资源投入，采用灵活适宜的方式进行培训，创造温馨友善的培训环境，并且要求教师和雇主都要体贴和关怀他们。"这里明确提出了职业教育要开展职业咨询与指导。教科文组织提出的开展全民技术和职业教育有以下重要意义：（1）可以加强社会凝聚力，从而促进各国社会和经济的发展；（2）使所有人在不同程度上都能获得生存和为社会创造财富的能力；（3）减少失业人数，保证社会安定。

许多国家纷纷大力发展高等职业教育，据统计，美国目前有各类高等院校3 665所，其中社区学院有1 250所，占其比重的34.1％；全国高等学校在校生1 500万人，其中社区学院的学生500万人，占总人数的1/3。日本高等职业教育的体系由短期大学、专修学校、高等专门学校等多样化教育机构组成，20世纪60年代至70年代中期是日本高等教育迈入大众化的初期阶段，专修学校作为高等职业教育的重要组成部分，从1976年的893所发展到2001年的3 496所（国立的117所，公立的216所，私立的3 163所），在校学生752 578人。德国高等教育的大众化主要得益于70年代初以培养实用型人才为主的高等专科学校和以培养应用型人才为主的职业学院的相继成立，高等专科学校的在校生人数从70年代初占所有在校大学生的17％左右增加到90年代初的24％左右。我国近年来随着社会生活水平的提高，人们对高等教育的需求增加，高等教育的规模也已经步入大众化阶段，而且高等教育的大众化正在进一步发展。据统计，2004年我国高等职业院校达到1 047所，在校生595.65万人，分别占普通高等学校总数（1 731所）和在校生数（333.5万人）的60％、45％。

八、职业教育与企业合作化

20世纪末以来，随着世界经济快速发展，许多国家政府和社会明显感到传统的职业教育模式，对社会的需求变化力不从心，所培养出来的毕业生不能适应世界经济竞争需求。为此，在全世界范围内职业教育发展过程中出现一个重要举措就是发动企业行业参与，采取校企合作办学模式，充分利用企业行业雄厚的资金、先进的设备和企业管理经验、现代化生产基地资源优势，来弥补职业教育发展中的不足，从而使职业教育获得可持续发展。

21世纪，职业教育的重要特色，就在于学校与企业的紧密合作，职业教育的性质决定了企业行业与其密不可分。主要表现在：职业教育市场导向明显，办学形式日益多样，大力提倡校企合作人才培养模式，开展工学结合，满足市场需求，以能力为本位，为职业教育设置专业、构建课程体系、选择教学方法和评价教学质量提供依据，培养适应能力和竞争能力强的人才。

校企合作已发展成为当今发达国家实施职业教育的主要特点。因各发达国家在社会经济发展和文化传统背景上的差异，使他们在校企合作的具体操作上各有其特征，概括起来主要呈现为两种不同的模式。

（一）第一种是以企业为主的模式，最为典型的代表仍是德国的"双元制"。它以企业的实践培训为主，以部分时间职业学校的理论教学为辅，学校教育与企业培训的办学费用分别由各级政府与企业全额负担，企业还为学生每月的生活、交通等提供费用。学生须与培训企业订立培训合同，整个培训过程由行业协会作为中介，执行监管与质量考核，并建立跨企业培训中心以作为中小企业培训能力不足的补充机构。由于"双元制"的培训职业（即专业设置）与市场需要吻合，毕业生常能直接就业于培训企业，使职业教育所培养的人才与劳动力市场不至于出现较大的结构性矛盾，因而能较好地解决毕业生的就业问题，受到世界范围内许多国家的欢迎与引进。

（二）第二种以学校为主的模式。这种模式下教育对象的主要身份是职业院校的学生，教育部门成为职业教育的主要组织者，它将学生在企业的培训纳入学校的教学计划，学生以接受学校教育为主，同时按一定方式轮流或交替到企业进行技能培训。

九、职业教育追求可持续发展化

职业教育面向可持续发展必须适应劳动力市场的需求，以发展需求拉动职业教育的发展。鲍维尔在第二届世界技术和职业教育大会中发言强调："技术和职业教育与培训计划不仅是靠'需求驱动'，也应该由'发展需要驱动'。受到良好训练、掌握技术的劳动力对于任何一个想要实现可持续发展的国家都是必不可少的。"因此，联合国教科文组织号召各国：保证技术和职业教育与培训成为各国发展议程中的一个有机组成部分，是各国教育与人力资源开发战略重要的、不可缺少的组成部分。各国的职业教育也开始呈现出向可持续发展方向发展，采取各种具有战略性的发展措施，重视就业与创业教育及教师专业化发展等。

（一）就业教育与创业教育

联合国教科文组织在第二届国际职业教育大会上突出地强调了培养"创业"能力，把创业能力看作为普通教育和职业教育应培养的核心能力之一，鲍维尔在发言中指出："以新技术为基础的生产体系具有更高的生产效率和灵活性，要求所有职工不断更新、提高他们的技能，并且更富有创业、进取精神。"欧盟委员会的《1999 年就业指导纲要》指出，要培养三种能力：就业能力、创业能力和适应能力；要为青年创办企业提供宽松的政策环境，从而进一步开创就业新途径，增强职业教育的吸引力。

（二）职业教育师资队伍的建设

科学技术进步、劳动组织变化、产业结构调整和国际竞争的日趋激烈，迫使企业对职业院校毕业生的个人素质与职业能力提出了更严格的录用标准，从而对职业教育的教学质量、教师素质提出了更高的要求。因此，各国尤其是发达国家极为重视职业教育师资队伍的建设，主要体现在职业教育师资的专职化、专业化。

发达国家对职业教育师资的任职资格都有严格标准。例如，美国有的州明文规定，要有大学本科学历，取得学士学位并有相关领域 1~2 年实际工作经验的优秀者，才能颁发职业技术教师资格证书，而且，教师的任职采用聘任制，只有晋升为教授才能得到终身职务。德国高等职业院校的教师只有一个职务档次——教授，其任职资格十分严格，申请者要有博士学位；要有 5 年以上的工作经历，且至少在所属教授专业的企业岗位上工作 3 年以上；教学与科研比为 9∶1。瑞士规定职业院校理论课教师必须具有 4 年的学徒经历、工程技术师范学院毕业、3 年以上工程师实践经验，具备这些条件后，再到职业教育学院进修为期 1 年的教育学、心理学、教学法等课程，通过后方可任教。在职教师每年可安排一定时间的带薪进修假，学习新知识、新工艺、新技术。澳大利亚要求职业教师必须是"双师型"的，必须具备教师资格、实践经验、专业岗位工作经历。

第三章
职业教育功能

所谓教育功能，即指教育活动的功效和职能。教育的功能大致可分为：社会发展功能与个体发展功能。职业教育是教育体系的一个组成部分。因此，职业教育的功能与教育所具有的一般功能如社会功能、个体发展功能等是一致的，但职业教育作为一个特定的教育类型，在共性中又有其自身特有的功能，它还具有人力资源开发功能。

第一节　职业教育促进社会发展功能

职业教育由于其职业性决定了它与社会经济发展的紧密相关性，职业教育是整个教育系统中与经济发展及科技进步联系最为密切和最为直接的一种教育类型。职业教育的对社会的发展功能主要体现在它对社会经济的直接推动和人的基本生存状态，因而关乎社会稳定。

一、对社会经济的发展具有推动作用

从世界范围看，发展职业教育，特别是中等职业教育，是当今世界上普遍存在的一种趋势。随着生产力的发展，社会的分工越来越细，越来越复杂，现代文明社会不仅有政治、经济、文化、教育、军事、外交等各方面，而且每个领域中又有各种不同的层次和结构，构成极其细致的社会分工和千差万别的职业。职业的载体是人，没有职业教育对各行各业所需人才的培养，现代社会就不能维持和运转，更谈不上高度文明的发展。职业教育担负着对劳动者知识、技术、技能的积累、传授、补充、更新和拓展，培养各级各类技术人员的就业能力、业务能力、工作能力、职业思想、职业道德等，旨在提高技术人员素质的多种任务；职业教育对开发智力、培养人才、经济发展与科技进步，对于现代化建设的远景目标起着重要的作用，并具有鲜明的经济效益与社会效益。可

以说，职业教育可以培养各级人才满足各技能层次上对人才的需求，所以职业教育的内容形式等，如果适应了科技进步和社会经济的发展，教育质量也适应了劳动力市场的要求，那么职业教育就会对社会经济的发展起到巨大的推动作用。

大力发展职业教育，是转变增长方式、提升产业层次的迫切需要，是促进社会就业、实现和谐发展的重要途径，是实现教育全面协调可持续发展的必然要求。《中华人民共和国职业教育法》明确规定：职业教育是国家教育事业的重要组成部分，是促进经济、社会发展和劳动就业的重要途径。

二、职业教育促进社会生产力发展的作用

科技进步、经济繁荣、社会进步，科技是第一生产力，在一些发达国家，科技进步对经济增长的贡献已经达到 60% 以上，从根本上说，都是依靠教育来提高劳动者素质，来培养各级各类人才，因此，职业教育关系到社会生产力发展。职业教育，可以传播人类积累起来的科学技术知识与生产劳动经验，开发人的智力，将潜在的生产力转化为现实的生产力。而促进技术进步的基础是教育，任何理论科学与技术科学成果，除了用于生产外，都是以知识形态存在，这种以知识形态存在的科技成果，叫做潜在的生产力。要将这种知识形态上潜在的生产力转化为物质形态上的现实生产力，必须通过直接与间接职业教育来实现。同样，人的智力开发，也是通过教育（职业教育是其中的重要内容）来实现的，离开了职业教育，人的智力开发与现实生产力的提高都将受到较大的限制。

随着科技进步和产业结构的调整，用人单位会对人才类型、规格、数量、质量等不断提出新的要求。近些年来，人才市场出现的"人才高消费"现象，就是这种要求的一种反应。但是，对于第一线企业来说，其最迫切需要的是有某种职业能力的有专长的中、初级技术人才。我国经济最发达的地区和技术密集型企业，生产一线的初、中级技术人员和技术工人，仍是从业人员的主体。职业教育培养的人才不仅是新兴企业员工中的主体，而且也是大型企业中有技术等级的工人中的主体。那种认为迎接知识经济时代到来应大力发展普通高等教育，而不再需要职业教育的主张绝对是错误的，不符合科学技术发展的实际，即使跨入知识经济时代，中等职业教育培养的应用型、技能型人才仍然会受到大中企业的欢迎，并将为推动科技进步而做出贡献。

三、职业教育稳定社会的功能

职业教育与社会稳定之间并没有直接的因果联系，但从职业教育所产生的多种作用看，发展职业教育的确对社会稳定有主要作用。

职业教育办学目标在市场，职业教育可以保证各行各业的员工队伍与技术人才得到正常的新陈代谢，可以使一个具有自然劳动素质的劳动力，变为一个特殊的具有持续一生相应职业技能素质的劳动者。职业教育不仅要使受教育者获得从事某种职业的能力和资格，同时还要通过核心能力、关键能力的培养，获得开发寻求就业、保持就业和变更就业的能力。职业教育可以通过对失业人员的转业、转岗培训，帮助他们重新就业，可以给低于法定劳动年龄的青年提供学习机会，教会他们一技之长，通过专业设置与各种培训，调节与解决社会结构性失业问题，促进就业。比如，高中阶段教育分流，职业教育大发展，每年给数百万初中毕业生提供了继续学习的机会，使他们不至于失学、流入劳动力市场，给社会就业增加压力。对于不愿升学的青少年来说，职业教育担负起培养他们的责任，职业教育接受文化素质低的青少年入学，对他们进行培养和教育，使他们有一技之长，有自食其力的能力，成为有益于家庭、有益于社会的人才的做法，当然能为稳定社会起到重要作用。

四、职业教育满足地方经济的发展

职业教育从它产生起就首先立足于为本地区经济建设服务，是社会经济发展的产物，它通过服务于社会经济建设而存在，并随着社会经济的发展而发展。职业教育以其独特的培养目标、服务为宗旨等确立了它和经济之间的密切关系。

（1）职业教育的培养目标是培养生产、管理、服务第一线的技术型和应用型人才，就是职业教育通过提供能使用现代生产工具、运用先进生产技术、掌握现代化管理技能的应用型人才，使先进的生产设备、先进的生产工艺变成现实的生产力，从而推动生产力和社会经济的发展。

（2）职业教育以服务社会为宗旨，以能力为本位，以就业为导向，在知识、技术转化为经济效益方面有其更直接和快速的效用。

（3）社会经济的发展则产生对高素质劳动力更大的需求，特别是已受益于职业教育的地方企业增强了投资发展职业教育的兴趣，促使职业教育的资金投入增加，进而使职业教育进一步向前发展。

可见，职业教育与社会经济之间具有互动效应，社会经济的发展推动了职业教育的产生和发展，而地方经济发展的需要更是职业教育发展的最直接动力。职业教育服务于地方经济发展的价值，是区域经济越来越依赖职业教育培养大批高级技术应用型人才的条件下，对职业教育所应有的贡献的价值追求，要求职业教育成为支撑区域经济发展的支柱，充分发挥基础性作用，满足区域经济发展需要。

我国职业教育现也已明确属于地方性事业，2002 年《国务院关于大力推进职业教育改革与发展的决定》强调指出"发展职业教育的主要责任在地方"，目前大部分职业院校由地方投资建设，接受地方政府的指令，以服务当地经济、社会发展需要为宗旨。1991 年 1 年 6 日，国家教委颁布的《关于加强普通高等专科教育工作的意见》中提出："办学部门应根据本地区经济建设和社会发展的实际需要"；1994 年《关于〈中国教育改革和发展纲要〉的实施意见》明确指出："职业大学直接面向地方经济建设，面向基层，面向中小企业和乡镇企业，担负着为地方经济建设和社会发展培养高级（部分中级）实用技术、管理人才的任务。"

五、职业教育能提高人民生活水平

职业教育能提高人们的物质生活与精神文化生活水平。用于职业教育投资可以带来巨大的而且是长期的社会效益与经济效益，从而不断地增加物质财富，提高人们的物质生活水平。同时，由于职业教育体系渐趋完整，中职与高职教育实现衔接，使中职学生能够实现获取高层次学历的愿望，一定会吸引更多学生进入职业教育学校学习，从而促进文化教育的消费，起到推动经济发展的作用。

职业教育正可以发挥自身的优势和特色，通过理论和实践相结合的教学方式，由于职业道德方面的教育，人们对职业选择、职业分工以及所从事的职业活动就会有正确的、高尚的认识，也有助于形成良好的道德品质，提高劳动者素质和生存竞争能力。职业教育的潜力可以说是十分巨大的。职业院校直接向低收入者和农民群众的子女敞开校门，以收费比较低廉、回报比较快的方式，经过 2～4 年的培养，造就成有一定专业知识和专业特长的专门人才，大者对发展地方经济，小者对提高劳动者个体素质，提高普通家庭的生活水平都会有重大的作用。

根据有关资料统计，新中国成立以来，我国各级职业院校为国民经济建设输送了近千万名职业技能人才。他们已经成为社会经济发展的骨干和主力军。

职业教育特别是中等职业教育规模迅速扩大，具备了大规模培养高素质劳动者和技能型人才的能力。

第二节 职业教育与个体的职业发展

职业教育个体发展功能是以使受教育者达到职业资格的准备与获得、保持或转变以及职业生涯质量的获得与改进的教育为出发点。

一、教育的个体发展功能

个体的发展在一定的生物遗传素质基础上，遵循自然的成长规律。但在特定环境，特别是教育这种有计划、有组织、有系统的影响下，人的发展能够更顺利、更高效。

（一）个体发展

从生物学意义上讲，个体发展指自出生到死亡的一生期间，在个体遗传的限度内，其身心状况因年龄与学得经验的增加所产生的顺序性改变的历程，个体发展内涵有四个要点：发展包括个体身体与心理两方面的变化；发展的历程包括个体的一生；影响个体身心发展者有遗传、年龄、学习经验等因素；个体身心发展是顺序性的，顺序只是由幼稚到成熟的单向性，而无可逆性。

从教育心理学意义上讲，个体发展指的是人类个体从诞生到死亡的整个生命过程中所发生的身心变化，即发展包括生理与心理两方面的发展。个体的生理发展，也叫生物因素的发展，指人类个体的生理结构与机能及其本能的变化。个体的生理发展过程是一种内发过程，即个体按照自身预定的程序和节奏而自然成熟、成长的过程。个体心理发展，即个体从出生、成熟、衰老直至死亡的整个生命进程中所发生的一系列心理变化。

（二）教育的个体发展功能

影响个体的发展主要有遗传、环境、教育等因素，教育作为一种有目的、有意识的人类社会活动，具有教育的个体发展功能。教育的个体发展功能指教育在遵循受教育者身心发展规律的条件下，对受教育者个体身心发展的影响和作用。

教育在个体发展中起着主导作用，主要表现在以下四个方面：

1. 学校教育对个体发展的定向功能

教育作为一种有目的的培养人的社会活动，在一定程度上规定着人的发展方向，为人提供较为明确的方向，使受教育者通过自身的主观能动性转化为自身的发展方向。

2. 学校教育具有加速个体发展的功能

学校作为一个有组织的机构，具有明确的教育目标，在相对集中的时间和空间中，通过从事教学的专职人员——教师，引导学生朝着一定的方向发展。

3. 学校教育具有强化个体发展的功能

学校是根据一定的目的和要求，有计划、有组织、有系统地向学生施加影响，这些是区别于自发的、偶然的环境，对人的发展起到强化作用。

4. 学校教育具有开发个体特殊才能和发展个性功能

在开发特殊才能方面，普通学校教育内容的多面性和同一学生集体中学生间表现出的才能的差异性，有助于个体特殊才能的表现与发现。在个性发展方面，因为学校教师和领导具有教育学和心理学方面的素养，这有助于他们发现学生个性独特性的价值，尊重和注重学生个性的健康发展，并注重在教育活动中为学生个体的发展创造客观条件和提供活动的舞台。同时，学生在群体中的生活也有助于相互取长补短，不断丰富自己的个性。

（三）个体的发展需要职业教育

人不仅具有可教育性，而且有对职业教育的需要性。从人的发展过程来看，人还需要通过教育成为职业人，职业可以满足生存、温饱、发展的需要，是谋生的手段。黄炎培先生早在 1917 年就提出职业教育的目的有三："为个人谋生之准备，一也；为个人服务社会之准备，二也；为世界、国家增进生产力之准备，三也。"

人类个体的多样性发展也需要职业教育。根据美国哈佛大学心理学家加德纳教授的研究，人类智能是多元的，不是一种能力而是一组能力。按照加德纳教授的多元智能理论，人类个体的特性、天赋、背景都是多种多样的，因此不同的个体需要不同的学习目标、学习方式和发展途径。职业教育可以适应学习者个体的多样性需求。我们可将个体所具有的智能类型大致分为两大类[①]：一是抽象思维，二是形象思维，前者主要为抽象思维者可以通过普通高等教育培养成为研究型、学术型、设计型的专家，而后者主要为形象思维者则可通过职业教育成为技术型、技艺型、技能型的专家。他们是处在社会不同的工作岗位、不同工作阶段、不同工作层面上的专家，各自具有不可替代的作用。职业教育为个人成才提供了多样化的选择途径，并随着产业结构的调整和职业的变迁，不断为个人发展提供新的教育与培训。

二、职业教育与个体的发展

职业教育对个体的发展主要体现在促进个体的全面发展、个性差异发展、个体价值实现、个体可持续发展，此外职业教育还具有完成个体就业的功能、促进个体职业生涯发展的功能。

（一）职业教育促进个体的全面发展

教育是培养人的社会活动，教育的功能就是要通过教育活动，使人的智力和体力得到全面发展。在现实条件下，人们是通过全面发展教育，即通过具体的德、智、体、美、劳动教育，使受教育者在德、智、体等方面都能达到一个基本的要求，达到现实社会所能够给予的全面发展。这是各级各类教育的共同任务，职业教育是人的全面发展教育的一个组成部分。

职业教育不是单纯的知识与技术教育，而是一种全面培养人才的教育。教育的终极目的是人的全面发展，短期目标则是职业，是培养合格的职业者，但职业教育的终极目标是满足人的全面与可持续发展的需求，并通过自身需要的满足来满足社会的发展需求。现代意义上的职业教育，就是"以教育为方法，以职业为中介，在促进社会经济发展的同时，实现个体生命发展的全面性和可持续性的教育。"[②]　教育与职业和谐统一，才能使人趋于全面发展。也就是说，职业教育是现实生活中人实现人的全面发展的基本途径之一。

《中华人民共和国职业教育法》明确规定：职业教育是国家教育事业的重要组成部分，是促进经济、社会发展和劳动就业的重要途径。发展多层次、多形式的职业教育，有利于推进义务教育的普及，有利于克服片面追求升学率，促

---

①　曾宪章.人的发展与职业教育的关系［J］.职业教育研究，2005，（3）.

②　赵欣，卜安康.由技能本位走向生命发展——从人的可持续发展角度看未来职业教育的创新趋势［J］.职业技术教育，2003，（19）.

进人的全面发展。职业教育最大限度地满足社会的发展需要，其实质也就是最大限度地满足个体全面发展的需要。

（二）职业教育促进人的个性差异发展

由于各种职业之间的差异和各人之间的个性差异是客观存在，并不是每个人都同样的适应某种职业，在个人与职业之间存在着某种匹配关系，不同的个性对于不同的职业有着不同的意义。人的发展和需求渴望接受教育，职业教育应以满足人的个性差异发展和需求为使命。职业教育挖掘人的个体潜能主要通过不同的专业或分工、不同的教育内容与形式来实现，在职业教育领域不仅承认个性的差异性，更倡导尊重个体的个性。职业教育的理念强调人与人之间的个性差异和性格特征，以人为本位，以个体为本位，为社会不同的人提供了广阔的选择和发展的空间。

（1）职业可以满足人们展示个性和发展个性的需要，人的个性差异有先天生理与心理上的原因，更主要的是由后天教育、环境特别是职业所形成的。人们可以通过对职业的选择，发挥自己的特长，满足自己的兴趣、爱好，实现自己的理想。人的一生大部分时间都是在职业生涯中度过的。

（2）职业教育的专业或工种设置以社会的职业分工为基础，较为具体地反映了社会不同职业岗位对人才素质的不同要求。职业教育按专业或工种实施教育，为不同个性类型的个体提供了发展的选择性，有利于扬人所长、避人之短。

（3）职业教育可以通过定向教育与培训，开发个人潜能，发展学生的特殊兴趣与才能，促进和发展学生与所选职业有关的才能，充分发挥人的个性特长，使之顺势成才。

（4）由于人的可塑性很大，兴趣、能力、性格是可以培养的，职业教育还能够通过有目的、有计划的系统训练，弥补学生在某种职业上才能的不足，有助于人的多方面发展和职业的流动与转换。

这是职业教育在人的个性发展方面的特殊功能，职业教育使每个受教育者都有充分的选择和发展的平台，充分体现个性化与人性化。

（三）职业教育促使个体的自我价值实现

人们在人生过程中都有实现自我价值的需求，而自我潜力的发掘、自我价值的提升与实现的主要途径就是通过教育。个人的价值不通过社会职业是不可能表现出来的，通过职业教育所提供的服务，达到择业的成功和职业上的成就，实现个体价值与社会价值的需要。

职业教育的根本意义在于能使不同类型个体的价值得以自我实现。职业教育可以根据每个个体的习性与爱好，使其具有一技之长，使不同的人通过不同的工作内容实现自我价值。每一个个体都可以不受年龄、时间、空间的限制，可以随时随地根据社会发展和自己的需要，利用职业教育所提供的灵活的条件和广泛的选择余地从事学习、接受教育、提高自己。

职业教育促进个体价值的实现，首先，体现在职业成就方面[①]。职业教育是通向就业的必由之路，以帮助个体就业、立业为宗旨，通过职业教育可以提高个体职业能力、提升其职业地位，并使其形成正确的职业观，达到更高层次的自我实现。其次，体现在职业使人获得归属感与满足感。职业使人获得对社会、对集体、对行业、对单位的归属感，提供一个最经常的社交场所，满足人对归属和爱的需要。择业的成功和职业上的成就，能够满足人们实现个人社会价值的需要，满足受到社会尊重的愿望。

(四) 职业教育促进个体就业的功能

就业，是一定年龄阶段内的人们所从事的为获取报酬或经营收入所进行的活动。包含有三个方面的内容：就业条件，指一定的年龄；收入条件，指获得一定的劳动报酬或经营收入；时间条件，即每周工作时间的长度。职业教育能使人掌握某一特定的职业或行业或某类职业中从业所需的实用技能和技巧、专门知识和技术，获得就业准入资格，具备从事某种职业的资格，才能在社会生活中立足。职业教育这种满足个体基于生存目的的需要，就是职业教育的就业功能。

在现代工业社会，个体要成为一个职业人，要融入职业社会，就必须承认和适应这种职业的规定性。社会分工，奠定了不同的职业基础，也决定了不同职业的素质要求。可以说，发展职业教育的根本目的是促进就业、发展经济、维护社会稳定，培养学生的就业能力、职业能力是职业教育的基本任务。职业教育的显著功能是，把普通劳动力培养成为具有特定职业能力的专门劳动力，把非技术的劳动力培训成为技术型的劳动力，把笨拙的劳动力训练成为熟练、高效率的劳动力。

首先，职业教育的性质属于以就业为导向的教育，促进学生就业是职业教

---

① 曾宪章. 人的发展与职业教育的关系 [J]. 职业教育研究，2005，(3).

育的基本目标，就业率是衡量职业教育办学成功与否的重要标志。职业教育是产学结合、与企业办学的模式，这是基于以就业为导向的一种教育模式，这种模式下，与企业合作让学生在职场中学习技能、知识、职业价值观等，最终指向促进学生就业。在一些经济发展较快的地区，已经出现"订单"职业教育，企业把人才培养纳入自身的发展计划之中，职业院校依托企业有的放矢地进行培养，形成合理的产学链，促进了职业教育的优化发展，使职业院校培训的学生实现充分就业变得可能。

其次，职业教育培养学生就业能力。个人通过职业实现生存的需要，解决好就业问题是个人最大的安全需要。解决好就业问题，关键的是培养学生良好的就业能力。就业能力是指从事某种职业所需要的能力。一个人想要顺利地找到工作，在工作中做出成绩，就必须具备一定的就业能力。

就业能力包括一般就业能力和特殊就业能力。一般就业能力是指：1. 一个人的态度、世界观、价值观、习惯；2. 与工作有关的一些能力，主要是指处理与周围的人和工作环境的关系的能力，如怎样进行工作，如何与人相处等；3. 自我管理能力，如决策能力、对现实的理解能力、对现实资源的利用能力，以及有关自我方面的一些知识、对学校所学课程与工作中具体运用之间的关系的理解能力。特殊就业能力是指某个职业所需的特殊技能和环境所需的某种特殊技能，如一个会计必须具备较好的数学功底，护士需要某种特殊的护理技能，美术工作者必须具备色调感、浓度感、线条感和形象感等。

一般就业能力和特殊就业能力在职业活动中都很重要。要成功地从事某种职业，常常需要一般就业能力和特殊就业能力的有机配合。大力发展职业教育，是培养学生就业能力的非常具有效率与效益的一种教育类型。

（五）职业教育促进人的职业生涯发展

职业生涯是指一个人一生连续从事和负担的职业、职务、职位的过程，是人一生中最重要的历程，是追求自我、实现自我的重要人生阶段，对人生价值起着决定性作用。职业生涯专指个体职业发展的历程，美国的一位职业指导专家萨帕（Donald E. Super）把人的职业发展过程分为五个阶段：1. 成长阶段（出生～14岁），是一个以幻想、兴趣为中心，对自己所理解的职业进行选择与评价；2. 探索阶段（15～24岁），逐步对自身的兴趣、能力以及对职业的社会价值、就业机会进行考虑，开始进入劳动力市场或开始从事某种职业；3. 确立阶段（25～44岁），对选定的职业进行尝试，变换工作，到逐步稳定；4. 维持阶段（45~64岁），劳动者在工作中已经取得了一定的成绩，维持现状，提升自己的社会地位；5.衰退阶段（60岁以后），职业生涯接近尾声或退出工作领域。我国专家也提出与之相似的划分方法，即萌发期、继承期、创造期、成熟期和老年期。职业生涯就是一个动态的过程，不论职位高低，不论成功与否，每个工作着的人都有自己的职业生涯。

根据职业发展理论，职业发展在个人生活中是一个连续的、长期的发展过程。职业教育通过适当的形式和方法，帮助人在一生中保持其掌握的专业理论知识和技能的连续性，适应性和前瞻性。也就是说，职业教育，特别是职业指导可以帮助人们职业生涯的发展。职业教育在传授知识和技能以及从事某种职业所应具有的特殊态度、行为和特征，为受教育者最终获得合适的岗位作准备，还会培养学生"关键能力"、"发展能力"、敬业精神、职业道德与素养等，为受教育者未来的就业及换岗做好准备。

第三节　职业教育与人力资源开发

职业教育是使劳动者成为发达的和专门的劳动力的教育，接受过职业教育者，所获得的能力，在生产活动中具有增值效应。可以说，职业教育是所有教育类型中促进人力资源开发最直接最见效的教育。

一、人力资源与人力资源开发

人力成为社会发展的资源是近代以后的事情，人力资源的开发成为工业化社会的必须的任务之一，教育特别是职业教育能够较好地实现这一任务。

（一）人力资源

资源即资财的来源，一般指天然的财源。（辞海）经济学把可以投入到生产中去创造财富的生产条件通称为资源。现代经济学将资源分为自然资源、物质资源和人力资源。人力资源有广义和狭义之分，广义人力资源是指所有智力正常的人。狭义的人力资源是指具有劳动能力的人口。包括就业人口、失业人口、就学人口、家务劳动人口和军事人口。人力资源既是生产的承担者，又是生产发展目的的实现者，即一切生产都是为了满足人的发展和社会全面进步的需要。从生产力的角度看，在一切资源中，人力资源是最为宝贵的。这是因为，人力资源是生产过程的主体，是首要的生产力，在生产力的诸要素中起着主导作用。

生产的发展归根到底取决于人的作用的发挥。

(二) 人力资源开发

人力资源开发是一个综合性的概念，它是国家或组织通过一系列有目的、有计划的教育培训等活动，并经过与开发对象的有机结合，使特定范围内的人力资源能够得以充分发掘，有效发展与合理使用。人力资源开发可分为人力资源的数量开发与人力资源的质量开发，前者是指用于人力资源数量变动（增加或减少）上的费用或活动，后者是指为提高人力资源质量和人力资源利用效率而付出的费用或活动，包括用于人力资源的教育培训、医疗保健、人员流动和职业信息方面的费用与活动。美国著名经济学家西奥多·W·舒尔茨在《人力资源投资》一书中指出，有技术知识的人力和缺少技术知识的人力对经济发展的贡献存在差异，这种差异源于他们所受的教育、训练的不同，而这种不同又起因于社会和个人对人力资源、教育、训练投资的不同。由此不难看出，教育尤其是与经济发展密切相关的职业教育在人力资源开发中具有特殊的使命。

二、发展职业教育是开发人力资源的主要途径

职业教育是人力资源形成和积累的主要途径，根据诺贝尔经济学奖获得者罗伯特·卢卡斯的经济增长理论模型，人力资源可以分为专业化人力资源和社会一般人力资源，而对经济增长起直接作用的是专业化人力资源。这两种人力资源的形成都可以通过学校教育获得。由于职业教育是有目的、有计划、有组织地开展教学活动，有较高素质和经验的教师队伍，因此，职业院校人力资源的形成与积累是高效的，可更好地适应现代经济对广大的各种人才的需求。在相当长的时期内，人们将学校教育视为获取一般人力资源的途径。相对而言，职业教育，无论是正规还是不正规的职业教育则都有显著的优越性：

（1）在正规的职业教育机构，既对学生进行一般知识技能的传授，又对学生进行专业化的教育，形成专门领域的职业技能，因而，能同时担负起一般人力资源与专业化人力资源形成的任务；

（2）在教学体制上，现代职业教育十分强调与生产实践的紧密结合，注重实践性教学。德国的"双元制"，是学校和企业在教学体制上密切结合的范例。我国各类职业教育，既强调校内实践性教学，又注重与企业在实践性教学中的紧密合作，因而有利于高质量的专业化人力资源的形成。

世界各国的人力资源开发道路充分展现了职业教育对经济发展所起的重要

作用，第二次世界大战后，由于各国采取不同的发展战略，因而产生了不同的发展结果。实施人力资源开发战略的国家注重教育的发展，尤其是注重职业教育的发展，带来了非常显著的经济增长效果。美国作为世界上最发达的国家，职业教育非常发达，担负高等职业教育的两年制社区学院和职业技术学院，在满足该国第二次世界大战后人力资源开发需要方面发挥了相当大的作用，德国是第二次世界大战的战败国，在一片废墟上，用了不到几年的时间，就建立了世界第三经济强国，其主要经验是，让人们普遍受到优良的基础教育和职业教育。

科学技术迅猛发展，国际竞争日趋激烈，经济全球化趋势日益明显，提高人力资源的水平，增强国际竞争力，成为各国发展的关键。我国未来一段时间将实施城镇化、工业化、西部大开发和扩大就业等战略，理论分析和实证分析都表明，几大战略的实施都对人力资源开发提出了迫切需求，能否培养数以千万计的技能型人才和数以亿计的高素质劳动者，是未来一段时期内人力资源开发的最主要也是最重要的任务。毋庸置疑，近十几年是中国劳动力资源最富足的时期，也是中国大力开发人力资源的最好时机。现实迫使我们必须加快高素质劳动者的培养，职业教育作为我国现代教育的重要组成部分，它直接为社会生产、服务、技术和管理第一线培养和输送初级、中级和高级专业技术人才，是我国人力资源开发的最主要、最有效的途径，是培养技能型人才和高素质劳动者的最佳教育形式。2004 年 8 月颁布的《国务院关于大力推进职业教育改革与发展的决定》指出：推进职业教育的改革与发展是实施科教兴国战略、促进经济和社会可持续发展、提高国际竞争力的重要途径，是调整经济结构、提高劳动者素质、加快人力资源开发的必然要求，是拓宽就业渠道、促进劳动就业和再就业的重要举措。

三、职业教育在人力资源开发中的作用

职业教育通过开发人力资源，培养适合经济和社会发展需求的各类人才，推动经济发展和社会进步。职业教育在人力资源开发中有不可替代的作用。

(一) 职业教育能将人口资源转化为人力资源

职业教育必将为人口资本的转化和人力资源的提升发挥巨大的作用。新增长理论的创始人、1995 年诺贝尔经济学奖获得者卢卡斯认为，知识的边际生产力是递增的，正是各国在人力资源上的差异导致了各国在收入和经济增长率方面的差异。人力资源的创始人、1979 年诺贝尔经济学奖获得者舒尔茨指出，没

有对人的大量投资，就不能享受现代化农业的硕果，也不能拥有现代化工业的富裕。

中国是世界上人口最多的国家，也是世界上劳动力资源最丰富的国家。但从总体上来看，我国劳动力素质偏低，接受高等教育的人口少，科技创新能力不高，已经成为制约经济发展、增强国际竞争力、实现小康社会的主要因素。因此，只有将人力资源作为第一资源，通过大力发展教育开发人力资源，才能将人口资源优势转变为人力资源优势，把潜在的优势转化成现实的优势，才可能实现全面建设小康的社会目标。

（二）职业教育能提高人力资源配置的效益

人力资源开发的水平高低，不仅取决于劳动者的职业道德、职业素质和职业能力，也取决于人力资源的配置结构是否合理。在经济结构的变化中人力资源配置结构的变化是最难的，在各种教育类型中，职业教育在满足社会对人力资源重新配置方面的功能是最强的，职业教育作为就业准备教育，与产业结构联系最紧密，产业结构上的变化与调整最先体现在职业教育而不是普通教育上。职业教育不仅有培养人才的功能，还有选拔人才、分配人才的作用，如何根据个体在职业方面心理发展的规律，有效地施加影响，是职业教育的重要内容之一，它通过适当的职业指导，能将不同能力倾向、兴趣、爱好的人导向相应的职业岗位，使个性特征与社会需要相结合，充分发挥人的潜能，从而提高人力资源配置效益。因而职业教育是实现人力资源优化配置的推进器，在人力资源配置中能够起到普通教育所不能起到的关键作用。

职业教育不仅要培养大批高素质劳动者和初、中、高级技术人才而且要通过各级各类职业教育的发展规划和职业教育的发展规模，使国家研究型、工程型、技术型人才和高级专业人才、中级专业人才、初级专业人才保持一个合理的比例，使国家的人力资源能够构成一个知识技术结构合理、高效率的智力群体。

（三）职业教育是提高人力资源质量的最佳途径

大力发展职业教育和职业培训，能够迅速提高劳动者的素质，进而提高人力资源的质量。

首先，职业教育可以通过培养人的职业道德、职业行业规范、敬业精神等来提高人力资源的质量。职业教育过程中将使受教育者潜移默化地接受着职业道德教育，使之热爱自己的职业、忠于职守、爱岗敬业，互助合作的精神、谦虚诚恳的态度、任劳任怨的美德、严谨务实的作风，都将使受教育者走上社会后劳动技能得到最大限度的开发利用。

其次，职业教育可提高人力资源的职业素质。职业素质，指劳动者的体力与智力素质的总和以及劳动者非智力品质的综合反映。在职业素质中专业技能和职业能力是核心。职业教育是职业素质教育，对人的身心健康有极大影响，作为就业准备教育，其重点是培养人的专业技能和各种职业能力，因而在提高人的职业素质方面具有其他教育形式所不具备的独特优势。

最后，职业教育规模的扩大，可以提高整体劳动者素质。职业教育和职业培训具有针对性强、教育周期短和收效快的特点。它的投入与产出的循环周期就比较短，也就是说教育的效益体现的比较直接。职业教育和职业培训的教学内容直观而实际，具有较强的针对性和实际操作性。接受教育和培训的个人都能很快地把自己学到的技术和技能运用到生产实际或经济建设的实际中去，发挥所学知识与技能的作用。

以上所述，是职业教育的主要功能。当然这些功能并不是孤立存在的，而是互相交错、相互促进、互为因果的。由于职业教育具有这些特定的功能，使职业教育成为我国教育体系的重要组成部分，成为国民经济和社会发展的重要基础。

第四章
职业教育培养目标

培养目标在教育工作中占有重要的地位。它不仅是教育教学活动顺利开展的前提和基础，同时也是教学活动的归宿。教育目标的体现是社会举办教育的主导思想。职业教育培养目标是指各级各类职业教育机构培养的人才以及其规格和质量要求。职业教育作为整个教育序列中的一个组成部分，它的培养目标既具有一般的通性，同时也具有其特殊性。在这一章，我们将会阐述职业教育培养目标的依据，分析职业教育培养目标的构成与定位，并对职业教育培养目标的实现提出建议。

第一节　确定职业教育培养目标的依据

教育部《关于加强高职高专教育人才培养工作的意见》明确指出了职业教育培养目标。它的确定需要遵循职业教育的基本价值取向、特殊的历史生成过程和相关职业教育理论，才能为职业教育实践起到定向、引领、规范的作用。

一、什么是职业教育的培养目标

培养目标是教育领域中的一个最基本问题，它在教育学理论中占有重要的位置。那么，什么是职业教育的培养目标呢？

关于职业教育的培养目标，普遍的观点认为它包含三个部分：把握知识、培养能力和铸造人格。这是国内学者根据国外发达国家的高等职业教育发展历程总结出来的知识本位、能力本位、人格本位三个阶段[1]，每个阶段都和经济社会发展息息相关。

所谓"知识本位"，是指以传授经验、知识为主，并注重培养某种职业技能

---

[1]　雷正光. 现代职教培养目标定位研究 [J]. 职教论坛，2003，(9).

的培养模式；"知识本位"的特点是以学科课程为主，辅之以一定的技术课程与实践练习，追求理论知识的完整性、系统性和严密性，轻视理论知识的实用性和实践性；"知识本位"的课程体系由"基础课＋专业基础课＋专业技术课"构成。

"能力本位"是指以某一职业所需的知识、技能为目标而设计的培养模式，它以某一社会职业岗位的需求为目标，在职业分析的基础上，将职业能力分解为若干部分，组成多个模块，进行课程开发和培训，从而使受教育者具备从事本职业的能力。"能力本位"模式在上世纪 80 年代被引入我国，被称之为模块教学，在我国职业教育的课程改革过程中起了关键的指导作用，对我国职业教育的课程改革产生了较大影响。

"人格本位"以完善劳动者个体人格、提高劳动者个体素质为目标。"人格本位"认为，职业教育所培养的学生不仅应具有必备的知识与技能，而且还必须具有健康的职业心理和职业伦理道德，面对新知识、新技术含量的急剧增加与变化，用终身化的教育思想、积极向上的精神和自主创业的意识，去对待和迎接现实的和未来的职业生涯。

二、职业教育培养目标的形成和演变

职业教育培养目标的形成和演变，与整个社会教育目的的形成与演变密切相关。古希腊雅典教育要求培养身心和谐发展的人，欧洲中世纪天主教会要求培养主教和僧侣，中国封建社会要求培养明人伦、善教化的士大夫。而到了近代则有所不同。

(一) 近代关于教育目的的阐述

近现代关于教育目的的论述，大致可分为三个方面：

第一是社会本位论，即社会需要就是教育的目的。这以法国社会学家涂尔干（Emile Durkheim）为代表，他主张"教育在于使青年社会化——在我们每一个人之中，造成社会的我，这便是教育的目的"。第二是个人本位论，即教育的目的在于促进个体的发展。代表人物有夸美纽斯（Comenius, Johann. Amos），他认为"教育在发展健全的个人"；裴斯泰洛齐（Jonhann Heinrich Pestalozzi）主张"教育在使人的各项能力得到自然的、进步的与均衡的发展"[①]。

---

① 刘春生，徐长发. 职业教育学 [M]. 北京：教育科学出版社，2002.

第三是辩证论，这是马克思主义教育观，主张把个体的发展放到一定的社会历史范围内加以考察，从社会的需要和个人的发展两个方面来确定教育的目的。

（二）新中国教育目的和方针的形成与演变

中华人民共和国的成立，开创了中华民族历史的新纪元，也揭开了中国教育事业发展的新篇章。共和国成立之初，为了尽快改变文化教育十分落后的状况，党和政府高度重视教育事业，把改造旧教育、建设新教育作为教育工作的首要任务，顺利完成了从旧教育向新民主主义和社会主义教育的根本转变，确立了党和国家的教育方针，明确了社会主义教育的方向。

教育方针的制定和落实，事关国家教育事业的兴衰成败。新中国成立60年来，党和国家的教育方针适应时代要求，经历了一个不断发展、不断调整和完善的历史过程，体现了社会主义教育的性质，反映了不同历史时期经济社会发展对教育提出的基本要求。

新中国成立后，培养什么样的人的问题，成为教育事业面临的首要问题。1949年9月，就在新中国成立的前夜，中国人民政治协商会议第一次会议通过的《共同纲领》中明确规定："中华人民共和国的文化教育为新民主主义的，即民族的、科学的、大众的文化教育。人民政府的文化教育工作，应以提高人民的文化水平，培养国家建设人才，肃清封建的、买办的、法西斯主义的思想，发展为人民服务的思想为主要任务。"

为了贯彻这一方针，1949年12月，教育部召开第一次全国教育工作会议，明确了新中国教育工作的目的，即"为人民服务，首先为工农服务，为当前的革命斗争与建设服务"。"两为"作为我国新民主主义教育方针，是毛泽东新民主主义教育思想的具体体现，确立了新中国成立初期我国教育的基本职能和作用。在这一教育方针的指引下，我们年轻的人民共和国卓有成效地接管和改造了旧教育，为创建新中国教育奠定了基础。为落实这一教育方针，教育部分别规定了中小学教育的宗旨和任务，其他各级各类教育也根据教育方针相继确定了各自的宗旨和发展的主要目标，我国教育事业逐步全面走上规范办学的轨道。

从1952年开始，我国进入由新民主主义向社会主义过渡时期。与此相适应，我国教育也开始了由新民主主义教育向社会主义教育的过渡，教育中的社会主义因素不断增长。1954年2月，周恩来在政务会议上提出："我们向社会主义、共产主义前进，每个人要在德、智、体、美等方面均衡发展"；《1954年文化教育工作的方针和任务》中提出："中等教育和初等教育，应贯彻全面发展的教育方针……为培养社会主义社会的建设者而奋斗。"

1956 年，我国生产资料所有制的社会主义改造基本完成后，全面转入大规模的社会主义建设时期。为使教育事业适应大规模社会主义建设对人才的急需，我国社会主义教育方针逐步明确。1957 年 2 月，毛泽东在《关于正确处理人民内部矛盾的问题》中提出："我们的教育方针，应该使受教育者在德育、智育、体育几方面都得到发展，成为有社会主义觉悟的有文化的劳动者。"这一重要论述将马克思主义关于人的全面发展思想贯穿于社会主义教育培养目标之中，形成了新中国全面发展的社会主义教育方针。这一方针对我国教育事业的发展发挥了持久的指导作用。

1958 年 9 月，中共中央、国务院发出的《关于教育工作的指示》中明确提出"党的教育工作方针，是教育为无产阶级政治服务，教育与生产劳动相结合"，同时指出"教育的目的，是培养有社会主义觉悟的有文化的劳动者"，后来概括为"教育必须为无产阶级政治服务，必须同生产劳动相结合"（即"两个必须"）。这是新中国成立后，在中央文件中首次冠以"教育方针"字样对教育方针的表述。此后，人们将这一方针与 1957 年提出的教育方针结合起来，作为统一的教育方针加以贯彻，这就是 1961 年《教育部直属高等学校暂行工作条例（草案）》（即"高教六十条"）中提出的"教育必须为无产阶级政治服务，必须同生产劳动相结合，使受教育者在德育、智育、体育几方面都得到发展，成为有社会主义觉悟的有文化的劳动者"。这一教育方针，以我国社会主义的基本国情及其教育活动为实践依据，以党在特定历史时期的基本路线为政策依据，继承了党在民主革命时期关于新民主主义文化教育总方针的优良传统，为我国社会主义教育事业指明了前进的道路和发展的方向。这一方针于 1978 年正式载入《中华人民共和国宪法》。

党和国家的教育方针和据此制定的各项政策，保证了新中国教育事业的健康发展。广大教育工作者努力贯彻落实教育方针，培养了大批思想道德和文化科学素质较高的劳动后备军和大批德才兼备的建设人才，造就了一大批活跃在国家社会主义建设各个领域的骨干力量。

党的十一届三中全会后，我国进入了改革开放新的历史时期，教育事业也进入改革发展的新阶段。新时期党和国家的工作重点转移到社会主义现代化建设上来，适应这一根本任务转变，中国特色社会主义教育方针得到了发展与逐步完善。

1981 年 6 月，《中共中央关于建国以来党的若干历史问题的决议》提出：

"用马克思主义世界观和共产主义道德教育人民和青年，坚持德、智、体全面发展，又红又专，知识分子与工人农民相结合，脑力劳动与体力劳动相结合的教育方针。"这里提出的教育方针，是根据当时我国建设社会主义现代化强国的总目标提出来的，也是总结新中国成立 32 年教育的经验教训提出来的。1982 年通过的《中华人民共和国宪法》规定："国家培养青年、少年、儿童在品德、智力、体质等方面全面发展。"这对教育界拨乱反正、正本清源，恢复和发展教育事业，发挥了重要的导向作用。

1983 年 9 月，邓小平提出："教育要面向现代化，面向世界，面向未来。""三个面向"成为新时期教育改革和发展的战略指导思想。这一思想在以后制定的教育方针中得到明确体现。1985 年 5 月，《中共中央关于教育体制改革的决定》中明确提出，"教育必须为社会主义建设服务，社会主义建设必须依靠教育"，还直接写入了"三个面向"。这些重要思想的提出，充分适应了改革开放以来我国经济社会发展的时代特征，在教育方针认识上实现了由"教育为无产阶级政治服务"到"教育必须为社会主义建设服务"的思想升华和历史飞跃，在教育方针实践中加强了教育与社会的联系，促使教育主动适应现代化建设需求，按照现代化建设要求进行全方位改革。

20 世纪 90 年代初，适应国家经济社会发展，教育方针的表述更加规范化。1990 年 12 月 30 日，党的十三届七中全会通过的《中共中央关于制定国民经济和社会发展十年规划和"八五"计划的建议》提出："继续贯彻教育必须为社会主义现代化建设服务，必须同生产劳动相结合，培养德、智、体全面发展的建设者和接班人的方针，进一步端正办学指导思想，把坚定正确的政治方向放在首位，全面提高教育者和被教育者思想政治水平和业务素质。"1993 年，中共中央、国务院颁布的《中国教育改革和发展纲要》重申了这一方针。1995 年 3 月，八届全国人大三次会议通过的《中华人民共和国教育法》沿用这一教育方针，但在文字上作了重要修改，除了在"建设者和接班人"前加上了"社会主义事业的"外，还在"德、智、体"后加上了"等方面"，反映了在教育方针认识上的深化。至此，我国新时期的教育方针已完成了法律程序，写进了教育的根本大法。

世纪之交，随着素质教育的理论探讨和实践发展，我国的教育方针又被赋予了新的时代内容。1999 年，九届全国人大二次会议通过的《政府工作报告》以及《中共中央国务院关于深化教育改革全面推进素质教育的决定》中，都在人才培养中提出了"美"的要求。这样，新时期的教育方针就表述为"教育必须为社会主义现代化建设服务，必须与生产劳动相结合，培养德、智、体、美等方面全面发展的社会主义事业建设者和接班人"。这一新的教育方针，确立了教育事业为社会主义现代化建设服务的方向，明确了教育培养德、智、体、美等方面全面发展的社会主义事业的建设者和接班人的目标，揭示了教育与生产劳动相结合的人才培养根本途径。这一新的教育方针，实现了新中国教育史上教育方针认识和实践的历史性转变，促进了教育思想的大解放，开启了教育方针认识和实践为以经济建设为中心的社会主义现代化建设服务的新时代。

1999 年 6 月，江泽民在第三次全国教育工作会议上的讲话中指出："我们必须全面贯彻党的教育方针，坚持教育为社会主义现代化建设服务、为人民服务，坚持教育与社会实践相结合，以提高国民素质为根本宗旨，以培养学生的创新精神和实践能力为重点，努力造就有理想、有道德、有文化、有纪律的，德育、智育、体育、美育等全面发展的社会主义事业建设者和接班人。"首次提出了教育"为人民服务"和"坚持教育与社会实践相结合"的指导方针。2002 年 11 月，江泽民在党的十六大上提出："全面贯彻党的教育方针，坚持教育为社会主义现代化建设服务，为人民服务，与生产劳动和社会实践相结合，培养德、智、体、美全面发展的社会主义建设者和接班人。"

2007 年 10 月，胡锦涛在党的十七大上提出："要全面贯彻党的教育方针，坚持育人为本、德育为先，实施素质教育，提高教育现代化水平，培养德、智、体、美全面发展的社会主义建设者和接班人，办好人民满意的教育。"对教育方针的内容进行了新的阐释和丰富。①

经过新中国成立 60 年的艰难探索，中国特色社会主义教育方针日益完善。广大教育工作者更加自觉地贯彻落实党和国家的教育方针，不断深化教育改革，带来了教育事业的蓬勃发展，极大地提高了全民族的整体素质，为国家现代化建设做出了重大贡献。

三、职业教育培养目标的定位

职业教育培养目标的定位，就是对职业教育培养的人才规格进行界定和规范的过程。

职业教育发展到现代，它的理念、方法，以及对应的社会特点都发生了很

---

① 翟博．新中国教育方针的形成与演变［EB/OL］．2009-9-22．中国教育新闻网，http://www.jyb.cn/theory/jyls/200909/t20090922-312227.html.

多变化；职业教育的培养目标定位也是随之不断发展。20 世纪 50 年代以前，职业教育培养目标定位只限于在教育系统中对不同类型的职业教育进行分工，很少与外界经济社会环境相联系。职业教育机构也很少对自己的培养目标进行反思，往往社会需求已经发生了极大的变化，其培养目标的设定却固定不变。现代职业教育越来越走向社会，走向市场，它的定位也从原来的封闭式向开放式发展，整个培养目标定位系统从静态向动态转变。

从职业教育的培养目标的内涵和外延来看，培养目标是一个具有系统性、层次性的概念。我国各级各类教育的培养目标构成一个总的目标体系，职业教育的培养目标就是其中的一个组成部分，而职业教育本身也是由概括程度不同的目标构成的系统。从培养目标的构成内容来看，它是由培养方向和素质规格两个部分组成的。培养方向是指受教育者将来应在社会中扮演什么角色，而培养规格是指受教育者的科学文化、思想品格、身心素质应达到的规格水平和程度。

决定现代职业教育培养目标定位的因素主要有以下四点：首先是职业教育的性质及任务。它说明的是职业教育在整个教育系统中处于什么样的地位，它在现代教育中承担的职责和任务是什么。其次是当地经济和社会发展水平。职业教育目标的设定是极具地方性的，它必须与当地的产业结构及人力结构结合起来，因为它培养的人才基本上是为本土产业设计的，以发挥当地特色。再次是劳动力市场对人才的具体需求。这是具体到特定岗位上的对人才的知识技能等方面的要求，这是保证职业教育培养人才"出口"通畅的重要因素。最后是与职业教育相结合的各种理论和方法。这些理论和方法的逐步确立，就使职业教育的培养目标渐渐清晰。①

四、现代职业教育培养目标定位的理论和方法

现代职教培养目标的定位，从原来的感性思考决定向科学化的理性逐步发展。这使它越来越借助各种理论，以使整个决断过程更加科学、正确。现代职教培养目标的定位就主要借助了以下三方面的理论和方法。

(一) 现代职业教育培养目标的人才结构模型

职业教育总是以客观的人才结构为依据，通过培养社会所需要的各级各类

① 雷正光. 现代职教培养目标定位研究 [J]. 职教论坛，2003，(9).

人才而发挥其教育功能从而服务于社会的。对于社会人才类别与层次的不同看法，就构成了各种不同的人才结构模型。以工程技术人员为例，其人才结构模型从"金字塔"型理论模式发展到"职业带"人才结构理论模式，到现在最为广泛认可的"阶梯状"理论模式。[①]

如图 4-1，"金字塔"理论是传统的工程技术人员层次结构理论，这种理论在传统生产的相当长时期内尚能直观说明生产活动中群体层次高低、职位称呼和大致比例，但它把工程技术人员类型当作理所当然的层次，并将人才的层次与类型混为一谈，没有类型概念，从而混淆了不同系列人员的工作性质，限制了较低层次人才的发展。且相邻层次的人才泾渭分明，与实际情况不相符合。

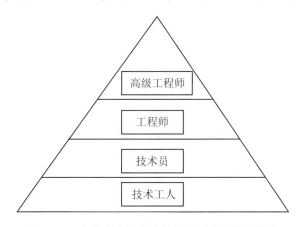

图 4-1　工程技术人员层次结构的"金字塔"模型

职业带理论（Occupational Spectrum）是一种用以表示各类工程技术人员的地位、特点、演变及其与教育的关系的人才结构理论。该理论认为各类工程技术人员的构成可用连续的职业带表述（图 4-2），每一类人才占有一块面积，从 A 至 B 为技术工人区域，C 至 D 为工程师区域，E 至 F 为技术员区域。技术员地位居中，称中间人才（middle man）。由于职称与应付实际工作并无明确分工界限，各类人才交界处是重叠的。图中斜线 A′D 的左上方代表手工操作和机械技能，右下方代表科学和工程理论知识。对技术工人的要求主要是掌握操作技能，工程师则是理论知识，技术员则两方面都需要。如以 GG′G″表示某一职业岗位，其对操作技能与理论知识两方面要求分别用线段长度 GG′ 与 GG″表示。

---

① 高恒山等. 高等职业教育研究论文集［C］. 辽宁省职教学会高职委员会秘书处，1996.

职业带随着生产技术发展而变化。大工业出现初期，仅有工程师与技术工人两类人才；20 世纪以来，工程师因理论要求提高而在职业带上右移，与技术工人间出现空隙，由新型人才技术员填补。这种发展还在继续，导致技术员区域的扩大和技术员类人才的多层次化。

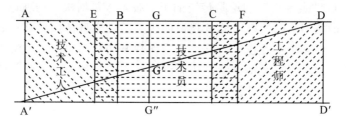

图 4-2　"职业带"人才结构理论模式

上述三类人才各有专长，不可相互替代。在理论知识方面，工程师类人才最高，技术员类人才次之，技术工人类人才最低；而在操作技能方面，技术工人类人才最高，技术员类人才次之，工程师类人才最低。即使就理论知识而言，三类人才也各具特色，工程师类人才所学理论知识虽然很高，但并不一定能包括其他两类人才所学理论知识的全部内容。例如，在工业生产第一线，一个大学本科毕业生的实际知识与技能往往不如一个中专生，而中专生的操作技能一般也不如技工学校毕业生。因此，社会上有些人认为，大学生没有学好可以当中专生用，中专生没有学好可以当技术工人用，这是不正确的。

工程技术人员的工作性质和特点无论在理论上还是在实践中，都有质的区别，且应该先有类型，再有层次。这就要求人才结构理论必须是一种全方位的、立体的结构，这就是"阶梯型"人才结构理论（图 4-3）。该理论认为，工程技术人员是由三类各成层次序列，又纵横交叉的人才的完整体系所组成的，三类人才内部均有由低到高的不同层次序列，且各类与各层人员之间（纵与横）均有交叉和重叠，三个系列人才成"阶梯"状。该理论既表示了人才结构的系列、名称、层次、素质要求和大致的比例关系，又表示了各系列、各层次间的相互沟通原理，比较能说明现代社会的人才结构特点。但"阶梯型"理论把各系列人才的层次边界划分得过于分明，又不太符合实际情况。

图 4-3 这个工程技术"阶梯状"人才结构模型也反映了现代人才分类及分层的主要理论。"阶梯状"人才结构模型认为现代人才结构主要是由人才的不同系列（或类型）、层次、素质要求以及它们之间的组合比例构成的，不同系列、不同层次的技术人员的工作性质和特点存在质的差异。不同性质的工作岗位有

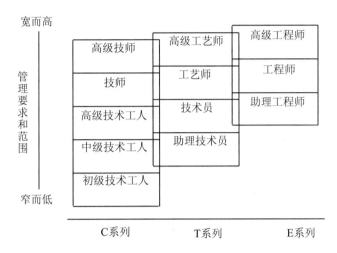

图 4-3 工程技术人才结构"阶梯型"模式

不同系列的人才结构，每一系列的人才内部又可以分成从低到高的不同层次，各系列人员之间有交叉，每一系列内部不同层次之间的相互衔接，构成了一个完整的阶梯状人才结构体系。这种结构模型为我们设定各层各类人才规格提供了很好的理论依据。根据这个理论，我们把社会人才按其生产或工作活动的过程和目标来分，就可以分为这样四类：学术型、工程型、技术型、技能型。对职业教育而言，它通常是指向工程型、技术型及技能型人才的培养的。职业教育机构可以根据这样的人才结构模型，考虑自己的人才培养目标的定位，并在全局上对受教育者的终身学习及可持续发展设计可能的通道。[①]

（二）现代职业教育培养目标的职业分析

职业分析是对从事某种职业所需知识、技能和态度的分析过程，即对某一特定职业的特质和内容所作的多层次程序分析。它将各项工作内容、任务、完成的难度、工作质量标准以及对工作者的要求等加以分析，从而制定出相应的标准。

职业分析的基点是职业岗位，它一方面确定了特定工作在整个社会职业结构中的位置；另一方面确定了该工作的职能性质、劳动的具体内容和条件。这就可以帮助克服职业教育的模糊性和随意性，为培养目标及整个教学设计提供准确的依据。

---

① 肖化移，聂劲松. 从人才结构理论看高职人才培养规格 [J]. 湖南师范大学学报，2005，（19）.

目前，职业分析的方法日趋成熟，如任务分析表、艾莫门技术、工作要素法、PAQ 职业分析问卷、TTA 入门素质分析等。通过这些方法，职业分析的准确性和科学性大大提高。职业分析也成为职业教育目标设定过程科学化所必须依赖的基本方法之一。国际劳工组织 1958 年就基于当时的职业分析，将职业划分为 8 个大类，83 个小类，248 个细类，1881 个职业，从而制定了《国际标准职业分类》。1968 年、1988 年两次修订，成为各国职业分类的重要参考。1986 年，我国国家统计局和国家标准局发布了《中华人民共和国国家标准GB6565－86：职业分类和代码》。这些职业分类一般都包括了职业代码、职业名称、行业名称、职业描述、职业活动的环境条件、职业活动的身体素质要求、基础教育程度、职业教育程度及职业前途与职业晋升等内容。它们为职业教育机构找到自己的培养目标提供了很好的定位框架。

（三）现代职业教育培养目标定位的技术依据

职业和技术教育正是以学习各种产业技术、技能为主要内容的教育。因此，技术方面的理论可以说是职业和技术教育的重要基础理论。从技术的角度来审视职业和技术教育，有助于深化对职业和技术教育性质的认识，为确定培养目标、课程内容提供科学的依据。

技术现象是丰富多样的，技术类型也是分门别类的。各种各样类型的技术在整体上构成一定的系统，称之为技术体系。我们要从整体上把握职业和技术教育的培养目标，就必须把技术视作一个整体，一个完整的体系，从多个维度去分析技术对人才即智能结构的要求，对技术体系的分析也必须以技术的分类为前提。

在这一小节里，我们从两个维度来对技术进行分类：一是技术的科学化维度，一是技术的产业性质维度。通过对技术体系的多维剖解，进一步明确职业和技术教育的培养目标。

1. 技术的不同类型

在技术发展中，按照技术的科学化维度，先后出现经验技术、科学的技术、技术科学和理论技术等几种类型，但技术的发展并不完全是一个否定的过程，而是一个积累的过程。技术发展到今天，上述四种类型的技术，同时并存在现实的技术领域中。

另外，由于职业和技术教育实际上是传授各类相关产业技术的教育，因此，若从技术与产业的关系来对技术分类，对于职业和技术教育工作者来说，更能充分理解不同技术类型对于课程内容、培养目标的影响了。

按技术的产业性质的维度，日本著名的技术学家星野芳郎将技术分作如下12类：A. 动力技术；B. 采掘技术；C. 材料技术；D. 机械技术；E. 建筑技术；F. 通信技术；G. 交通技术；H. 控制技术；I. 栽培技术；J. 饲养技术；K. 捕获技术；L. 保健技术。[①]

他这一分类方法得到了广泛的认可。这里每一类型技术对应相应的一些产业，例如，栽培技术—农业、林业；捕获技术—水产业、狩猎；采掘技术—采油工业、采煤工业、矿业等等。

因此，按上述两个维度，我们可以将技术作一个二维的分类，如图4-4。

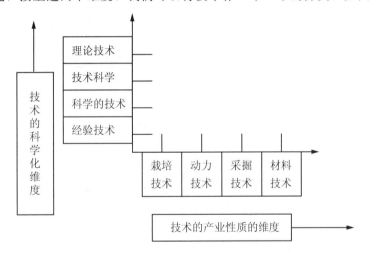

图 4-4　技术的二维分析

这个二维分析图，对我们下文研究职业和技术教育的培养目标有直接的帮助。例如，一个采用手工方式进行植物栽培的农民，所要求的技术类型为经验型的栽培技术；而一个在现代化农场工作、采用技术科学进行栽培植物的农民，所要求的技术类型则为技术科学的栽培技术。

2. 职业教育培养目标的表述

在职业教育中，如何结合技术的分类来力求清晰地表述职业教育的培养目

---

① 　姜振寰. 技术的历史分期：原则与方案［J］. 自然科学史研究，2008，27（1）.

标呢？美国课程论专家拉尔夫·泰勒（Ralph Tyle）关于教育目标的陈述方式给我们以有益的启示。泰勒（Tyle）说，陈述目标的最有效的形式，是"既指出要使养成的那种行为；又言明这种行为能在其中运用的生活领域或内容"①。也就是说，每一个教育目标都应该包括行为和内容这两个方面，这样就可以明确教育的职责，从而为课程编制所有教学活动提供指导。

我们这里研究如何明确职业教育的培养目标，也即从"行为"和"内容"两个维度着手。内容即为要学习的各类型的产业技术，如图 4-4 所示；而行为的维度，可试着分为：

（1）发明创造。指根据一定的科学理论与数学知识创造或制成某种新的制成品（原型样品）；

（2）开发设计。指为生产某种产品而开发设计出一种技术构想、工艺流程、操作方法等；

（3）技术排难。即指解决生产现场出现的技术问题，如生产技术规范问题，设备故障问题等；

（4）组织管理。指组织和领导技术工人或其他技术人员开展岗位工作；

（5）生产操作。即按照一定的生产操作规则进行生产。

这样，根据"行为"与"内容"两方面，我们可初拟一个三维立体模型（即在图 4-4 的基础上添加行为维度图 4-5），来表示职业教育的培养目标。实际上，模型图所表示的是各类技术人才的智能结构，而智能结构在教育中即可理解为培养目标的规格要求，或至少是确定培养目标的依据。

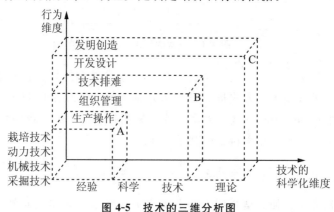

图 4-5　技术的三维分析图

---

① 王顺义．技术论选讲［Z］．华东师范大学自然辩证法研究所内部资料，1995，22.

此图如何表示不同技术人才类型的智能结构呢？

以我国农业中涉及水稻种植的典型的三类工作者为例：一是采取手工劳作的传统经验型的农民；二是指导农民进行农业生产的基层农业技术员；三是开发水稻新品种的农业工程师。

靠生产经验劳作的农民，只须掌握经验性栽培技术的操作，其智能结构相当于经验技术、栽培技术与生产操作汇合的点 A；而指导农民进行水稻种植的技术员，必须掌握水稻栽培的技术科学，能解决栽培中出现的技术问题，其智能结构相当技术科学、栽培技术与技术排难三者汇合的点 B；至于开发水稻新品种的工程师，必须有较丰富的关于水稻栽培的理论技术，并以进行发明创新，其智能结构相当于理论技术、栽培技术与发明创造的汇合点 C。

需要指出的是，现实中某一技术人才，常要求具有较复合的能力，则其智能结构在图中就不仅表示为一点，而通常表示为某一小立方体。例如现代农业技术员，除了主要掌握农业栽培的技术科学之外，对于农业栽培中的经验技术、理论技术，以及相关的产业技术最好也都有一定的了解。

因此，上述这种根据技术分类而设计的技术人才智能结构的模拟图，也成为定位各类技术人才的职业教育培养目标的技术依据。

第二节　我国职业教育培养目标的定位

现代职业教育培养目标的内涵，以及现代职业教育培养目标定位基本理论方法，为我们确定其定位思路奠定了一定的基础。

一、职业教育培养目标的定位必须区分几对关系

职业教育作为教育的下位概念，区别于一般的教育目的、教育目标等概念。因此，这里有必要理清几对概念，以方便进一步理解。

（一）"教育目的"和"培养目标"的差别

教育目的，一般是由国家以法令形式颁布的要求各级各类教育必须遵守的统一规范。由于它是一个人才培养的总目标。因此往往是高度概括和抽象的。而培养目标是不同学校、不同学科、不同专业对人才培养的方向和规格做出的符合各自特点的规定，因此是具体的，有其特殊性。另外，教育目的作为一种统一规范，它是国家级的，我们不能说某某学校的教育目的是什么，某某专业

的教育目的是什么。而培养目标则是由不同的学校、科类、专业的目标构成的一个体系，具有系统性。我们可以这样理解，培养目标以教育目的为指导和依据，是教育目的的具体化和系统化，而教育目的是通过整个培养目标体系来实现的。

(二) 职业教育的"职业"和高校的"专业"

职业教育中的"职业"与普通高校的"专业"是基于两个不同的划分标准的不同概念，但是为了强调不同层次学校培养目标和定位的不同，又常常将二者进行比较。从学校培养出来的学生，从其个体发展特征总的来说可以分为两类，一类的发展特征是发现和研究客观规律，可以称之为学术型或科研型人才；另一类的发展特征是应用客观规律为社会谋取直接利益，可以称之为应用型人才。前者强调的是专业，后者强调的是职业。高等职业教育，学生所学的知识和技能是有针对性的，一般不从专业的角度强调知识的系统性和科研性。

(三)"教学目标"和"培养目标"的关系

教学目标也称教学任务，是指教学过程中所追求的结果。教学是实现培养目标的主要途径，因此，教学目标的内容包含了培养目标的主要部分。但教学不是实现培养目标的唯一途径，学校的其他工作也是围绕培养目标展开，为培养目标服务的。因此二者的关系是：教学目标为培养目标服务，是其从属目标；培养目标需要落实和分解在教学目标和其他工作的目标中才能实现。

(四)"高等职业教育"和"高等教育"的两个"高等"

高等职业教育与普通高等教育中的"高等"是不同的。前者是相对于其在职业教育体系中的层次而言的，主要培养的是应用型人才，属于职业教育；后者是相对于其在普通教育体系中的层次而言的，主要是培养科研类人才，教育类型是普通教育。

举世闻名的德国职业教育，是职业教育成功的典范。目前，德国约有 2/3 的工程师，约 1/2 的企业经济学家和计算机信息技术人员毕业于高等职业学院。德国高等职业院校与大学相比，其特点就是学制短（3～4 年）、毕业率高（90％～95％）、就业率高（85％～90％），这是由于职业院校的人才培养模式主要面向职业、注重应用性。因此，我国的高等职业教育应以德国职业教育为鉴，为生产、服务和管理第一线培养高等技术应用性和高技能型的实用人才。要培养既能动手又能动脑的技术应用型人才，必须改革和创新人才培养模式，改革的重点就是构建以先进教育教学理论为指导的实践教学模式。

二、培养目标的设定步骤

培养目标问题在教育工作中占有重要的位置，它不仅是教育活动的前提和基础，同时也是教育活动的归宿。培养目标的如此重要的地位使我们在设计它时应该慎重而准确。我们认为，设计一个科学合理的现代职业教育培养目标体系，可以遵循以下三步进行：

（一）从教育分类来看，应用性专业教育是职业教育的基本特性

教育作为上层建筑的一个重要组成部分，总是由国家对其进行总体规划和设计的。国家对教育具有总揽大局、分工统筹的职责。教育系统就是教育中具有相互联系的各个组成部分结合在一起的有机整体，表现为由各级各类学校组成的学校网络结构。教育系统的功能是根据社会的需要和个人的需要来培养人，促进社会的政治、经济、文化、科学技术和个人自身的发展。它具有一般系统的整体结构性、有机关联性、动态开放性、有序组织性和目的可控性等特点。职业教育作为整个教育系统中的一个组成部分，是与普通教育、特殊教育相对的，既有自己特殊的地位和任务，又与其他教育分工合作。因此，职业教育定位就应该先在国家制定的大教育体系中找到自己的位置。然后再把视角深入到职业教育自身的小系统内部。职业教育是具有职业定向性的专门教育。如前面所说，职业教育本身又是分类别、分层次的。因此，具体到某一特定的职业教育时，就必须对本职业教育机构在整个职业教育体系中的地位、层次及任务进行再一次的前期定位，以把握本职业教育机构的培养能力。

长期以来，我国片面强调学术性人才的培养，忽视应用性人才的造就，结果导致中层技术人才和高级业务型人才的持续缺乏。随着经济技术水平的不断提高，国际竞争的加剧，以及高等教育大众化的加速，这种矛盾将更加突出。因此我国教育的重心必须从学术性教育向技术－业务性教育转移，而职业教育（包括中等的和高等的）正是其用武之地。

（二）从人才需求结构看，技术－业务型岗位是职业教育的基本定向

在确定自己在教育体系中的位置后，职业教育机构就可以将自己的目光投向劳动力市场了。我国自1978年开始就逐步由原来的计划经济体制向市场经济

体制过渡。市场经济具有企业行为自主化、资源配置市场化、宏观控制间接化、市场体系完善化、市场管理法制化等一系列特点。市场经济的这些特征也对置身于其中的职业教育运行机制产生了重要的影响，职业教育必须引入市场机制，以求自身的生存与发展，同时它也是职业教育运行与发展的活力源。立于市场经济中的职业教育必须或主动或被动地接受供求机制、竞争机制、风险机制等机制的作用。特别是劳动力市场供与求之间的关系更是成为了职业教育机构确立自己的培养目标的重要依据。劳动力市场的需求分析就是要反映社会职业的结构、种类和不同类型职业的数量。进行市场需求分析的渠道是多样的，比如利用国家劳动局、统计局提供的劳动力信息；对本地区的产业结构、人力结构的宏观分析；对本地的用人单位的中观调查分析等。就方法而言，又有雇主调查法、专家咨询法、趋势外推法、回归分析法、经济计量模型等。研究经济社会的市场需求，就可以使职业教育人才培养的要求体现得更加直接、具体和细化，从而使职业教育的人才"产品"更符合社会生产的需要。

目前我国最缺乏的人才就是精于技术和业务的人才，如业务员、高级技工、技术维护和应用开发人员等。这说明职业教育不是不需要，而是需要瞄准技术性、业务性的岗位，着紧用力，改革办学模式，提高教育质量，培养出过硬的、适合企业需要的技术性和业务性人才。

（三）从工作分析的角度看，职业实践能力的培养是职业教育的实施重点

如果说教育体系位置分析属于宏观战略，市场需求分析属于中观层面的定位，那么工作分析则无疑是职业教育机构进行培养目标定位的最后一步，即微观部分的策略了。前面已经提到，职业分析是现代职业教育培养目标定位的重要理论方法。工作分析就是职业分析岗位性的细化，它一般可以分为这样几个步骤：选定将要分析的工作；确定分析的精细程度；确定工作分析的人员和条件；确定样本容量和取样方法；搜集数据；分析数据；以及描述工作。工作分析的结果一般是形成工作说明书，它对某特定工作岗位的性质、特征及担任此类工作应具备的资格、条件都做出详尽的说明和规定。这样就可以对培养目标的具体标准进行细化。由此对课程设置等方面做出相应的设计，并最终使培养出的人才与原来设定的培养目标在内涵上得到统一。因此，工作分析作为职业教育机构进行培养目标定位时的最后以及最微观部分，必须予以特别的重视。事实上，在我国的职业分类中，很多岗位都已经形成了比较成熟的工作说明书，职业教育机构可以利用这样现成的工作说明书，帮助自己的培养目标定位。当

然，时代及科技的进步，也要求职业教育机构随之对原先的工作说明书做调整和改进。

第三节　职业教育培养目标的实现

职业教育的培养目标，就是职业教育要把受教育者培养成为怎样的人，也就是职业教育要达到的目的，这是职业教育的一个根本性问题。职业教育的培养目标规定了对受教育者培养的方向、规格与内涵，是职业教育实践活动的出发点，也是检验职业教育实践活动是否富有成效的理论标准。

实现职业教育的培养目标，必须紧紧抓住两个前提：一是社会需要；二是个人需要。职业教育是社会与个人之间的媒介，当培养目标的界定充分兼顾了两者的利益时，对目标的实现就是职业教育的过程问题，在这个过程中，有三个关键环节需要特别重视：第一是职业教育的办学理念；第二是职业教育的课程设计；第三是职业教育的教学模式。

一、职业教育的办学理念

过去，我国将职业教育当作是一项社会公共事业来办，这就形成了职业教育的政府性、公益性和无偿性特色。职业教育的政府性主要表现为由政府投资，由政府计划与管理；公益性主要表现为解决国营企业的人才缺额问题，解决适龄人口的就业问题；无偿性主要表现为对受教育者实行的是义务教育制度，受教育者无须支付任何教育成本。由于上述特色的存在，我国的职业教育体现的主要是政府的意志，职业院校为政府办学，毕业生由政府统一分配工作、安排就业。整个教育过程，无论是社会、学校还是受教育者几乎没有任何自主的余地，培养目标是否达成以及达成程度也主要由政府来进行评估。

现在，我国已明确将职业教育归入第三产业，而市场经济的发展及劳动力市场的确立，使得职业教育具备了完全的市场属性。那么，产业化的职业教育能否从市场中获得相应的价值回报呢？回答是肯定的。因为无论是企业还是个人，出于自身利益的需要，都必须对自己进行必要的人力投资，即对教育的投资，特别是对职业教育的投资。对企业来说，通过这种投资获得的高素质的劳动力可以使生产过程最优化而提高劳动生产率；对个人来说，通过这种投资获得的高素质的职业资格可以使自己的职业生涯更具竞争力。因此，职业教育必须将面向政府办学的理念转为面向市场办学的理念；将居高临下施教于受教育者的理念转为向受教育者提供教育服务的理念；将教育重点落在终结性教育评估的理念转为将教育重点放在整个教育过程的理念。这样，职业教育培养目标的实现就会从根本上得到保证。

二、职业教育的课程设计

由于我国的职业教育并不是源于工业化进程的自然需要，因此在相当长的一段时期内，从政府到民众都将其作为普通国民教育的一种附属、一种补充。在职业教育系统内部，由于这种脱胎于普通教育的传统观念作祟，人们一方面呼吁社会重视职业教育；另一方面又竭尽全力让职业教育向普通教育靠近。其中，最重要的表现就在于对课程的设计，首先考虑的并不是培养目标的需要，而是强调职业教育学历与普通教育学历在知识体系与知识层次上的可比性，强调课程结构的学科性和教学过程的整体性，这样就形成了职业教育课程体系与培养目标的脱节。

现在，世界上较为成熟的职业教育课程体系有两种：一种是以德国为代表的"双元制"职业培训课程体系，另一种是"模块式"课程体系。这两种课程体系有如下几点共性：第一，以培养目标为核心；第二，打破学科体系与结构；第三，突出操作技能的训练；第四，极强的职业针对性。这四点既是上述两种课程体系的特点，也是上述两种课程体系随时代与经济的发展而不断更新的原则，同时也确保了所支持的培养目标的实现。

我国职业教育课程体系的缺陷，在高等职业教育中表现得尤为明显，它使得正处在发展初期的高等职业教育一直无法准确定位。原先除了生源来自中等职业学校外，区别于普通高等教育的特色主要在强化学生技术技能方面。然而，现在许多普通高等院校已在通过各种方式弥补普通本科生素质构成中的技术技能缺陷。比如复旦大学，以巨资收购原上海市高级技工学校作为自己的技术技能培训基地，大大拉近了工程型人才培养过程与一线生产实践的距离。在这种情况下，高等职业教育要准确定位并确保培养目标的实现，就必须对整个课程体系重新进行设计，初等及中等职业教育亦是如此。

三、职业教育的教学模式

教学模式是指在一定教育理念及教育理论逻辑的框架中，为完成某种教学任务而采取的相对稳定、具体的教学活动结构。最早系统地研究教学模式的美国教育家乔伊斯·韦尔提出四类基本模式，即信息模式、个性模式、社会交往模式和行为模式。

现代教学论把教学模式与一定培养目标下的课程结构相联系，归纳出三种课程实施形式：即演绎为主的课程形式、训练为主的课程形式和活动为主的课程形式。

演绎为主的课程形式，就是教师采用讲授、演示、实验等方法将课程知识等信息处理后传授给学生。当然，在这种知识信息的传授过程中，有侧重单向传授的控制教学法，有注重学生能动性的发现教学法，还有从易于学习的角度进行传授的意义教学法等。训练为主的课程形式，就是教师采用分解、示范、组合、强化等方法将目标技术技能处理后传授给学生。由于技术技能的学习带有很强的实践性和经验性，因此，课程实施形式必须以训练为主，但这种训练也带有强烈的控制教学倾向。活动为主的课程形式，就是教师提供主题和评价标准，学生在自主的活动过程中感受主题并对自身行为不断进行自我修正，从而完成课程任务。在这种课程形式中，教师只充当组织者的角色，而学生则在活动实境中体验课程内容、完成学习过程。

我国的职业教育目前多采用以演绎和训练为主的课程形式，以活动为主的课程形式鲜有学校采用。这主要受制于课程设计的缺陷和教育理念的偏差。为什么这样说呢？首先，作为职业教育培养目标第一层次的职业素质，其职业知识、职业技能可以通过演绎和训练的方式培养，但职业适应和职业发展所需的一般能力是无法通过演绎和训练获得优化的。其次，作为培养目标第二层次的能力素质，其认知水平、技术分析、学习潜力只有通过受教育者在职业活动实境中体验、积累才能逐步获得。最后，作为培养目标第三层次的精神素质，仅仅让受教育者认知是远远不够的，因为认知与精神素质的养成还有一段遥远的距离，而缩短这一距离的唯一方法就是让受教育者在职业活动中自然养成。

德国"双元制"教育体系中，学生只有三分之一的时间在学校接受演绎和训练为主的课程教学，其余时间均在工厂的实训车间从事实际职业活动。事实证明，这是成功的职业教育教学模式。由于这种模式需要一定的社会、政治、经济、文化背景的支持，目前在我国职业教育中全面实施还不可能。但是，我们可以在校内建立仿真的职业活动情境，编写适合以活动课程形式为主的各类教材，同时将活动课程作为教学改革的一个方向加以倡导，并首先在有条件的高等职业学校中整体试行。

以活动为主的课程形式之所以应作为职业教育主要的教学模式，是因为这种教学模式有着其他两种模式无法替代的优势：

第一，需要学生有主动的认知意识，并在活动中不断提高自己的认知能力；第二，需要学生有独立的计划与实施的行为，并在活动中不断地将其优化；第三，需要学生有相应的知识、技能及其应用能力；第四，需要学生有良好的工作态度、与他人交往的技巧；第五，需要学生有较强的成就动机与实现动机的活动过程。在职业教育对培养目标的达成过程中，这些优势恰恰弥补了另两种模式的严重不足。因此，只有将这种活动课程模式与演绎、训练模式有机地结合起来，并以活动课程模式为主，职业教育的培养目标才能全面实现。

除了上面说的三点，职业教育人才培养目标体系得以实现，还有赖于职业教育的外部环境与政策的作用的充分发挥和内部管理与措施等内生力量的正常催生。

四、实现职业教育培养目标的外部环境与政策

职业教育在实现自己的人才培养目标体系时，要关注从外部国际经济环境的挑战、政府的主导作用、社会（企业、行业以及家长）对人才培养目标的期望和满意度，这些外部的压力作用于职业教育的人才培养活动，推动着职业教育的不断发展。

（一）职业教育人才培养面临新的挑战——经济科技全球化

经济科技全球化进程，要求职业教育面向世界，在全球化进程中实现角色定位。当代经济和科技的全球性竞争，把人才竞争推向全球舞台，从而把职业教育推向综合国力国际竞争的中心位置。在全球化进程中，各国经济和科技的相互依赖和相互促进，带动人才在全球范围流动和交流，势必要求职业教育用世界经济、科技、文化的最新成果培育人才，让各种人才具有全球视野，有能力走向世界，吸取人类文明的优秀成果，并能在全球竞争中赢得一席之地，为人类文明进步做出贡献。职业教育必须摆脱狭隘、封闭模式，主动参与经济科技全球化和文化多元化的进程，站在世界和时代的高度，造就能迎接未来挑战的新型人才。同时，知识化、信息化社会的发展，必将更新职业教育人才培养的目标和结构。知识经济、知识社会、信息社会，尤其是信息网络化的发展，必将改变人们的生产方式、工作方式、生活方式、人际交往方式，改变人的生存环境，对人的素质提出新的要求，职业教育人才培养目标必将随之而进行调整；科技革命带动知识更新的速度空前加快，一次性的学校教育将转变为终身教育，职业教育将在发展终身教育体系中扩展功能，因此也要求职业教育人才

培养目标在素质规格上必须将培养学生的知识自学能力、职业发展和转岗能力、职业综合素质等纳入自我体系之中。

(二) 政府对职业教育人才培养的导向作用

国家教育政策的导引，是职业院校发展的保证。在市场经济条件下，如何调动各办学主体积极性，政府则在其中起着决定性的作用，政府是办好职业教育的第一责任人。政府的导向作用表现在：统筹规划、协调职业教育的布局结构，避免资源的重复和浪费，积极引导职业教育走向市场，在市场竞争中提高发展能力；建立健全的法律法规体系是政府的主要调控手段与管理依据，保障高职教育健康发展。因此，应以《高等教育法》和《职业教育法》为基础和依据，重点办好骨干和示范性高等职业院校，建立和健全投入体制，加大政府资金投入，同时要扩大融资渠道，增加社会办学力量。同时政府通过制定一系列的优惠政策引导、扶持、规范高职教育的发展，如制定拨款政策、职教与普教衔接与沟通的职业教育体系；制定高职特色的教师职称评定；建立职业教育办学水平评估体系；制定职业资格认证书制度与劳动就业制度等。

为满足现代化建设对高层次职业人才的需要，近年来，国家和政府提出了大力发展职业教育的战略方针。1999 年，政府做出扩大高等教育招生规模的决定，并将招生计划增量部分多数用于发展高等职业教育；2002 年，《国务院关于大力推进职业教育改革与发展的决定》（以下简称《决定》），《决定》提出职业教育要"为经济结构调整和技术进步服务，为促进就业和再就业服务，为农业、农村和农民服务，为推进西部大开发服务"，这就是职业教育的发展目的。《决定》提出，"大力推行劳动预备制度，严格执行就业准入制度，完善学历证书、培训证书和职业资格证书制度"，这是职业教育的发展方向，是职业院校办学特色的战略选择，是指导我国 21 世纪初国家职业教育发展的政策指南；2003 年教育部决定实施"高等学校教学质量与教学改革工程"，建立五年一轮的教学评估制度；从 2004 年开始，将在全国范围内全面启动职业院校人才培养水平评估工作。2005 年 10 月 28 日，国务院发布了《国务院关于大力发展职业教育的决定》，明确了今后一个时期职业教育改革与发展的指导思想、目标任务和政策措施。

国家明确提出，坚持以就业为导向，深化职业教育教学改革，推进职业教育办学思想转变，推动职业院校更好地面向社会、面向市场办学；强化职业院校学生实践能力和职业技能的培养，切实加强学生的生产实习和社会实践；大力推行工学结合、校企合作的人才培养模式，逐步建立和完善半工半读制度；充分利用城市和东部地区优质职业教育资源和就业市场，进一步提高职业院校的办学水平。这样，政府通过政策的导向作用，积极引导着职业教育在人才培养工作上更为明确，更为具体。

（三）社会期望对职业教育人才培养的要求提升

职业教育要提高人才培养质量，实现人才培养目标体系，就必须把握好学校自身的定位和目标，以满足社会市场需求、求学者及家长的需要作为自己的发展理念。学校的人才培养目标制定要适应社会对人才多方面的需求。学校有专业教学计划（含人才培养目标与培养规格）制定的自主权，但学校制定专业人才培养目标必须满足来自社会多方面的要求，除了政府，其他例如社会企事业单位，人才培养对象——学生及其家长的要求、市场对各种人才的实际需求等，而且学校在制定人才培养目标时，对人才培养目标的价值取向要进行综合权衡。

现在中国正处在经济快速发展时期，企业需要大量各种各样的技术应用型人才，这要求学校必须密切关注人才市场变化、满足社会对人才多方面的需求。社会对职业教育的需求有其功利性，其满意的标准很大程度上在于职业教育提供的社会服务、终端产品、超前思想成果能否带给人们更大的收获。当企业实施 CS（Coustom Satisfaction）战略成效显著时，职业教育亦可借鉴这种模式。作为一项社会高级事业，通过自身高品质的服务，使求学者、用人单位、公众对学校毕业生的评测都能以"满意"二字来衡量，自身的发展在使社会满意之后也使自己满意，把社会满意当成是经营高等学校的目的和动力，在"满意"的良性循环中，追求职业教育更大的超越。

从市场需求的角度来说，在一个开放的竞争市场里不管是商品市场还是人才市场，当处在卖方市场时，可以用数量去抢占市场；当是买方市场时，靠的是质量、品牌、服务去赢得市场。当今的人才市场已由卖方市场转变为买方市场，与高等职业院校毕业生自 2000 年打破国家包办面向市场以来，用人单位从品牌、质量的角度来衡量毕业生，家长和学生的择校意识也大大增强了，高等职业院校要实现人才培养目标体系，培养高质量的优秀人才，才能在竞争中取得信誉、赢得市场，这要求高等职业院校必须重视市场规则，但又不能完全靠市场。中国急剧扩张的职业教育要求政府借鉴国际经验，重视市场规则，其责任不是仅给大学塞钱、追加投资，不是包办国民的未来，而是帮助国民为自己的未来投资。职业教育要以优质的教育服务、合理的专业结构设置，培养懂业务、有专长、熟悉国际规程、掌握信息技术、善于管理的复合型人才，实现自身和市场的"双赢"。

五、实现职业教育培养目标的内部管理与措施

职业教育人才培养的目标体系只是一个大致框架，一幅图景，而在框架之下应如何充实它的内容、图景之中如何填充其颜色，就得有具体的人才培养活动，否则目标体系就成了"空架子"。而人才培养活动，贯穿于整个高职的教育教学活动之中，可以说，教育教学活动的过程也就是人才培养的过程。因此，职业教育要使其人才培养目标得以实现，就得保障其教育教学活动顺畅进行。

(一) 实现职业教育培养目标需要具备有效内部管理

质量的生成基于有效的管理，在追求高质量的职业教育过程中，建立和完善职业教育质量保障体系与标准尤为重要，从招生、教学过程到毕业生就业，要实施全程质量管理和全员质量管理。要按各学校的培养目标及专业标准、行业标准，成立有法定地位的质量鉴定委员会（印度做法），通过全员质量意识的形成，建立岗位责任制，遵循科学管理程序，搞好教学过程的设计、执行、控制，使得各管理层次有明确的质量管理活动内容，层次间相互支持协助，运用多样化方法，把各个部门的力量集中起来，保证教学质量。

(二) 实现职业教育培养目标需要具备合理的专业设置

专业设置是学校教学工作主动、灵活地适应社会需求的关键环节，在一定程度上反映了学校对社会的服务方向。专业改革与建设关系到高等职业院校，服务于经济建设和社会发展的方向性和有效性，也关系到学校能否满足学生就业的需要，从而吸引到更广泛的生源以保持专业相对的稳定。

高职教育是为学生直接就业做准备的教育，学生毕业后立即要进入社会生产、管理、服务工作岗位。因而不能像普通高校的学科专业那样强调专业知识的完整性、系统性和逻辑性，它更强调的是职业岗位工作的针对性、适应性和应用性，属于"技术专业"，而不是"学科专业"。其专业方向具有较强的职业定向性和岗位针对性，培养的人才与一定地区的市场、职业相联系，以"市场需求"作为专业设置的基本准则，适时地调整专业设置和专业结构。

在市场经济条件下，人力资源日益"市场化"，职业院校也日益成为国家人

力资源开发的基本力量。职业院校的发展在很大程度上决定于其在人力资源开发方面的实力,在目前新形势下,社会职业岗位无论是数量还是内涵都处于高度的动态变化之中。这就要求职业教育在设置专业时,要紧跟市场需要,面向社会职业岗位,与社会发展保持相同的步调,又要考虑到学生对转岗或岗位内涵变化的适应性,为可持续发展做好准备。职业教育主要是为地方经济发展培养人才服务的,因此,在设置专业时要坚持立足地方,面向地方行业、服务地方行业的原则,做好职业岗位调查和人才市场需求预测,设置以满足地方经济发展需要为主的专业。值得注意的是,职业教育的专业调整也是动态变化的,这是由区域经济发展变化所决定的。职业院校在设置或调整专业时,应密切联系地方上的行业、企业,多征求他们的建议和意见,以保证专业的针对性和前瞻性。同时要从市场需求出发,依据人才培养目标和培养规格的要求,加强专业设置的应用性,挖掘出新的专业,建立适销对路的专业或专业群,横向上,拓宽专业口径,淡化专业界限;纵向上,延伸专业内涵,改革传统专业,扩大专业服务范围。我们欣喜地发现近几年一些高职的招生目录中,一个个鲜活的专业名称开始跃入人们的眼帘。例如网络营销、现代物流管理、电子商务、财务管理等,这些专业由于应用性强,在当今的人才市场上大受欢迎。

(三) 实现职业教育培养目标需要执行课程体系改革

建立体现职业教育特色的课程体系是实现职业教育人才培养目标的重要一环。我国职业教育长期以来受普通高等教育的影响,在人才培养的过程中,比较注重学生基础理论知识的培养。目前,职业院校课程多采用以文化课、专业基础课、专业课为主的"三段式"课程模式。这种传统的课程模式比较符合教学规律及师生习惯,可以使学生学到较扎实的理论知识,学科的系统性、完整性比较突出,但这种模式重理论、轻实践,忽视了学生动手能力和解决问题能力的培养。重基础固然重要,基础厚实,学生今后的发展空间就较大,但对于高职教育来说却未必适应。职业教育培养的是技术型、应用型人才,而不是学术型、工程型人才,他们毕业后不仅要与职业岗位"无缝"对接,而且还要适应变化无常的职业环境。显然,这种课程设置已经不能与我国经济发展的要求相适应。只注重基础是不够的,要把重基础转变宽基础。基础宽,则重心稳,惯性大,学生就更有发展潜力。所谓宽基础,是指课程内容不是针对某一职业,而是针对相关职业岗位和职业群所必需的知识和技能,着眼职业教育是定向于特定的职业,它的课程因此是为了适应特定区域、特定职业的需要而开发和实施，同时由知识本位转变为知识、能力素质全面协调发展。知识本位课程观主张，专业与课程设置注重知识的传承与创新、学术探索与研究学科的推进与发展。课程体系是以学科知识的内在逻辑顺序为唯一价值取向来组织教学内容的，这在无形之中造成了学科与学科、课程与课程之间的壁垒，不利于当今时代科学日趋综合交叉发展对人才的要求，也不利于学生个性张扬和全面发展。学生知识、能力、素质全面协调发展是指在建设课程时，不仅要把学生职业能力的培养贯穿于课程建设的始终，还要把学生个性特长的发展、人格的完善、素质的提升作为重要的参照系。这就要求高职教育的课程建设，一方面要准确地梳理并归类出各专业所需的职业能力，并以此为主线构建高职课程；另一方面又要注重学科知识的交叉、增加学校选修课程的比例和种类，实现科学知识与人文知识的交融，以促进学生的全面发展。

综观国内外职业教育课程模式，我们会感到其办学思想的相似之处在于以能力本位为基础、以提高职业能力为核心，这正是职业教育的特色，联合国教科文组织也曾提出教育的"四大支柱"：学会学习、学会做事、学会共处、学会发展。这已成为国际通用的标准。

当前，职业院校应用确立以职业能力和岗位目标要求为基础的课程体系设置。首先，通过职业岗位分析，确定职业岗位的特点、专业培养目标和培养方向，然后依据专业培养目标和培养方向，结合职业岗位的现实和社会需求，进行职业能力的分析与专门能力分解，确定课程设计的主体内容和层次定位，有针对性地设置课程。其次，突出以能力培养为主线构建课程体系，体现了职业教育高技能人才培养目标设计的思路和程序。一个专业培养方案可能涉及很多项课程单元和教学环节，而职业教育的高技能人才培养方案则应以实际应用能力为主线，以能力与课程的对应关系，将课程内容进行归类、整合、安排，形成能力脉络鲜明、清晰的课程体系，以真正有利于实际能力的培养。例如文理渗透，理工科的学生也安排一定量的人文和社会科学方面的必修课和选修课。

（四）实现职业教育培养目标需要建立实践教学体系

职业教育是高等教育的重要组成部分，既有高等教育的共性，又有自己的特性和特色。职业教育是培养高级实用型人才，因此在教学中只要求学生掌握必需、够用的基础和专业理论知识，更重要的是知识应用能力，即操作能力的培养，这就使实践教学是突出高职特色的关键。为了达到职业教育的人才培养目标，必须重构实践教学体系，把理论与实践、知识与能力有机地结合起来使实践教学始终贯穿教学的全部过程。在教学形式上，不仅要有一定的理论教学使学生掌握基本理论与基本知识，而且要有大量的实验、学习、设计等实践教学培养学生的综合职业能力。在实施教育参与对象上，既有学校的专职教师，又有校外兼职教师和实习单位的指导教师。在教学手段上实现现代化，计算机和多媒体技术的广泛应用，将迅速、高效地为高职教育教学提供各种所需信息，极大地提高教学效率和教学质量，建立具有职业定向的、体现知识、能力、素质相结合的实践教学体系。

（1）应根据人才培养目标确定实践教学在整个教学计划中所占的比例，减少基础理论课的讲授时间，把它限定在总课时的 20％以下，加大专业实践课的训练时间，使其达到总课时的 35％左右。

（2）在整个教学计划中，理论教学与实践教学分阶段交叉进行，增加实践教学的内容，在不同的学习阶段对实践教学提出不同的要求，使教学内容与职业岗位需要联系起来，突出实践能力的培养，适当降低理论教学的难度，减少理论教学的教学量。

（3）开设相应的能力培养课程，力图通过有效的引导和训练，使学生拥有基本的专业工作技能。

（4）在主要课程之后安排一次实践活动，使学生能够运用所学的知识，解决一个单一的问题。在每一个教学环节中，随时随地将理论与实践结合起来讲授，边学边练，教、学、练合一。

（5）增强教学方法和手段的实践性，积极改革教学方法，运用现代教学手段，采用案例教学法、启发式教学法、课堂讨论式教学法以及观摩模拟等现场教学法并与行业广泛的联系，建立一批供学生实践的教学基地，力求经过多渠道、多方面努力，建成基本技能、专业技能和技术应用能力训练有机结合的实践教学体系。

（五）实现职业教育培养目标过程中的办学模式创新

传统的办学思路，一直局限于就教育论教育，跳不出教育圈子去求发展。现在，一种全新的办学模式——产学合作教学模式的推行，实践证明：它是一种既能提高人才培养质量，又能为学校可持续发展带来活力的办学模式，主要表现在以下几个方面：

（1）学校与企业联合协作，实行"订单式"培养，明确了学习目的。产学合作办学模式培养的学生毕业后将被企业录用，企业对学生今后从业的知识、能力和素质有相应的要求，学生的学习目的明确。同时，学生在职业岗位实践中也感到了自身的差距，由此产生了压力和动力，学习更加勤奋。

（2）课堂教学与岗位实践相结合，提高了人才培养质量产学合作办学模式实行课堂教学与岗位实践相结合，特别是学生直接参与企业的生产实践过程，使他们在各方面得到了锻炼和提高。该模式培养的学生与普通班学生相比：掌握的理论知识扎实，实践技能过硬；敬业、有责任心、吃苦精神强，劳动态度好；自我管理、自我约束的能力强；口才表达、与人交往合作、应变能力强。

（3）教学与企业生产相结合，锻炼和培养了"双师型"教师。产学合作模式的基本特征是教学与企业生产相结合，它促使专业教师经常带学生深入企业第一线，也获得了更多与社会实际接触的机会，解决学生提出的问题，解决企业部门提出的问题，为企业进行技术服务和职工培训，使教师能及时了解专业技术发展的动态，掌握市场行情，提高专业操作能力和业务水平，从而锻炼和培养了一大批"双师型"教师。

（4）注重职业能力和职业素质培养，保证了职业教育可持续发展产学合作模式，注重了对学生职业能力和职业素质的培养，学生采取练中学、学中练、学练结合，这种模式在课程设置、教学内容、教学方式、考试办法上有重大突破，它体现了高职教育特色，培养出来的学生职业能力、整体素质高，深受行业、企业欢迎。同时也为毕业生就业提供了保障，得到了社会和家长的认可与支持。这样，可以吸收更多的生源，形成良性循环的办学机制，从而保证了高职教育可持续发展。

（六）实现职业教育培养目标需要注重师资队伍建设[①]

由于职业教育的教学活动最终要靠教师来实施，因而职业院校的教师在实现职业教育人才培养目标的活动中有着举足轻重的作用。职业教育的职业特性决定了其技能性，其主要任务是为生产、建设、服务、管理第一线输送高级技术应用型人才。这就决定了高职院校的教师与本科院校的教师是有着重要区别的，那就是"双师型"。

所谓"双师型"，其本质特点就是指能集理论水平和实践能力于一身的教师（群体）。换句话说，就是指他们不仅掌握了本专业较深的理论知识，同时又

---

① 黄亚妮. 高水平示范性高职院校建设与"双师型"师资队伍建设——以深圳职业技术学院为例[J]. 职教论坛，2006，（21）.

具备大学教师的任职资格，还具有丰富的实践工作经验和扎实的实践工作能力。即一方面，从整个队伍来说，既要有专职教师，又有兼职教师；既有来自高校的，又有来自企业的；既有侧重于专业理论教学的，也有侧重于专业技能教学的。从教师个体来说，主要是指教师的基本素质要求，即专业课教师既要有全面的专业理论知识，又要有较强的岗位实践经验，逐步向教师—工程师、教师—经济师等复合方向发展。即便是专门从事文化基础理论课教学的教师，也要走向社会，了解企业的生产、经营情况，尽量做到理论联系实际，加强教学的针对性。

开展产学合作的职业教育，建设"双师型"教师队伍以"产学"合作为导向来加强"双师型"教师队伍建设，是保证教育质量，实现培养目标，办出高职高专院校的特色，提高专业教师队伍整体素质的有效途径。在建设一支"双师型"专业教师队伍时，可采取以下五种做法：

（1）分期分批安排专业教师到企业进行专业实践训练，参加专业实践训练。

（2）通过加强实践教学环节提高教师的专业技能，加强实践性教学环节，体现以能力为重点，着力培养学生熟练的职业技能与综合职业能力、专业理论与实际、教学与生产有机结合的多元化能力。

（3）通过建设专业实验室、实训基地提高教师的技术开发能力，以提高各专业教师的专业知识和工程技术能力。

（4）鼓励教师面向企业，面向生产，直接参与技术开发、技术转化与技术改造。

（5）采取激励措施，促进"双师型"教师队伍的建设。

（七）实现职业教育培养目标的文化环境的建设

职业院校是培养高技能人才的阵地，构建和谐校园是构建和谐社会的重要组成部分，而构建和谐校园的核心是构建和谐的校园文化，其本质在于坚持以人为本，培养高技能人才，其主要任务是创设和优化校园文化环境，营造积极、健康、向上的校园文化氛围，搭建培育高技能人才的平台，拓展和谐校园文化在优化育人中潜移默化的德育功能，全面提高学生的综合文化素质，实现构建和谐校园的目标。

职业院校的校园文化同时也是一种特有的社区文化，它在培养人才上有着以下几个特殊的功能。首先是价值观的导向功能，它能使学生产生社会价值观念、精神文化、活动文化、审美价值、人生价值、人际交往、生活方式、行为方式等方面的导向。其次是示范与辐射功能。通过培养品学兼优学生，引导社会全面健康发展；通过向社会输送优秀技能型人才，推动社会进步；通过学术研究、文化传播、道德责任、精神风貌，对整个社会产生深远影响和广泛辐射。再次是凝聚功能。校园文化具有较大的凝聚力和向心力，可以激发师生的群体意识和主观能动性。在校园文化的作用下，使人们自觉凝聚在一起，为了共同的生存、发展和荣誉而共同努力。校园文化是引导学生、鼓舞学生、激励学生的一种内在动力，是凝聚人心、鼓舞斗志、催人奋进的一面旗帜，它对学生的思想政治、道德品质、行为规范产生深刻的影响，使他们的责任感、使命感、荣誉感、自豪感、成就感融为一体。

第五章
职业教育体系

职业教育体系是我国现代国民教育中的重要组成部分，建立和健全职业教育体系对发展我国经济，提高社会整体素质，促进人力资源开发和劳动就业都有重要而深远的历史意义。

第一节　构建我国职业教育体系的依据与原则

职业教育体系是国家全面推进职业教育，全面培养高素质劳动者的制度保障。它的建构必须依据基本国情、职业教育规律等依据，必须遵循被历史反复检验了的几个基本原则。

一、职业教育体系的内涵

体系是指若干互相关联的客观事物或作为客观事物反映的观念，在其发展过程中，逐步形成的一个有序的整体。任何一个领域的研究对象，无论是客观世界还是作为客观世界的反映的主观观念都有其自身的体系和结构。

教育体系是指互相联系的各种教育机构的整体或教育大系统中的各种教育要素的有序组合。职业教育体系是整个教育体系的重要组成部分，是在职业教育发展过程中，逐步形成的。广义地讲，职业教育体系包括职业教育的结构体系、人才预测体系、教育管理体系、师资培训体系、课程教材体系、教育科研体系等。狭义地讲，仅指各级各类职业教育的学制，即结构体系，它是职业教育体系的主要部分。

职业教育结构体系本身也是一个复杂的系统，主要包括：

（1）层次结构。指各级学校之间的比例构成。如初等、中等、高等职业教育之间的比例及它们的相互衔接。

（2）类别结构。指各级学校内部不同类别的比例构成。如中等职业教育中的中专、技校和职业中学之间的比例关系。

（3）专业结构。指专业设置类别之间的比例关系。

（4）布局结构。指各级各类学校的地区分布及其相互关系。

（5）办学结构。指国家办学、集体办学、个人办学、社会力量办学之间的比例关系。

我国《职业教育法》指出："国家根据不同地区的经济发展水平和教育普及程度，实施以初中后为重点的不同阶段的教育分流，建立、健全学校教育与职业培训并举，并以其他教育相互沟通、协调发展的职业教育体系。"构建科学、合理的职业教育结构体系，是职业教育发展与改革的主要任务。

二、构建职业教育体系的依据

现代社会中，职业教育是以一个完整的体系来为社会服务的。这个体系由各个具有不同功能而又分工合作的部分组成。随着社会发展，职教体系必须做出相应变革，否则就不能很好地实现自身功能。近年来，我国经济状况、科技水平、社会意识都有了较大变化，现有职教体系也出现了不少问题，如高职的学历层次问题、中专的发展前途问题、职教与普教的沟通问题等。因此，重新审视现有职教体系，构建与我国社会发展相适应的职教体系，已是当务之急。

（一）社会发展对人才需求是确立职业教育体系的现实根据

社会人才可分为学术型人才、工程型人才、技术型人才和技能型人才。学术型人才从事发展和研究自然或社会客观规律的工作；工程型人才从事为社会谋取直接利益的有关事物的设计、决策和规划工作；技术型人才与技能型人才是在生产一线或工作现场从事为社会谋取直接利益的工作，只有经过他们的努力才能使工程型人才的设计、决策和规划变换成物质形态（产品、工程）或者对社会产生具体作用。技术型人才和技能型人才的区别在于，前者主要应用智力技能来完成任务，而后者主要依靠操作技能来进行工作。社会的职技人才就是由这两类人才组成的。

这相互关联着的四类人才，对社会的运行和发展都是不可缺少的。事实证明，人类社会的发展总是与基础理论（不论是自然科学或社会科学）的突破紧密相连的。学术型人才的重要性是十分清楚的，没有工程型人才的设计、开拓和规划工作，也就不可能产生从宇宙飞船、电脑、空调到花园城市等五彩缤纷的大千世界，这个大千世界离开了技术型人才和技能型人才的劳动，也根本不可能实现。前两类人才的工作已得到了社会的普遍肯定，但后两类人才的作用尚未得到社会的充分认识。所以，在全面建设我国小康社会的进程中，对职技人才的培养应给予充分的重视。

职业技术人才承担着重要的社会功能，在社会人才结构中也占有较大比重。国际经济竞争的核心是技术创新的竞争，也是技术人才的竞争，我国是一个独立自主的大国，必须十分重视基础理论的研究与开发，充分认识职技人才与职技教育在促进经济腾飞和国力提升方面的关键作用。社会对人才需求，决定了我国职业教育必须有初等、中等、高等的，并且专业门类齐全、有与行业配套的体系和结构。

（二）国民经济结构是确定职业教育体系的客观依据

国民经济结构，指国民经济的各部门，社会再生产的各个方面的有机构成。其中包括所有制结构、产业结构、技术结构、劳动力结构、就业结构等。它们之间的互相联系及其各自内部的比例，构成了一定社会的经济结构。在社会领域的多种结构中，必将对社会总体结构中其他方面产生直接或间接的影响。教育必须为社会主义建设服务，因此，教育结构必须与经济结构相适应。职业教育体系与结构，也必然要与经济结构发展、变化相适应。

1. 职业教育体系和结构确定要与国民经济的所有制结构和劳动力结构相适应

目前，我国正处于社会主义初级阶段，国民经济所有制结构形成了公有制、全民所有制、集体所有制、个体所有制和合资企业等多种所有制并存的格局，它们之间比例随着社会和经济的发展不断发生变化，非公有制经济占有的比重呈上升趋势，国民经济结构的变化必然带来就业结构的变化。劳动就业结构的改变，要求职业教育体系和结构做出相应的调整。在办学理念、办学形式、专业设置和课程内容上，要适合社会主义市场经济—劳动力市场的需求。其基本对策就是发展多种类型的职业教育，培养多方面的敢于竞争、敢于创新，并能为多种所有制服务的创业者。

2. 职业教育体系和结构的确定要与产业结构的发展变化相适应

产业结构是按国民经济产业部门分类而形成的社会生产结构。它是国民经济总体结构中的重要内容。就产业结构而言，有一类、二类、三类产业之分，每一类产业又由各自不同门类的生产部门所组成。随着经济转型，我国一类、二类产业正逐渐向三类产业转移，第一产业部门就业人员比例逐年下降，而二、三类产业逐年增加。

产业结构的变化，是生产力发展的结果。产业结构的变化，必然迫使原来的劳动力转换部门，从而带来社会职业结构的变化。这就要求社会就业人员必须具备适应职业结构变化的专门知识和技能，即形成一定的职业能力结构。职业结构的复杂性，必然要求教育结构要多样化。国民经济各产业部门的劳动对象、劳动手段各有所不同，并处于不断变化之中，因此，要求劳动力的规格、数量也各有所异。基于上述，可以看出，必须加强对产业结构发展变化趋势的预测，并以此为契机，构建相应的职业教育体系和结构。

3. 职业教育体系和结构的确定要与国民经济技术结构的发展变化相适应

技术结构，指劳动者在生产过程中运用的技术装备及其产品的技术状况所表现出的比例关系。技术水平的层次，通常是以产品的技术含量为标志的。

目前，我国正处于工业化中期，现有的国民经济各部门的技术构成差异性比较大。既装备有自动化水平比较高的企业，也有处于机械化、半机械化装备状态的企业。随着科学技术的发展，生产设备和生产工具将会日益更新，以劳动密集型为主的生产活动，逐渐被技术密集型的生产活动所代替。

机器设备并能径自进行产品生产与加工，需要有掌握一定技术的劳动者来操作，是"活劳动"推动的结果。社会主义现代化的发展，技术生产装备的进步，必然对劳动者素质要求越来越高。职业教育体系和结构，必须以经济结构中不断变化的技术结构为依据。

(三) 终身教育思想是构建职业教育体系的主要依据

终身教育认为不能将教育限制在人生的某一时期，而应将之贯穿于人的全部生涯。因此，职业教育的目标不能如传统职教观那样单纯针对职业岗位，而应顾及人的职业生涯。终身教育是一种不断适应科技发展的教育，是培养创新能力的教育。它使社会成员能不断适应科技进步带来的变化，又使他们获得创新能力，从而促进生产变革和社会进步。这一教育要求比传统职教的要求要高得多。因此，对一些基本教育要素作进一步研究，是十分必要的。如基础理论知识和普通文化课的作用；社会能力与创新能力的形成；学术性学习与职业性学习的整合；理论学习与实践学习的整合等。

现在社会职业世界变化十分迅速，社会成员要跟上这种发展，就要不断学习，终身学习。终身教育由学历教育与非学历教育组成。对每个人来说，前者集中个人生活的早期，而后者则贯穿于走向工作后的各个阶段，而且与个人生计紧密相连。所以，从终身教育看，非学历教育已不再是学历教育的补充教育，而是使个人能不断跟上社会步伐、持续取得成就的十分重要的教育。

终身教育是社会向学习者提供各种学习机会，学习者能否利用这些机会，必须通过入学渠道来体现。当前，入学考试是唯一渠道，对终身教育来说是远远不够的，我们应该开辟多种渠道。职教的功能至今仍然是以就业为主，升学为辅，这就为合理衔接带来了困难。因此，建立合理的衔接机制是实现终身教育的关键。终身教育不仅要求职教内部自我衔接，还要求在职教与普教间实现沟通。我国至今对此尚未有明确规定，所以应及早建立适合国情的较完善的沟通方式。

（四）职业教育自身发展的要求是构建职业教育体系的内在依据

科学技术日新月异、新技术、新知识、新工艺、新方法等层出不穷，职业学校学生在校学习的知识和技能在不断增多和快速更新，但学校不可能将人类的全部知识和技能教给学生，学生仅靠知识量的增加和技能的增加也不能很好地适应社会和生产。因此，职业教育应由过去的终结性教育转变为形成性教育，在为学习者掌握职业知识、技能的同时，还应为他们今后进一步接受终身教育奠定各方面的素质基础。

职业教育体系的构建要充分考虑到与从业者的职业生涯相适应的教育阶段和教育形式。职业教育阶段应包括普通教育中的职业入门教育、职业教育准备教育和职业继续教育；职业教育形式既要有学校形式的职业教育，也要有社会化的职业培训，既要有正规的职业教育，也要有非正规、非正式的职业教育。

职业教育受到受教育者身心发展水平、师资队伍、办学条件、课程体系、教学内容等因素的制约，同时职业教育与教育系统中的其他子系统存在有机的联系。因此，职业教育体系必须符合教育自身规律。

（五）世界职业教育的发展趋势是构建职业教育体系的参考依据

世界职业教育体系发展趋势总的来说，一是表现为职业教育的各个层次以及他们与普通教育之间相互沟通和衔接，形成了"职业教育—就业—继续教育—更高层次的再就业"这种良好的循环机制，形成了纵横交错而又畅通的有机网络。特别是普通高等教育为接受职业教育的人提供了良好的深造机会和条件。二是职业教育又具有相对独立和相对完整的结构体系、管理机制和评价标准，它的师资、课程标准、教材以及教学方法等，都有自己的鲜明特色，不同于普通教育，形成了职前、职后相互衔接，初等职业教育、中等职业教育和高等职业教育相互衔接的体系。这些对构建我国职业教育体系有很大的参考价值。

三、构建中国特色的现代职业教育体系的基本原则

构建中国特色的现代职业教育体系需要遵行的主要原则有以下几个：

(一) 以科学发展观为指导，走有中国特色职业教育发展之路

党的十六届三中全会提出"坚持以人为本，树立全面、协调、可持续的发展观"。这种发展观具有系统而丰富的内涵。坚持以人为本，是科学发展观的核心内容；促进全面发展，是科学发展观的重要目的；保持协调发展，是科学发展观的基本原则；实现可持续发展，是科学发展观的根本体现。科学发展观是我们建设现代职业教育体系的重要指导思想，也是推动教育健康、快速、协调发展必须遵循的基本原则。

职业教育是整个社会大系统中的一个子系统，是整个教育体系的重要组成部分，现代职业教育体系的建立要求在职业教育的发展过程中，要做到职业教育与社会其他系统如经济、文化、政治和技术等的协调发展，要做到职业教育与整个教育体系内其他教育类型如普通教育、高等教育和成人教育等子系统的协调发展；在职业教育内部，也要做到初、中、高等不同层次的职业教育之间、职业教育的不同专业之间以及学校职业教育与职业培训之间的协调发展，统筹城乡、区域职业教育的协调发展，构建具有中国特色的现代职业教育体系。

建立与逐步完善现代职业教育体系，必须实现职业教育的可持续发展。职业教育要培养具有可持续发展能力的人才，为经济社会的发展提供智力支持，实现自身的可持续发展，即保持职业教育体系自身的持续发展的生机和活力。

(二) 立足国情，强化"中国主体意识"

现代职业教育体系的建设应以邓小平同志提出的"整个教育事业必须同国民经济发展相适应"为指导思想，立足中国基本国情，从中国实际出发，建设有中国特色的现代职业教育体系，更好地服务于现代化建设、服务于人民。职

业教育体系的建立须从各国的实际社会条件及社会需要出发，结合现阶段的社会需要来确定。我们的基本国情之一，是在经济比较落后的条件下办大教育。我国是一个人口资源大国，但还不是人力资源强国，我们必须立足于这个实际，符合中国国情，适应我国未来几十年走新型工业化道路、全面推进现代化进程中的各时代特征的现代职业教育体系，使职业教育适应社会主义市场经济发展和社会全面进步的要求。

建设有中国特色的职业教育体系要求我们增强"中国主体意识"，要运用中国自己的理论和逻辑来分析中国的问题，即按照中国特色社会主义和逻辑来解释中国的职业教育体系发展问题。我们承认西方是现代职业教育的发源地，在长期的发展中形成了一套相对成熟的理论和有效的经验，其中不少也反映了职业教育发展的一般规律，是值得我们借鉴和认真把握的。但是，西方的那一套理论和做法并不完全适应中国的实际情况，更不是解决中国职业教育问题的"灵丹妙药"。过去，中国的教育界是从学习西方开始的，西方的一些教育理论和教育观对我们产生过很大的影响。但是，多年的实践告诉我们，要解决中国职业教育的问题必须按中国的国情来办。

（三）与时俱进，满足社会科技飞速发展的需求

当今世界，科学技术日新月异，综合国力竞争日趋激烈，这种形势对劳动者知识技能的要求不断提高。社会需要职业教育培养出一大批符合社会主义政治方向的，掌握现代化科学技术的，适应社会主义市场经济和改革开放要求的，在生产、经营、服务、管理一线工作的工人、农民和其他从业人员。职业教育是教育事业中与经济社会发展联系最直接、最密切的部分，是为适应某种职业需要而进行的专门知识、技能和职业道德教育，使受教育者成为社会所需要的应用人才。建立现代职业教育体系是一项任重而道远的宏大工程，因此，现代职业教育体系的建立必须与日俱进，满足社会科技飞速发展的需要，与全面建设小康社会相适应，与完善的社会主义市场经济体制和更具活力、更加开放的经济体系相匹配，努力满足经济和社会的发展，加快推进现代化的进程。

（四）以人为本，实现人人享有受职业教育的权利

职业教育应该是面向大众的教育，使更多的人能够找到适合于自己学习和发展的空间，从而使"教育事业关注人人"成为可能。职业教育以培养数以亿计的高素质劳动者和数以千万计的高技能专门人才为社会主义现代化建设服务

为宗旨。黄炎培先生曾经指出："办职业教育，须下决心为大多数平民谋幸福"职业教育要"面向人人"，以人民的愿望为第一愿望，以人民的需要为第一需要，以人民的利益为第一利益，使更多的人能够找到适合于自己学习和发展的空间，实现"人人享有受教育"的权利。人们的职业发展处于动态的变化过程之中，它包括对职业的认识、准备、确立、再准备、专业等不断追求完善的诸阶段。现代职业教育体系，需根据科学发展观的要求，努力构建社会主义和谐社会大背景下的教育事业，以人为本，使人人享有受教育的基本权利，满足人们对职业的追求，实现人的全面发展。因此，在现代职业教育体系的建设中，以人为本，将终身教育思想纳入职业教育体系，使所有人在一生工作的各个时期都能与继续教育有效衔接，实现工作与学习的相互交替，为所有人提供各种不同的成才道路，尽可能满足所有人不同的业余学习爱好和学习需要。

第二节 我国职业教育体系的基本结构和构建要求

我国职业教育结构，经过多年来改革与发展，已经成为一个庞大复杂的系统。初步建立起了多层次、多渠道、多种类、涵盖初等、中等至高等职业教育，具有中国特色的现代职业教育体系。

一、基本结构体系

我国职业教育体系包括职业教育系统，职业培训系统。如图 5-1 所示。

二、职业教育系统

职业教育系统属于学历教育，主要由各级各类职业学校组成。

（一）普通职业教育系统

职业学校教育是学历性的职业教育，分为初等、中等、高等职业学校教育。如图 5-2 所示。

1. 初等职业学校教育

初等职业学校教育是在完成小学教育的基础上实行的职业学校教育。我国义务教育法规定，国家实行九年制义务教育，这是提高国民素质和整个民族文化素质的要求，各级政府应当保证九年制义务教育的实行。目前，我国绝大多

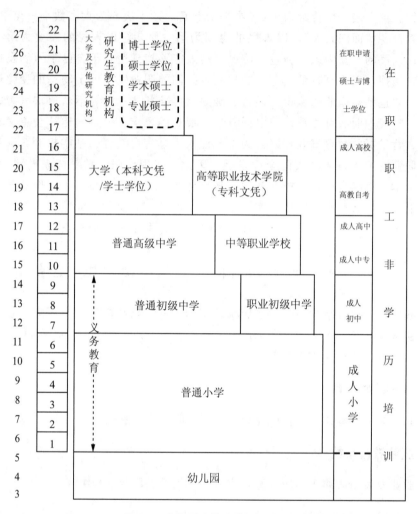

图 5-1 中国职业教育体系示意图

数地区能够实现九年制义务教育，但是在一些老、少、边、穷地区，实行九年制义务教育有一定困难，因此，在完成小学教育以后，可以通过举办初等职业中学，进行职业学校教育，为当地培养实用人才。

2. 中等职业学校教育

中等职业学校教育是在完成初中教育的基础上实行的职业学校教育。中等职业学校教育的形式有职业高中、技工学校、中专等。

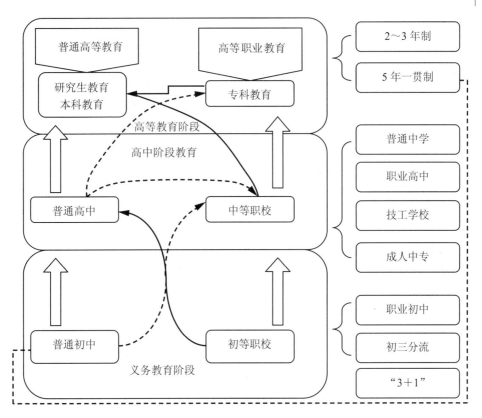

图 5-2　中国教育系统中的职业学校教育体系

3. 高等职业学校教育

高等职业学校教育是在完成高中教育基础上实行的职业学校教育。目前，我国高等职业学校教育处在发展阶段，与当前经济的发展对高层次职业技术人才的需求还有一定的差距。我国当前的产业结构是劳动密集型和高科技知识密集型并存，既需要大量熟练的技术工人、技术人员，也需要高级技术人才。而且，在从劳动密集型向技术知识密集型转化的今天，社会对劳动力层次的需求也越来越高，因此，发展高等职业教育，培训高级技术人才，是目前职业教育的当务之急。

（二）成人职业教育系统

我国成人职业学校教育制度，包括成人高等职业教育学校教育、成人中等职业学校教育、初级技术学校教育。

1. 成人高等职业学校教育

包括函授大学、夜大学、电视大学、职业大学、网络学院、干部学院等高等自学考试等多种形式。现阶段基本上是本科与专科，招收高中或中专毕业的在职管理干部、技术干部和知识青年，分全日制和业余学习两种，全日制学制为2～3年，业余学习3～4年，经考试合格发给本科、专科毕业证书，这类学校大多附设或依托普通高等职业学校。

2. 成人中等职业学校

成人中等职业学校包括职工中专、干部学校、县级职业教育中心、广播电视学校及各地分校函授中专等。这类学校一般招收具有初中毕业文化程度的社会人员，学制一般为1～3年，毕业时经考试合格发给中专毕业证。

3. 初级技术学校

初级技术学校包括乡镇农民技术学校、职工业余文化技术学校以及各种技术推广、上岗前或再就业培训等。主要招收小学文化以上的社会人员，学制比较灵活，强调实用，培训结束后发给有关证书，对于扫除青壮年文盲，提高他们的从业能力具有重要的作用。

(三) 职业培训系统

职业培训是按照职业或劳动岗位对劳动者的要求，以开发和提高劳动者的职业技能为目的的教育和训练活动。是非学历性的短期职业教育。职业培训的形式多种多样，目前，我国的职业培训包括从业前培训、转业培训、学徒培训、在岗培训、转岗培训及其他职业性培训。可以根据实际情况，将职业培训分为初级、中级、高级职业培训。

此外，我国普通中小学在进行文化基础知识教育的同时，适当引入职业教育的内容，对学生进行职业指导和开设有关职业课程，使学生获得初步的职业知识和职业技能。

三、构建职业教育体系的基本要求

从当前我国职业教育的现状和今后发展的要求来看，构建职业教育体系和结构应考虑以下几点基本要求。

(一) 职业教育体系和结构要与基础教育、高等教育和成人教育协调发展

在教育系统中，不同的教育其性质和任务都不一样。基础教育是各种教育的基础，是国民素质的基础。它的主要任务是在政治方向、思想品德、文化素养、基本能力和健康体魄等方面为将来的社会劳动者奠定基础。普通高等教育的主要任务是培养从事基础科学、工程技术科学、人文科学、应用科学等方面的研制、开发以及管理的专门人才。成人教育现阶段的主要任务是职业教育中研修提高和转换职业教育的部分。职业教育的主要任务是在基础教育的基础上，为社会各行各业培养直接从事生产或管理实践活动的专门技术人才和劳动者。它培养出来的人才，在整个专门技术人才队伍中所占的比例最大，类型和层次也最多，对社会生产力的提高，社会的全面进步有着较大的影响。职业教育体系与基础教育、普通高等教育、成人教育都是教育整体中相互衔接的有机组成部分，只是各自的地位和作用不同。因此，各类教育之间只有协调发展，才能理顺纵向、横向诸方面的关系，创造出整个教育事业适应社会主义建设事业需要的、生机勃勃的局面。

(二) 职业教育体系和结构要与专门技术人才需求结构相适应

社会经济的发展不但需要数量足够、质量合格的专门技术人才，而且队伍的结构必须合理，才能保证社会生产经营活动正常运行，取得理想的效益。人才结构，主要是指人才类型和层次的结构。职业教育是培养人才的阵地，它的体系和结构必须与专门技术人才的需求结构相适应。

人才结构随着社会生产力的提高，逐步向多类方向变化。工业生产促使制造业的人才结构从单一的手工业工人演变成技术工人和工程师两大类，进而又发展出介乎技术工人与工程师之间的技术员类型的人才。而在比例结构上，技术员要几倍于工程师，技术工人要几倍于技术员，生产经营才能正常地、高效地运行。随着社会分工的发展和科学技术的进步，各种类型的专门人才，又逐步形成从低级到高级的多层次化的序列，如技术员这一类型人才已有初级技术员、高级技术员乃至工艺师之分；技术工人有初级、中级、高级技术工人乃至技师之别。不同类型、不同层次的专门技术人才要由不同类型、不同层次的职业教育培养，因而也必然成为与之相适应的职业教育体系与结构。

（三）职业教育体系和结构的内部层次要依据专业知识与技能的培养规格来划分

职业教育的层次，主要应以培养各类专业技术人才的专业知识与技能水平的规格来划分。文化知识只是接受专业知识和技能的基础，如果完全按照普通教育所要求的基础文化来要求职业教育，并据此划分层次，就会抹煞职业教育的特点。按照文化基础与专业知识、技能相结合的原则，各层次的职业教育可以划分为：高等职业教育、中等职业教育、初等职业教育。

（四）职业教育体系和结构，应把职前教育和职后教育结合起来组成一体

构建职业教育体系和结构的根本目的，在于不断提高劳动者素质。随着科学技术的飞速发展和人才合理流动的需要，劳动者需要不断扩大、提高、更新自己的知识和技能。有些就业者因转换职业，也需要重新学习，这是社会发展的必然。那种把人简单分为年轻时学习、成年后工作，而只看重职前教育的观点已经落后于时代了，需要建立起终身教育的观念。

职前的职业教育，本质上是对新增劳动力就业前的准备教育，这远非人力开发的终结。职后的职业教育是对劳动者的再教育，是职前职业教育的发展和继续。二者紧密相连，不存在不可逾越的鸿沟。因此，在构建职业教育体系和结构时，必须把职前和职后教育结合起来，组成一个相联系的整体。

（五）职业教育体系和结构，应含正规的学校教育和非正规的培训，并使二者相互贯通

各层次的职业技术学校教育是构成职业教育体系和结构的骨干。受教育者在学校里要学习较系统的基础知识、专业理论和技能，取得一定学历资格或专业技术等级，学习年限较长。职业技术培训主要是针对为掌握某一方面专业知识或技能而进行的教育，一般不要求系统学习基础知识和专业理论，不以取得学历资格为目的。通常以短期学习为主，目的要求多样，形式不拘一格。

各种非正规的职业技术培训之所以重要，这是因为社会对各种专门人才的需求，不可能仅靠正规的职业教育来满足。一方面有许多职业岗位并不需要经过系统的职业教育，只需要通过一定的短期培训就可达到从业的要求；另一方面大量已就业者的提高、扩大、更新他们的知识与技能，是以岗位的需要为出发点，只有多种多样的培训才能适应多种多样的要求。因此，培训是职业教育体系与结构中的重要组成部分，历来受到国家的重视。

无论是学校教育还是培训既可以是职前的职业教育，也可以是职后的职业教育，二者并无严格的界限。把职前和职后、学校教育和培训纳入职业教育体系和结构中，统筹协调，才能使职业教育体系和结构产生应有的活力。

第三节　我国职业教育体系发展趋势

在现代社会，职业教育是以一个完整的体系来为社会服务的。这个体系是由具有不同功能而又分工合作的部分组成。随着经济的发展、科技和社会的进步，职业教育体系必须做出相应变革，否则就不能很好地实现自身服务经济和社会的功能。进入 21 世纪，我国经济、科技、社会环境都有了较大变化，现有职业教育体系难以适应新的社会发展环境的需求。因此，必须重新审视现有职业教育体系，构建与我国社会发展相适应的职业教育体系。2005 年《国务院关于大力发展职业教育的决定》中明确指出，要"进一步建立和完善适应社会主义市场经济体制，满足人民群众终身学习需要，与市场需求和劳动就业紧密结合，校企合作、工学结合，结构合理、形式多样，灵活开放、自主发展，有中国特色的现代职业教育体系。"

构建和优化我国职业教育体系的基本目标是建立一个层次分明、结构合理、行业配套、上下贯通、左右相联、统筹规划、协调发展，能主动适应经济社会发展对人才结构需求的现代职业教育体系。

一、我国职业教育体系的发展趋向

职业教育是与社会经济发展最为紧密的一种教育类型，随着经济与社会的发展，职业教育体系将会出现新的发展趋势，主要体现出开放化、多样化、终身化、规范化和人本化等特点。

（一）开放化

作为与社会经济发展紧密联系的现代职业教育体系，其本质应是开放的。也就是说职业教育应面向全社会开放，使广大民众人人有学上，时时处处能学习，使社会成为不只提供定时制的成人教育，而且以学习、成就、人格形成为目的而成功地实现着价值的转换，以便实现一切制度所追求的目标的社会。这是建立开放式职业教育体系重要目的所在，也是未来职业教育发展努力和追求的目标。

职业教育体系的开放性主要体现在学生来源和去向的开放、师资队伍的开放、教育设施的开放、办学主体的开放等。依靠这种开放可以实现对职业教育资源充分合理的配置与应用,做到资源互补,优势互补,使职业教育资源得到整体优化并产生最大的教育效益。

(二) 多样化

职业教育本质上就是满足所有人的教育,它应根据每个人的不同情况,使人们都能得到合适的职业教育,都能获得成功。世界职业教育发展历史表明,单一化的职业教育,既无法满足社会的多样化要求,也无法满足学习者多样化的个性要求,我国职业教育的区域性同样决定了职业体系必须多样化,应当允许不同区域根据自身社会经济特点,选择不同的职业教育办学模式、管理模式、课程模式和教学模式,形成多元并存、多元互补、多元整合的局面。职业教育培养目标的不同,专业门类的繁多,以及教育水平的不平衡,学生来源的多渠道,都要求职业教育的办学模式和学制年限必须灵活多样。职业教育体系必须是一个在目标、内容、形式、层次等方面提供多种选择,满足多种学习和发展需要的教育体系。

(三) 终身化

工业化的本质决定了劳动的变换、职业的变动和从业者的全面流动。作为现代经济社会的客观发展趋势,就业者的岗位变换将不是简单的劳动工种的转换,全面及时的职业教育和职业培训将伴随始终。作为人力资源开发,不断使人力资源增值的职业教育,必须构建与人们的终身教育相适应,能够满足人们终身学习和教育享受需要的职业教育体系。通过职业教育与培训使劳动者由无序流动转向有序流动,促进每一位劳动者寻找到人生的最佳位置。

(四) 规范化

职业教育体系是一个有机联系的整体,为了更好地管理和发展职业教育,促进不同层次、不同类型的学校职业教育之间相互衔接和沟通,需要对不同层次和类型的职业教育的内容、层次进行一定的规范。为使相同学历、文凭、证书等具有同等的价值,需要对各种职业教育提出基本的要求。国际职业教育比较显示,科学划分职业教育的类型、层次等也是职业教育结构合理化的重要依据,也为我国职业教育体系融入世界职业教育体系奠定基础。国家职业教育主管部门出台的关于中等和高等职业教育的专业设置要求、课程标准等就是要使职业教育规范化。

(五) 人本化

1999 年世界技术和职业教育大会上提出了"全民的技术和职业教育"的口号，指出职业教育应面向所有的人，面向各类人群，强调接受职业教育是基本人权。我国职业教育必须坚持"以人为本"的理念，在坚持强调人的全面发展的同时，积极促进人的自由发展和可持续发展，并落实到职业教育的所有方面。需要说明的是，强调以人为本，并非否定职业教育以能力为基础、以就业为导向的职业教育特征，而是为了能及时跟上国际职业教育发展的潮流，为学习者适应科技发展和资本流动的经济全球化的要求，以及学习者可持续发展的需要。

二、我国职业教育体系完善

职业教育体系建设与完善是一个长期过程。目前，我国已经初步建立起有中国特色的职业教育体系，但是离社会发展的要求还有一定的距离，仍需要不断加强和完善。

(一) 构建符合中国国情的现代职业教育体系，创新职业教育管理体制和机制

我国职业教育体系经过起步、发展、调整、改革等，已经初步形成了具有中国特色的职业教育体系。但是随着我国社会经济的发展，借鉴国际先进职业教育发展的经验，今后要形成以政府引导，市场调节为主，行业、企业和社会力量积极参与办学的职业教育体系和体制，构建结构合理、灵活开放、特色鲜明、自主发展的现代职业教育新体系。职业教育结构体系的建立与完善，政府部门主要起宏观引导的作用，主要由市场调节其体系结构变化，充分发挥市场在职业教育结构调整中的资源配置作用，建立以社会发展需求为导向的职业教育结构运行和调节机制。

职业教育作为现代教育的重要组成部分，政府对其应实施统一的宏观管理，管理职能应归于教育行政部门，改变职业教育和职业培训多头管理的局面，这样才有利于我国现代职业教育体系的形成以及职业教育协调、稳步发展。

各级各类职业教育机构要合理定位。职业教育办学机构要加强对人才市场需求的调研，面向市场的需求开设和调整专业，加快办学体制和办学形式的改革；要按行业和区域技术进步的要求，调整职业教育的专业和层次结构，切实

加强行业、地区急需紧缺职业人才的培养，找到自身在市场中的合适位置。

（二）加强职业教育与其他类型教育，以及职业教育内部不同层次、不同形式教育之间的沟通，建立四通八达的教育"立交桥"

世界各国都在着力调整普通教育与职业教育的关系，彻底打破普教与职教两个体系的封闭状态，运用倾斜性政策支持职业教育与普通教育的互通。其特点是"普通教育职业化，职业教育普通化"。其沟通和衔接的途径主要包括以下几个方面：其一，建立多样化的中等教育结构。根据经济、社会发展的需要，大力发展中等职业学校，增加综合高中和职业高中数量，使普通学校和职业学校以及两类学生保持一个合理的比例关系。其二，职业教育的作用和特色，决定了它不可能只是单一的低层次教育，而应是多层次、复合型教育。在职业教育系统内，不应该只有高中阶段和专科两个层次，还应该有高职本科，应用性硕士、博士等各种层次。除学历教育外，还应该有非学历的在职培训、转岗培训和继续教育，这些办学层次和办学形式之间不是孤立、割裂的，而应该是互相连接，上下贯通的统一整体。

职业教育构建一个合理的，灵活的、开放的、充满生机的教育体系，使高等职业教育和中等职业教育不再是"终结"教育，让接受这类教育的毕业生有极为畅通的渠道，既可以就业，又可以继续进入本科，硕士、博士层次深造。

（三）加快农村现代职业教育体系建设

开发农村人力资源，建设社会主义新农村，将为职业教育发展提出挑战和创造机遇。对于农村特别是偏远地区的农村职业教育体系建设，各级政府和教育行政部门要加大扶持力度。

需要指出的是，必须从农村经济社会发展特点、发展现状和发展需要出发，建立一个既有别于传统职业教育体系，又有别于城市职业教育体系，符合农村人力资源开发和终身教育体系形成及学习化社会构建需要的现代农村职业教育体系；必须建立以发展农村职业教育（培训）为主体的新型农村教育结构，打破沿用城市教育模式和人力资源开发模式的教育结构；基础教育也必须广泛渗透职业教育因素，以提高农村人力资源整体素质。

（四）职业教育与职业培训并举、交融，职业学校与企业紧密合作

加强职业教育结构体系与就业结构之间的有机联系，切实加强职业培训，实行学历证书与职业资格证书并重的制度。要按照市场经济发展的需要，逐步建立起由政府、行会和企业扶持的专业培训机构、职业学校，以及民间投资以盈利为目的的专业化培训机构，共同组成多元化培训机构体系，使其发挥各自优势，实现功能互补，建立在岗和转岗人员多形式教育服务的社区就业能力培训体系。

（五）加强与职业教育相关的其他体系的建立

健全与职业教育相关的法律体系、教育法规、劳动法规等。职业教育相关的法律体系现代化，是现代职业教育体系建立的制度保证；建立人才需求预测体系，以社会劳动资源调查为前提的社会劳动力和各类人才需求预测体系，是职业教育系统工程中的一项基础工程；还要建立分层的、以劳动力市场为平台的人力资源评估与监管体系。完善职业教育经费筹措体系，放宽政策，多渠道吸引职业教育投资。职业教育师资培养的途径要进一步拓宽，要建立一支以专为主、专兼结合、行业配套、数量足够的高水平"双师型"师资队伍，这是现代职业教育体系建立的关键问题。

第六章
职业院校专业设置

专业设置是人才培养的重要环节，是职业教育服务地方经济的重要接口。依据职业教育的办学特点和规律，按照特定的步骤，把握正确的原则，选择恰当的方法进行职业教育的专业设置与调整，有助于提高职业院校自身办学水平，使其更好地为经济社会发展服务。

第一节　专业设置概述

专业设置是职业院校区别于普通院校的主要标志，是职业教育组织构成的显著特点。专业设置关系到职业院校办学能否坚持为经济建设服务的方向性和有效性，关系到能否适应学生择业需要，广泛吸引生源，保持专业相对的稳定性。

一、专业、职业与专业设置

专业与社会职业紧密相连，专业设置必须依据社会需求加以确定。

（一）专业

专业是指学校按照社会职业分工、学科分类、科学技术和文化发展以及经济建设与社会发展的需要，分成的学业门类。大体相当于《国际教育标准分类》的课程计划（Programme）或美国高等学校的主修（Major）课程。

专业既是学校制定培养目标、教学计划，进行招生、教学、毕业生就业等各项工作，以及为社会培养、输送各类人才的依据，也是学生学习方向、学习内容，进而形成自己在某一专门领域的特长，为将来职业活动做准备的依据。

（二）专业设置

专业设置是指高等学校和职业院校专业的设立与调整。所谓"设立"，是指专业的新建与开设；所谓"调整"，是指专业的变更或取消。

（三）专业与职业

职业是指在业人员为获取主要生活来源所从事的社会工作类别。由三个要素组成：一是劳动；二是固定的报酬或正当收入；三是要承担一定的职责并得到社会的承认。

职业学校的专业主要是按照职业分工与职业岗位群对专门人才的要求而设置的，虽然它不等同于职业，即它并不是与社会职业——对应，但又与社会职业有着非常紧密的联系。这种联系主要体现在四个方面：一是专业划分的基础为一组具有一致性的相关职业的职业能力，包括基础理论知识和技术应用能力等；二是专业培养的目标依据达到具有一致性的相关职业的职业能力与工作资格；三是专业教学过程的实施与相关的职业劳动过程、职业工作环境和职业活动空间具有一致性；四是学生对专业的选择与他们对将来从事的职业社会地位和社会价值判断一致。

二、专业发展历程和专业目录

专业及其专业目录都经历了特定的历史发展，与社会职业相对应，逐渐形成国家规范性的专业目录文本。

（一）专业发展的历程

早在东汉时期，汉灵帝设立了与太学并立的鸿都门学（专习文学、艺术），南北朝宋文帝开设了四学馆（儒学馆、玄学馆、文学馆、史学馆），到隋唐时期所设的律学、书学、算学、医学等，就有些类似于后来的单科专门学院和西欧中世纪大学设置的文、法、神、医等学院，可以认为是按专业进行教学的萌芽。中国的高等教育和职业教育在1949年以前是不设专业的。当时所设的系、科在专门领域的划分上虽与后来的专业有类似的性质，但其对社会需求的适应性却要广泛得多，直到1952年才广泛设置专业。20世纪60年代初，由于专业种类迅速增长，国家计委和教育部修订了《高等学校专业目录》，共列专业432种。改革开放以后，为了适应经济发展的需要，国家教育委员会于1986年又一次修订了《高等学校专业目录》，其中分为11个科类，651个专业。1993年国家教委重新颁布了《普通高等学校专业目录》，专业数量由原来的651个减至504个。1998年再一次进行了修订，专业数量减少到249个，削减幅度超过了

50％，其中工科专业由原来的 151 个减少为 63 个，现有专业由原来的 55 个减少到 40 多个；文科专业由原来的 200 多个减少了 40％以上，经济类专业由原来的 31 个减去了一半左右。

中等职业教育中的中专学校是学习前苏联的结果，所以 20 世纪 50 年代初就开始设置专业。技工学校不是按专业设置，而只按工种设置，如设置车、钳、铆、电、焊等工种，近些年来也改称为专业。职业高中是 20 世纪 70 年代末兴办起来的，普遍都设置专业。

高等教育的专业主要依据学科分类、社会发展和工作领域而划分，侧重于学术性，且趋向于按原定计划专业层面，向综合性发展；职业院校的专业主要是按照职业岗位群与技术领域对专业人才的要求而设置，强调职业性，注重综合职业能力和培养，同时也注意基础性和就业的适应性。20 世纪 80 年代初，由于经济和社会发展而促成的职业大学的兴起，突出强调了这类学校的地方性特征，因此其专业设置的指导思想一直是强调为地方经济建设服务，满足社会需要，体现职业特点。但在实际运行中，由于认识不够，经验不足，因此专业建设没有走出普通本科研究型人才培养的路子，带有本科"压缩型"的影子。1999 年以后，高等职业教育得到大幅度地发展，一大批新兴职业技术学院的兴起促进了高等技术应用型人才的培养工作，也使得高职专业特色建设提到了重要的议事日程。2000 年，教育部下发了《关于加强高职高专教育人才培养工作的意见》，对专业建设提出进一步明确的要求，指出：专业设置是社会需求与职业教育实际工作紧密结合的纽带。专业建设是学校教学工作主动、灵活地适应社会需求的关键环节。要根据职业教育的培养目标，针对地区、行业经济和社会发展的需要，按照技术领域和职业岗位（群）的实际要求设置和调整专业。专业口径可宽可窄，宽窄并存。同时，要妥善处理好社会需求的多样性、多变性与学校教育工作相对稳定性的关系。近年来进行了改革试点专业的评选与建设工作，推动了高等职业院校专业建设与改革的深入。

（二）专业目录

专业目录是指高等学校和职业学校培养各种专门人才的分类目录。专业目录作用：一是为家长、学生入学选择专业和毕业就业提供指南；二是为人才市场、劳动力市场进行人才交流以及用人部门和单位对各类专门人才在选择、使用、管理上提供标准；三是为学校在人才培养的分类规格和质量标准方面提供规范；四是为学校与学校之间、学校与企业之间、学校与社会之间的信息交流提供依据。

(三) 职业院校专业目录

职业院校的专业目录主要由国家所颁布的中等职业学校和高职高专学校的有关文件来加以规范。

1.《中等职业学校专业目录》

2000 年 9 月教育部制定并颁布了《中等职业学校专业目录》，为了推动中等职业教育改革创新，更好地支撑产业建设，服务经济社会发展，促进中等职业教育专业设置与职业岗位需求相吻合，指导中等职业学校科学合理地设置专业，2010 年 4 月教育部制订并颁布了《中等职业学校专业目录（2010 年修订）》（以下简称新《目录》），原《目录》同时废止，新《目录》主要有以下特点：

一是服务经济，对接产业。新《目录》根据产业分类进行专业划分，第一产业主要涉及农林牧渔类，设专业 32 个；第二产业涉及资源环境、能源与新能源、土木水利、加工制造、石油化工、轻纺食品等 6 个专业类，设专业 122 个；第三产业涉及交通运输、信息技术、医药卫生、休闲保健、财经商贸、旅游服务、文化艺术、体育与保健、教育、司法服务、公共管理与服务等 11 个专业类，设专业 167 个；分别占专业总数的 10%、38% 和 52%。新《目录》根据国家产业发展规划的要求，在原《目录》基础上，一产类专业增加了 14 个，二产类专业增加 19 个，三产类专业增加 52 个。如，适应发展现代农业的要求增设了"观光农业经营"、"农资连锁经营与管理"等专业；适应发展先进制造业的要求，增加了"风电场机电设备运行维护与检修"、"有色装备运行与维护"、"机电产品检测技术应用"等专业；适应发展现代服务业的要求，增设了"城市轨道交通车辆运用与检修"等 4 个与城市轨道交通发展相关专业、"汽车美容与装潢"等 3 个与汽车产业链发展相关的专业、"网络安防系统安装与维护"等 8 个信息技术类专业以及"健体塑身"、"休闲服务"等休闲保健类专业；适应发展民族传统文化产业的要求，增加了"民族织绣"、"民族美术"、"民族工艺品制作"等系列专业。

二是服务就业，对接职业。新《目录》在"专业名称"之后列举了"专业（技能）方向"和"对应职业（岗位）"，使专业与专业培养方向和职业岗位的对应关系更为明确具体。"专业（技能）方向"是在原《目录》"专门化举例"基础上修订的，由原来的 470 个增加为 927 个。"对应职业（岗位）"是新增设的，共列举了职业（工种）1185 个，基本涵盖了适合中等职业学校毕业生就业的《国家职业分类大典》规定的职业（工种）或经人社部批准的行业特有职业或工种。新《目录》特别关注新职业（工种）的吸纳，国家陆续公布的 122 个新职业，新《目录》有 102 个专业覆盖了其中中等职业教育满足最低准入条件和有晋升可能的 96 个，覆盖面近 80%。一些新出现的"职业雏形'（或称社会职业），比如"彩铃、彩信编辑员"、"家具涂饰工"、"房地产经纪协理"等等，既不是国家职业大典内的职业，也不是行业设定的特有职业，但是在社会上已经形成一定就业群体，又是该专业中职毕业生的实际就业去向，此次修订也给予采纳，表示为在后面加括号，内注明"♯"号，前面不带编码。有一些职业或工种虽然中职毕业生刚毕业时不能获得职业资格，但是可以入行，经过 2—3 年的实践或者学历进修，就可以晋升职业资格。考虑保留这样的职业对中职学生的职业生涯发展有指导意义，此次修订也予以保留，表示为在职业名称后加"＊"号。比如："2-06-05-00 国际商务人员"。

三是服务终身发展，关注继续学习。职业教育和其他教育一样，根本任务是育人，要坚持以就业为导向，同时要关注继续学习以适应学生终身发展的需要。新《目录》体现了终身教育的理念，增设了"继续学习专业举例"，对应相关专业，依据教育部本科专业目录和高职专业目录，以及补充高职专业目录，列举了 356 个高职、198 个本科继续学习的专业，为学生今后的继续学习与可持续发展提供参考。

四是坚持改革创新，拓展服务功能。传统的专业目录，其主要功能主要是服务学校的教育教学，主要提供教育工作者使用。新《目录》根据职业教育的特点，不仅考虑教育部门和学校的需求，而且考虑行业企业的需求，考虑学生和学生家长的需求，在结构上增加了"对应职业（岗位）"、"职业资格证书举例"、"继续学习专业举例"三个栏目，拓展了目录的服务功能。这一创新进一步明确了专业与产业的关系、专业和职业的关系、教学标准和职业标准的关系、学习目标和发展目标的关系，使专业目录不仅具有传统的功能，而且对于帮助学生选择就读专业、明确把握发展方向具有重要作用，对于社会用人单位选用中等职业学校毕业生具有重要作用，对于引领中等职业教育改革创新具有重要作用。

2.《普通高等学校高职高专教育指导性专业目录（试行）》

2004 年 12 月教育制定并颁布了《普通高等学校高职高专教育指导性专业

目录（试行）。《目录》的"指导性"区别于"指令性"而言。首先，教育部制定本《目录》的初衷是规范专业名称，为学校新设专业及调整专业提供一个参照系，也可以使学校师生加深对职业教育专业内涵的了解，并为学生今后的深造提供参考。其次，《目录》将根据职业院校特点和社会人才需求变化进行适度调整，每两年滚动更新一次，以保证职业教育与社会对高技能人才需求形成互动，同步发展。

《目录》分为 19 个专业大类，下设 78 个二级类，下分为 532 个专业，体现了以服务为宗旨，以就业为导向的原则，突出反映职业教育的特色，促进高等职业教育与就业创业教育的紧密结合。具体体现在以下四个方面：1. 职业性与学科性相结合的原则；2. 稳定性与灵活性相结合的原则；3. 普遍性与多样性相结合的原则；4. 适应性与针对性相结合的原则。

三、专业设置的意义

职业院校专业设置具有十分重要的意义，它是对外产生教育效果和对内改革与建设的重要环节。

（一）专业设置是职业教育为经济、社会有效服务的关键

专业设置是教育与经济的接口，是职业教育为经济发展服务的具体体现，是职业学校适应社会需求、保证人才培养"适销对路"的关键环节。也就是说，教育与经济之间"服务"与"依靠"关系的建立，最集中、最突出的就是体现在专业设置上。有了合理的专业设置，就能保证人力资源的科学开发，使人才培养满足经济、社会发展的需要，推动产业结构、技术结构和产品结构不断改善与升级，为国家的现代化建设和区域经济的发展不断注入新鲜血液和活力。反之，如果专业设置的不合理，不科学，未能从经济社会发展的有效需求出发，而只是或凭主观臆断，或为了迎合社会、家长和学生的意愿需求，脱离经济发展的实际，就必然造成人才培养的失衡，影响经济的发展和职业教育的生命力。

1. 专业设置影响劳动力结构

劳动力结构，是指一个国家或一个地区各个行业、各个层次劳动者的比重及其构成状况。它往往表现为高、中、初级管理人员、技术人员、技术工人，以及其他熟练劳动者所占比重及其构成状态。

劳动力是创造社会物质财富的决定性因素，是构成社会生产力的主体。其

结构是否合理，将直接影响经济发展、技术进步和产业结构高速发展。因此，形成合理的劳动力结构，始终是经济界追逐的重要目标，也是社会对教育提出的根本要求。

在普遍实施"劳动预备制度"和"先培训，后就业"的劳动就业政策的当今社会，对劳动力结构能起根本性影响作用的当首推职业教育。职业教育培养的是生产、建设、经营、服务、管理第一线的中初级技术人员和专业劳动者，而这一部分人员在任何历史阶段、任何地区都是劳动力构成中的主要部分。只有通过职业教育合理设置专业，才能向社会输送所需要的经过专门培养和专业训练的技术劳动者。

2. 专业设置影响产业结构

产业结构，是指一个国家或一个地区第一产业、第二产业、第三产业的比重及其构成状况。产业结构的发展顺序一般表现为"一、二、三"，"二、一、三"，"三、二、一"三个发展阶段，产业结构是现代化水平的标志，产业结构不断调整与升级，就会推动社会向现代化迈进。

专业设置是以产业结构的需要为前提的，反过来又对产业的发展与升级以及产业结构的调整产生极大的推动作用。职业教育的专业设置，符合本地区产业发展的需要，培养的人才"适销对路"，就业率高，就会受到欢迎，推动本地区的经济发展。如果设置的专业不符合本地区产业发展的要求，即使学校办得再好，质量再高，培养出来的人才过剩、积压、就业无门。而一些行业和企业急需的人才却未能培养，这样的专业设置很难对当地的产业发展起推动作用。所以，专业设置与产业结构调整有着密切的关系。

3. 专业设置影响技术结构

技术结构，是指一个国家或一个地区在经济建设中所运用的不同层次生产操作技术的主要构成状况。

科学技术是第一生产力，在生产中起着关键作用。科学技术在生产中的作用主要表现在生产过程中所运用的生产工具、生产设备和工艺过程。在生产过程中，以使用的生产工具、生产设备和工艺过程的层次不同，可分为手工、半机械化、机械化、半自动化、自动化等操作技术。

马克思指出，机器并不会给人们带来任何财富，而是要有相应生产技术的劳动者操纵生产设备同生产对象结合起来时，才能创造财富。物质财富是人创造的，是活劳动的结果。"人的因素是第一位的"，任何先进的生产设备和生产工具，只有具备相应生产技术的劳动者去操纵、运用时，才能高效能运转，生产出高质量的产品。由此看出，生产技术与劳动者的生产技术水平成正相关，在经济发展中，依靠科技进步与提高劳动者的素质是两个并行的至关重要的因素。只有通过职业教育的专业设置，培养大批与地区技术水平相适应的人才，才能推动技术进步，使技术结构不断地由低向高转变。

(二) 专业设置是职业学校自身生存、发展的基础

专业设置对于职业教育来说是一项基本的工作，是学校建设的基础工程，是学校管理的基本内容。专业设置关系着学校的生存与发展，影响着教学设施、仪器设备、师资队伍、教学文件和教学资料等教育资源的配置，制约着教育教学的目标、要求、内容、过程和结果，是教学工作的逻辑起点。

1. 专业设置关系着培养目标的具体落实

社会职业千差万别，所需要的人才也是各式各样的。而不同的专门人才只能由不同的专业来确定、培养和实现；不同的人才规格由不同的业务范围去体现、实施和落实。因此，专业设置是专业培养目标得以落实的载体。

2. 专业设置关系着师资队伍的建设

职业学校的师资队伍是按照专业进行配备的，其中除了文化基础课教师外，专业基础课教师、专业技术课教师和实习指导教师均须依据专业性质、特点进行配备或培养。师资队伍建设一旦脱离开专业设置，就不可能形成合理的结构，也就无从谈起专业人才的培养。

3. 专业设置关系着教学设施设备的购置与配备

不同的专业对教学设施设备的要求是不同的。教学设备的配备、实验仪器的购置、专业教室的设置和实习基地的建设等，完全取决于专业的性质。只有明确了学校的专业设置，才能有针对性地配备和购置不同品种、不同规格和不同数量的仪器设备。

4. 专业设置关系着教学文件的制定

课程方案、教学计划、教学大纲是教学的重要文件。而课程方案、教学计

划和教学大纲必须根据专业的培养目标去设计、制定和编写。其中教材的选定与编写，教学与实践教学的课时比例安排等，也都因专业的不同而有明显的区别。所以说，专业设置对教学文件的制定和教学内容的选定有着直接的关系。

第二节　专业设置的原则和要求

专业是职业技术教育与经济社会的一个重要"接口"，是保证人才培养适销对路的重要环节，社会是否认可，是评价专业设置是否科学、合理的检验标准。因此，专业建设必须遵循以下原则。

一、专业设置的原则

职业教育专业设置原则是指在符合职业教育规律的前提下，人们对职业教育专业设置提出的基本要求。

（一）方向正确性原则

所谓方向正确性原则，是指在职业教育的专业设置中，必须坚持社会主义方向。也就是说，必须以国家及人民的根本利益为前提，以我国经济发展、教育的方针、政策为指导，以服务于建设有中国特色的社会主义这一根本目标为出发点，以培养社会主义现代化建设事业需要的人才为着眼点，以有利于社会主义精神文明和物质文明建设为依据，坚持社会效益第一，坚持社会主义的办学方向。

（二）需求适应性原则

所谓需求适应性，就是指职业教育的专业设置必须适应经济、社会的发展和受教育者的需求，使所设置的专业建立在社会需求的基础上。也就是说，专业既要以市场需求为导向，根据当地产业政策的要求和产业结构、技术结构的变化开设有利于经济发展、社会进步需要的专业；又要从受教育者的需要考虑，满足就学者个人的要求。事实上，就是要考虑招生和就业两个市场。在具体操作上应就两个市场的具体指标进行定性与定量相结合的分析。就招生市场情况而言，我们不妨采集近三年类似专业学生报考的数量比例，近三年类似专业在校学生比例之倒数值，近三年类似专业最低录取分数线。将上述三类统计量进行标准化，得出指标作为招生市场需求状况的反映。对就业市场而言，我们可以采集近三年有形人才市场招聘相似专业人才的数量比例；Delphi 法专家量表统计；相关校友的反馈量表。并对上述统计量进行标准化，得出指标作为用人市场需求状况的反映。

（三）可设置性原则

所谓可设置，即所设专业符合社会经济发展的规律和职业教育内部规律，符合上级有关政策规定和相关专业目录的要求。具体讲，所设专业应具有一定阶段的稳定需求，可以保证连续开办的要求。要具有职业教育培养规格的内涵，符合初中后教育层次的培养目标。所需传授之知识、能力要素具有相关集成性，符合系统的学历教育要求。具有职业性特征，所培养的人才为一定职业岗位（群）或技术领域的高等技术应用型人才。科学规范地设置专业，可以减少盲目性和随意性，提高可靠性和效益性。

（四）效益最大化原则

所谓效益最大化，是指专业设置要力求体现集约化与最优化的资源配置，以最少的投入培养最多、最好的人才，求得专业教育的高效益。即在一定的教育投入和运行成本的前提下，力争取得专业教育的最高效率、最佳效果和最大效益。

（五）预测性原则

教育对社会需求的反映一般滞后于现实社会，要满足社会的需要，就必须适度超前发展。反映在专业设置上，就要求专业设置具有预测性，为人才需求做出提前预测，预测来自于对经济和社会发展趋势的把握；科技发展走向对职业岗位要求的变化；人才需求变化的周期性规律。只有综合了更多相关影响，才能使专业设置更具预测性。

（六）动态性原则

职业教育专业的针对性与职业性特征，要求其具有适应社会和经济发展变化的动态性特征。一定的连续性与适时的调整是相辅相成的。在保证相对稳定的前提下，根据人才需求变化的新特征及时调整专业的构成要素甚至取向，都是正常的。

二、正确处理专业设置中的几个关系

职业院校专业设置直接关系到所培养人才的社会适应性，需要处理好以下几个关系。

（一）要处理好稳定性与灵活性的关系

专业设置，既要指向不同时期的主导产业，保持一定的稳定性，又要注意社会需求，讲求必要的灵活性。稳定性与灵活性是专业设置的一对矛盾，必须妥善处理好。在当今发展情况下，稳定性建立在适当的专业"平台"基础上，而灵活性则体现于搭载在平台上的不同专业方向。

（二）要处理好宽广性与窄专性关系

所谓宽广性，是指所设专业面宽，口径大，覆盖广，具有较强的综合性、交叉性和复合性的特点。所谓的窄专性，是指专业范围较窄，一般按行业、产品、岗位设置，具有岗位针对性强、技术专深、上手快的特点。面向就业市场的专业要针对岗位群设置专业，强调宽广性。联办、委托办的专业要针对职业岗位调协专业，强调窄专性。

（三）要处理好长线型与短线型的关系

所谓长线型专业，是指那些适应经济、社会较长时期发展需要的，具有开设生命力强，竞争优势多，适应范围广，发展前景好的专业。

长线型专业是职业学校学历教育的主要专业，犹如"主动脉"一样维系着职业学校的生命与发展。长线专业具有教学相对系统，目标相对明确，管理相对便利，资源利用相对充分等优点，并在人才培养目标、培养层次、人才规格上具有稳定性、规范性等特点，是专业设置追求的重要目标。但是长线专业往往对经济的快速发展、科技的迅速进步、产业结构的急剧变化缺乏适应的及时性。因此，既要注意设置长线专业，又要注意设置短线专业，增强其适应经济社会的能力。

所谓短线型专业，是指那些为适应市场周期性、波动性、多变性特点的需要，而开设的投资少、见效快、风险小、应急性强的专业。短线专业是对长线专业的补充。如果将长线专业比喻为"正规军"的话，那么短线专业就相当于"游击队"。短线专业机动灵活，掉头快，能及时地满足社会的短期需要。社会

的短期需要有两种，一种是短期培训，即针对某些技能要求单一的工种或农村
实用技术，进行短期培训就可以达到操作要求；另一种是为适应新兴企业、新
兴产业、新兴行业的需求而设置的新专业。

（四）要处理好行业性与地方性的关系

职业教育的主要目标和基本任务是为本地区、本行业培养生产、建设、管
理、服务第一线技术应用型人才，如何处理好行业性和地方性的关系，就成为
专业设置中需格外重视的问题。结合地方经济和社会发展需要设计的专业，既
是职业教育服务经济和社会发展需要的具体体现，也是其专业的生命力所在。
行业性特征要求其专业设置具有明显的满足行业发展需求的特点，这是专业技
术性的体现。只有将地方性和行业性统筹考虑，把技术发展方向与地方需求实
际有机结合，才能使该专业具有鲜明的特色和强大的生命力。

第三节　职业院校专业设置的程序和方法

职业教育与社会经济发展最为紧密，根植于社会经济土壤，职业院校应根
据职业的教育规律，结合市场需求，按照一定程序科学地设置专业。

一、专业设置的程序

专业设置既要反映专业教育发展的内部规律，又要符合经济发展和社会需
求的外部规律。图 6-1 是在收集和整理国内专业设置的案例的基础上，借鉴国
外职业院校专业设置的步骤和方法归纳出的职业院校专业设置的基本程序。图
中实线框表示操作程序的一级步骤，即基本步骤，虚线框为重要的二级
步骤。[1]

这里简要介绍专业设置一般都必须经过以下几个步骤：

（一）开展社会调研

这是职业学校专业设置的起点。社会调研主要了解三个方面情况。

---

① 崔红珊. 中等职业学校设置与调整专业的基本原则及方法研究［A］. 见 . 姜大源. 职业学校专
业设置的理论、策略与方法［M］. 北京：高等教育出版社，2002，99.

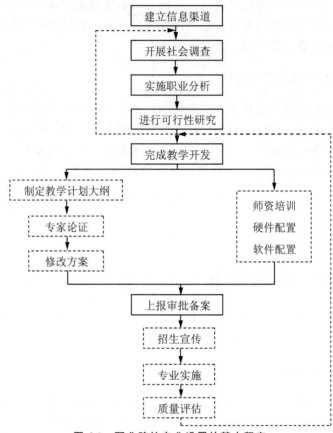

图 6-1 职业院校专业设置的基本程序

1. 区域宏观经济分析

要了解区域经济和社会发展规划,尤其是产业结构调整的趋势和支柱产业发展的情况。

2. 劳动力市场分析

要对劳动力市场供求关系的变化进行分析,了解各个专业人才供求状况,并对那些不受欢迎的专业情况进行具体分析,以便对专业进行调整。

3. 职业领域需求总量预测

包括该职业领域人才的饱和度、可供量、可能的流动量、发展变化等。在此基础上，判断未来一定时期内人才的需求量以及各专业的发展前景和生命周期。虽然人才需求变化受到许多因素影响，但借助科学方法，仍可得到某类人才在未来一定时期内的总需求情况。

（二）职业—专业分析

在对社会人才需求进行调查和预测后，还必须对人才的业务规格进行分析。

1. 职业分析

职业分析是专业划分和设置的重要依据。职业分析的基本含义是对社会职业的工作性质、内容及从业者必须具备的职业能力进行层次分析，确定该社会职业所应包含的主要操作技能、专业知识及行为方式的内容及范围，从而获得该社会职业所需的一系列知识、技能，在此基础上确定知识技能点，也即了解岗位专项能力要求。

2. 职业归并

在职业分析的基础上，根据与同一职业领域职业对应的技能、知识点的重合度和相关性，对相关职业进行归并，以确定职业群，也即群集职业能力要求。

3. 导出专业

这主要是对确定的职业群进行符合教育规律的分析，以实现社会职业向职业教育专业的转换。一般是通过对职业群横向分组和纵向分层的方法来进行专业转换。横向分组主要指通过对社会职业的工作分析，确定职业群中相邻职业的业务范围、内容及职业方向和重点，从而确定专业范围；纵向分层指确定这一职业群共同的文化教育起点、专业基础知识和基本操作技能，从而确定该专业的主要学科，并为确定招生对象和学习年限提供依据。

在进行横向分组和纵向分层的分析后，就可根据技术领域或学科领域的划分，由职业来导出专业。

（三）确定专业培养目标

一般说来，专业培养目标是根据社会的需要、在职业分析的基础上确定的。所以确立职业教育的培养目标，必须把社会具体职业需求与学生个体发展需求结合起来考虑，使学生既能直接掌握就业本领，又具有一定的发展性能力。发展性能力不仅以特定的职业知识和技能为基础，而且以职业精神、职业道德、职业方向等方面较高的发展水平为基础。确定培养目标后，还必须进行准确的表述。目标表述是目标逐层具体的过程。专业培养目标包含以下三个方面的内容：

（1）培养方向，通常指该专业培养人才所对应的职业门类；

（2）使用规格，指同类专业中不同的人才在未来使用上的规格差异；

（3）规格要求，即同一培养方向、同一使用规格人才在德、智、体（或知识、技能、态度）等方面的具体要求。

（四）选择和组织课程内容

在确立了专业培养目标后，就应该依据这些目标来选择和组织课程内容，形成相应的系统和结构。课程内容选择与组织的结果是产生课程方案，其中包括教学计划、教学大纲和教材。

根据培养目标的层次性，课程内容的选择可分为两个主要层次：第一是整个专业课程的构建，即各门课程的选择；第二是每门不同课程的内容选择。这两个层次有密切的联系，不了解课程总体结构的功能，便不能依据此功能安排每门课程的内容；反之，对每门课程的功能和作用以及基本情况的内容不清楚，也不能构建整个专业的课程结构。课程内容的组织还要兼顾社会需求、学科体系、学生身心发展等方面的情况。

（五）教育资源分析

教育资源作为专业设置的支撑，对它的分析始终贯穿于专业设置的整个过程中。

1. 师资条件分析

包括学校是否具备开办此专业的师资条件（主要是专业理论教师和实验实习指导教师）。如暂时尚不具备，可考虑在短期内能否引进，能否从社会上聘请到兼职教师，或能否从相关学科中选派教师强化培训后担任。

2. 教学设备条件分析

包括学校是否具备开设该专业的教学、实验实习设备。如果不具备，能否在短期内筹集到资金去添置，或者能否通过其他途径予以解决。

3. 教材分析

包括新设置的专业课程是否有可供使用或可供借用的教材；如果没有，能否组织人员在短期内编写出来。

此外，还要分析新设专业与学校的制度资源、文化资源是否匹配。相应的教育资源是开设新专业的必备条件。

二、专业设置审批程序

专业设置是一项严肃的工作，布局是否合理，结构是否科学，将直接关系到一个地区经济社会的兴衰和职业教育的发展。因此，要加强宏观管理，发布审批手续，防止专业设置的无序化和无政府主义。

（一）学校上报

职业学校经调查论证后而设计的专业设置方案，须上报主办单位和教育行政部门审批。其目的就是将一个学校小范围内专业放在县市一级更大的视角范围内去权衡，去审视，防止"热门专业"过"热"，"冷门专业"过"冷"，减少不必要的重复，提高专业的社会效益和"寿命"。

职业学校上报的材料要齐全，其中包括社会调研报告、专业论证意见、专业设计方案和已有的人、财、物方面的条件及拟采取的措施。

（二）专家评审

教育行政部门要组织专家，对职业学校上报的专业设置进行评审。既要审查专业设置的合理性，看社会是否真有需要，宏观布局是不是合理，同时还要审查专业设置的可行性，看学校有没有条件、有没有能力承担、完成该专业人才的培养任务。合理性与可行性是专业设置中不可或缺的两个重要方面。合理性是前提，是依据；可行性是基础，是保证。如果某一专业仅是需要与合理，而现实甚至经过一段努力也仍将不十分具备条件和能力，即使勉强设置，也会因达不到培养质量而被社会所否定。同样道理，尽管学校在人财物方面一应俱全，有能力、有条件办好某一专业，可是社会却不需要，如果学校硬要一厢情愿地设置，最终还是要被社会所抛弃。所以，评审专业时，对专业的合理性和可行性均须同等考虑。

（三）教育行政部门批准

教育行政部门在组织专家评审的基础上，要依据专家的意见，对职业学校上报的专业进行审核，做出批准或者不批准的决定，并要正式通知学校。

坚持教育行政部门批准制度，是加强专业设置宏观管理的一项措施，是教育部门对职业学校和对社会高度负责所应尽的责任。当然，在市场经济条件下，学校办学自主权将进一步得到提高，专业设置与调整主要由学校决定，学校不再像计划经济条件下那样，只是唯上级之命是从，毫无专业设置的主动权、自主权。教育行政部门对专业设置的管理，也仅限于引导与调控，并且往往是指导性的，而不是指令性的。但是，这种管理也还是十分必要的。

三、专业设置的方法

专业设置的方法很多，职业院校根据实际情况选择相应方法设置专业。

（一）新专业设置的方法

1. 异质设置法

异质设置法，是根据经济建设和社会发展的要求，设置与学校原有的专业性质相去甚远，甚至根本不同的专业。这种设置方法，对满足社会需求，使学校及时地适应经济发展有着积极的作用。同时，在满足学生兴趣，增加学生职业门类的选择方面也有着重要价值。但是，这种方法导致教育资源的相互利用率低，教育成本大，教学管理也比较复杂，如果不是十分需要，一般不采用这种方法。

2. 同质设置法

同质设置法，是根据已有的专业基础，设置与学校原有专业相近的专业。这种方法能使新设的专业与已有的专业在课程结构、教学组织、师资配备和设备使用等方面有较大的重合度，使教育资源得到充分利用。也能为逐步扩大办学规模增强办学后劲，拓展办学途径奠定基础。这种方法因能收到较好的办学效益，因而常被采用。

3. 单质设置法

单质设置法，就是一所学校只设置性质相同的若干专业或一个专业。这种设置法能使教育资源具有很强的通用性，使教育资源得到高度的利用。同时，也便于对教学工作实施集中统一管理，较快地积累经验，提高质量，形成专业优势，办出专业特色，提高专业的信誉，增强学校的知名度。但是，这种设置法过于单一，面对人才市场的广泛需求，常常无法满足，无法适应。所以，现代的职业学校一般多不采用这种方法。除非这一专业生命周期长，人才市场占有率高或具有行业垄断性。

（二）旧专业拓展的方法

为了充分挖掘学校的办学潜力，提高办学效益，使已有的专业更好地适应经济、社会发展新形势的需要，职业学校往往采取以下方法对旧专业进行分化、整合、开发和拓展。

1．延伸拓展法

延伸拓展法，是指在基础稳固、经验成熟、具有优势的老专业的基础上，延伸、派生出一些与老专业性质相近、相关、相接，但在一些主要专业课上有所不同的新专业，形成专业系列或专业群。这种方法有较强的继承性和假借性，无须太大的投入，即或收到良好的效果。如在原有的机械专业的基础上，可以向"机械制造与控制"、"机电设备安装与价目"等新专业拓展，进而再向"数控技术应用"、"机电技术应用"等专业拓展。

2．复合拓展法

复合拓展法，是指充分利用主干专业的办学条件，设置一些边缘或相邻的专业；或者在老专业基础课的基础上，改变老专业的性质，创办异质性的新专业。如，在"会计"专业的企业管理、企业财会管理两门学科的基础上，创办"市场营销"、"国际商务"等专业。复合拓展法也具有投入少、见效快的特点，可以利用原有的专业，孵化出新的急需专业。

3．扇面拓展法

扇面拓展法，是指在基础课基本不变的情况下，只是将专业课横向迁移，略加发行与补充，形成市场欢迎的新专业。如，"电子技术"专业可以改为"通信技术"、"通信运营管理"专业，"养殖专业"可以改造为"水产养殖"、"野生动物保护"等专业。

4. 滚动拓展法

滚动拓展法，就是利用专业之间某些交叉性、相近性，而连续不断地开拓新专业，使后续专业与原先专业在质上有一定的变化。但又有某些共性与连续性。如，"护理专业"可以拓展"中医护理专业"，在此基础上还可以继续拓展成"老年人服务与管理"。这种方法对于将旧专业发行或调整成市场需要的新专业，具有明显的效果。

5. 增补拓展法

增补拓展法，是指专业名称不变，只在原有课程的基础上，增添几种急需课程，以适应就业市场的需要。如，"文秘"专业，可以根据学生的就业去向和用人单位的要求，加学"经济管理"、"汽车驾驶"、"商贸英语"等方面的知识，形成复合型人才。对一些老专业也可以在原有课程的基础上，增添一些经济类或外语类或计算机类等方面的内容，使学生的智能结构有所改善，成为既有专业特长，又有现代职业能力的劳动者，增强其就业市场的适应能力和竞争能力。

第七章
职业教育教学

教学是教育目的的实现过程，是教育工作的核心。通过学习研究职业教育教学的基本理论，理解职业教育教学的本质、规律，掌握教学的方法与组织等，对教师有效开展教学活动，顺利完成教学任务，有重要的实践意义。

第一节　职业教育教学的本质和特点

由于职业教育的职业性、实践性、生产性、全民性等特点，职业教育教学也呈现其独特的丰富内涵，对这些丰富内涵正确、深刻的认识，将有助于职校教师正确、合理的组织教育教学活动。

一、职业教育教学过程的本质

职业教育教学过程的本质也是职业教育学的基本理论问题之一，它涉及职业教育活动、个体发展的身心等多方面的特征和规律。

（一）职业教育教学的含义

人类"教学"的历史源远流长，自从人类诞生以来，就有了最原始的教育教学活动，只是那时的社会生产还很简陋，人们主要通过一些口耳相传和模仿的方式传递一些生产、军事、舞蹈以及部落风俗的经验或习惯。当人们随着生产力的发展步入较为发达的社会时，正规的学校教育教学开始产生并逐渐普及，学校成为教育教学的主要场所，教学成了一项至关重要的事情。

我国的《学记》是世界上第一部讨论教学的专著，短短的篇幅处处展示出我们先人的伟大教育智慧，至今仍不失为教育思想领域里的伟大瑰宝。"建国君民，教学为先"，这里"教学"一词，不是单指学校的教学，而是泛指文化教育工作。但是，"教学相长"中的"教学"则有教师"教"与学生"学"的含义，并突出反映"教与学"两者相互作用的意义，即促进教师和学生共同提高。

顾明远主编的《教育大辞典》对教学的定义如下："教学是以课程内容为中介的师生双方教与学的共同活动。"美国学者布鲁纳认为："教学是通过引导学习者对问题或知识体系循序渐进的学习来提高学习者正在学习中的理解、转换和迁移能力。"此外，还有人认为，教学是教师依据学习的原理和原则，运用适当的教学技术与方法，刺激、指导、鼓励学生自动学习，以达成教育目的的活动。

尽管学者们对教学理解的表述方式有所差别，但其内涵基本是一致的，即教学是为了达成一定的教育目的而由教师"教"与学生"学"所构成的人类特有的活动。

职业教育是培养学生综合职业能力的教育。因此，所谓职业教育教学是指以培养学生综合职业能力为目标，由教师"教"与学生"学"有机协调构成的活动。

对于教学过程本质的认识，教育界有不同的看法，如有人认为教学过程本质是一种刺激反映活动；有人认为是一种活动或是一种特殊的认识活动；有的人认为教学过程是具有多质性的过程或多层次性的过程。综合已有的研究文献以及职业教育本身的特点，我们认为职业教育教学过程的本质为：

1. 职业教育教学过程是一种特殊的认识过程

职业教育的教学过程是一个复杂的认识过程，它既有一般教学认识活动的共性，又有自身的特点，表现在：

（1）认识活动的目的在于掌握已知的职业知识和职业技能，获得社会普遍承认的职业道德，为将来从事职业活动做准备；[①]

（2）教学过程中学生的认识活动是在教师指导下进行的；

（3）认识活动受到一定条件的限制，如实训条件、教学条件等。

2. 职业教育教学过程是促进学生身心发展的过程

教学通过知识的传授、能力的培养、教学组织的社会建构以及师生的交流来引导学生的发展，使人类的精神财富顺利地转化为学生的身心发展，逐步提

---

① 国家教委职业技术教育中心研究所. 职业技术教育原理［M］. 北京：经济科学出版社，1998，169.

高发展水平，使学生在德、智、体等方面都得到一定的发展，成为社会的优秀人才。

3. 职业教育教学过程也是促进教师专业成长的过程

所谓"教学相长"，就是教学也有益于促进教师的专业发展。教师在教学前必须对教学目标、内容以及相关材料详加准备；在与学生的交流的教学过程中，会进一步增进理解、获得启发或灵感；课后的反思也将促进教师教育教学技能、知识素养、专业素养等专业能力的提高。

(二) 职业教学与普通教学、学术教学的区别

一般而言，教学的构成要素包括教师、学生、课程内容、教学手段等。根据教学的目的、内容、参与主体等教学要素的不同，我们把教学分为普通教学、职业教学与学术教学。普通教育的教学是指在基础教育与部分高等教育的教学①；职业教育的教学是指在职业类中学、职业类高等学校以及其他职业教育机构的教学；学术性教育的教学是指在培养学生学术能力的教学，学生独立探索学习是这一种教学的最大特征。

由于普通教育、职业教育与学术性教育三者在师资要求、课程要求、教学过程、教学条件、成绩测评等方面理念的不同，致使普通教育、职业教育与学术教育在教学上存在着许多显著的区别。根据相关研究，我们认为三者有如下区别：

1. 教学价值的区别

普通教育的教学注重理想人格的形成与发展，关注个人素质的全面发展与民族基本素质的整体提高；学术教育的教学注重学术人格的教育，关注学术精神的培养和科技文化的创新发展；职业教育的教学注重实践人格的养成，关注实践精神的培育和社会生产的发展。

2. 教学目标的区别

普通教育的教学以培养学生全面人格素质形成与发展为目的；学术教育的

---

① 高等学校低年级的普通教育，旨在提供通识性的博雅教育，与学术教育相区别。通识教育起源于欧美，近些年来，为了弥补大学生过早进行专业教育而通识性教育的不足，我国许多高校在大学低年级采取了不分专业的通识教育的改革。

教学是以培养学生具有独立的科学文化研究与创造能力，引领社会的全面进步；"职业教育作为以就业为导向的教育，与普通教育相比最大的不同点在于其鲜明的职业属性。"① 因此，职业教育的教学是以培养学生综合职业能力为目的。

3. 课程设计的区别

普通教学的课程设计以知识理解、掌握与应用为主要目的，课程设计强调理论知识的系统性、逻辑性，需要学生全面掌握相关理论知识；学术性教学之课程形式为课题研究项目，学生借助于已有的相关研究文献，并通过实验、调查等研究方法，来完成课题项目；职业教育的课程建设基于能力本位，包括专业理论课和专业实践课两大部分，专业理论课的设计是以实践过程为组织原则，强调理论知识与实践过程的整合。

4. 教师素质的区别

为人师者都必须具有丰富的知识素养、良好教师品德、热爱教育事业的情操。普通教育教学的教师应具备较强的兴趣激发能力、学习迁移能力；学术教学的教师应具备高深的理论知识、优秀的科研能力、丰富的研究经验与较强的科研指导能力；职业教学的教师应有丰富的生产实践经验、组织课堂的能力以及职业与实践指导能力。

5. 教学对象的区别

普通教学对象非常之多，它既包括全部的基础教育的学生，也包括高等教育与职业教育中的学生；学术教育的学生大都是经过层层选拔上来在大学或科研机构学习的学生，这些学生学业素质过硬，独立学习、创新能力较强；职业教学的学生具有较强的形象思维能力，在某一方面具有较强技能表现。

6. 教学策略的区别

普通教育的教学大多采用讲解法、直观法、实验法等；学术性教育的教学大多采用项目法、研讨法、问题引导法、讲授法、实验法、调查法等，方法多样；而职业教育的教学法是基于行动导向的教学法，如项目教学法、案例教学法、引导课文教学法、实验教学法和实习法等。

---

① 姜大源. 当代德国职业教育主流教学思想研究［M］. 北京：清华大学出版社，2007，198.

7. 教学条件的区别

普通教育的教学条件如实验设备、教学用具等，要求不高；学术性教学则要求专业实验室、丰富的文献资料以及社会调查支持，资源配置比较高；职业教育的教学要有必须的实验与实训设备、实习工厂等，教学条件资源投入较高。

8. 教学监控的区别

普通教育的教学效果的监控形式多样，它既可以采用笔试、口试、作业法，也可以采用小组作业等方式；而学术教育则更强调成果测评，如课程论文、工程设计、学位论文等；职业教育的教学则常采用笔试、项目成果等形式。

二、职业教育教学过程的特点

职业教育教学过程相对于普通教育教学过程来说，具有自己的特殊性。

（一）教学是以培养学习者的综合职业能力为目标

职业院校教学的最终目标在于培养学生的综合职业能力。这是职业教育教学与其他教育子系统教育教学目标的本质区别。职业教育教学以培养学生综合职业能力为目标是由职业教育的职业性和实践性的特性决定的，是劳动力市场对职业人才的需求在教育目标上的表现，归根结底是经济界因生产力发展与经济竞争对人才素质能力的要求。随着社会经济与技术日新月异的发展变化，综合职业能力的内涵也将不断更新，不断反映经济界对人才素质与能力的要求。

（二）教学过程要以行动过程为导向

德国职教专家玛雅（Meyer）认为，行动导向是指"由师生共同确定的行动产品来引导教学组织过程，学生通过主动和全面的学习，达到脑力劳动和体力劳动的统一"。[①] 它具有七个方面的典型特征：①行动导向的教学是全面的；②行动导向的教学是学生主动地学习活动；③行动导向学习的核心是完成一个可以使用，或者进一步加工或学习的行动结果；④行动导向的学习应尽可能地以学生的兴趣作为组织教学的起点，并且创造机会让学生接触新的题目和问题以不断发展原有的兴趣；⑤行动导向的学习要求学生从一开始就参与到教学过

---

① 赵志群．职业教育与培训学习新概念［M］．北京：科学出版社，2003，132．

程的设计、实施和评价之中；⑥行动导向的教学有助于促进学校的开放；⑦行动导向的学习试图保持动脑和动手活动之间的平衡。① 行动导向教学一般采用跨学科的综合课程模式，不强调知识的学科系统性，重视"案例"和"解决实际问题"以及学生自我管理式学习。阿诺尔德（R. Anold）教授等将行动导向教学过程划分为"接受任务"、"有产出的独立工作"、"展示成果"、"总结谈话"4 个必须经历的"学习环节"。②

（三）教学过程是师生共同活动的过程

教学活动是教师"教"与学生"学"有机协调的活动，在这一活动中师生各自担负着一定的角色。传统上，教师在教学活动中占有主体地位，教师通过教授、演示等方法传授知识、培养学生能力，学生处于从属的被动接受的地位。随着教学理论的演进，教学活动逐渐由"教师中心"向"学生中心"转变，学生的地位得到了尊重，成为重要的参与主体。职业教育教学中必须激发学生的学习兴趣和参与教学的欲望，"过程导向的职业教育新型教学方案涉及整个企业的组织发展，对职业教育人员提出了全新的任务"③，因此，必须加强职业教育教师的专业化发展，革新教学过程，充实教学条件。

（四）教学过程具有简约性

教学过程的简约性是指教学能使学生在较短时间内学到较多的知识。它表现在三个方面，一是教学内容具有简约性。知识经过人类的持续积累，已经成为一个巨大的文化宝藏，人类在学习吸收知识时不可能不加选择地去学习和吸收，只有经过拣选、浓缩、简化的知识，才有利于人类的学习。二是教学过程具有简约性特点。教学过程大大缩短了人类认识世界的过程。教师可以根据教学对象、教学任务，选择一定的教学组织方式和教学方法，在短短的时间内就可以将人类一代或数代才获得的知识传授给学生。三是一种更值得注意的相对简约性，就是通过学校教学习得的知识与通过日常生活中的感受、体验、观察、思索等方式习得的知识相比较而言的。在后一种情况下的习得，在速度、深度、广度上，在总体上都远不如正规教学条件下的习得，因为后一种情况下基本上

---

① 姜大源．当代德国职业教育主流教学思想研究［M］．北京：清华大学出版社，2007，233.
② 赵志群．职业教育与培训学习新概念［M］．北京：科学出版社，2003，132.
③ 姜大源．当代德国职业教育主流教学思想研究［M］．北京：清华大学出版社，2007，281.

是盲目的、无计划的、无指导的习得。[①]

（五）教学过程的复杂性

教学过程的复杂性主要表现在教学对象的复杂性。职业教育教学的学生多样，既有青少年学生，也有成年人；既有来自城市的富裕阶层，也有来自于贫困地区的贫穷阶层。他们智力类型、学业成就、兴趣方向、人格发展、心理需求各方面都有较大的差异。因此，职校教师加强对学生的研究在学生教学与管理过程中是件非常必要的工作。

（六）教学的多样性

职业教育教学是基于以实践为导向的原则培养实践型的职业人才，在实践情景中培养职业能力是基本的教学原则。教学的多样性表现在：

（1）教学情景多样性，指教学实施的场所或环境是多样化的，如学校的课堂、实训基地、实验室、企业生产或服务场所等；

（2）教师来源多样性，即专职教师与兼职教师的结合；

（3）教学组织与方法多样性，教学可以采用课堂教学、小组、现场等教学组织方式，在教学方法上，如讲解法、案例法、项目教学法等。

第二节　职业教育教学活动

考察一个完整的教学活动过程，可以将教学过程划分为三个阶段，即教学的准备阶段、实施阶段、评价阶段。

一、教学准备阶段

教学准备阶段是教学活动的第一个环节，这一阶段的主要任务是做好教学的准备，即备课。

（一）备课的类型

根据备课的时间不同，可以将备课划分为以下三种类型：

---

① 张楚廷. 论教学的特征性规律 [J]. 教育评论，1999，（1）.

1. 学期备课

这是学期开始之前，对将临学期教学工作所作的总的计划和准备。其内容包括：学期教学的总要求、学期教学的总内容、学生情况的简要分析、教学环境及资源计划、教学活动的安排、教学革新的设想等。

2. 课题或单元备课

课题教学之前，教师必须对课题教学做出全面的考虑和准备，并制定出课题计划。其内容包括：课题名称、课题教学目标、教学内容以及重点与难点分析、课时划分、每一课时的任务与内容、课的类型与教学方法等。

3. 课时备课

即教案。上课前教师必须写好教案。教案是在课题备课的基础上，对每一节课进行的深入细致的准备。教案的内容包括：班级、课程名称、授课时间、教学目标、教学内容、学生学习准备、主要教学方法、教学资源、教学进程等。

(二) 备课的要求

1. 钻研课程

教学是对课程的实现。在备课之前，教师要对课程目标、课程内容以及参考材料进行认真细致的钻研。教师钻研课程是一个知识和认知不断深化的过程，目的是深刻领会课程的基本思想、核心目标、基本概念及理论，透彻了解课程的重点与难点，掌握知识与工作关系的逻辑，设计课程模型以及教授方式。

2. 了解课程的行动过程

职业教育课程不同于普通教育课程，课程应是职业领域行动过程的体现，教师应对教学内容的职业行动过程有深入的认知。这样，教师在设定教学目标、理解教学内容、进行教学组织、应用教学方法等方面才能做到有针对性，并为教学活动有效性提供基础。

3. 了解学生

学生是教学的对象和参与者，教师在备课阶段应积极了解学生的认知状态，包括学生的知识基础、认知能力、技能水平、学习态度、思想特点和个性特征。在此基础上，对学生的学习准备进行分类，理解不同学生学习起点与效果的差异，并在教学方法上做出调整，以使教学过程符合学生的认知能力和实践能力，使全体学生都能达到教学目标的要求。

4. 设计教学法

教学法是师生为完成一定的教学任务在共同活动中所采用的教学方式、途径和手段。选用教学法必须依据教学目标、教学内容、学生认知特点、教学条件等。适宜的教学法可以激活课堂，优化学生与教师的交流状态，提高教学质量。

二、教学实施阶段

教学实施阶段是教师通过有效地组织教学力求高质量地实现教学目标的过程，也是教学质量提高的关键。

(一) 理论课

专业理论与人文知识的教学主要是通过理论讲授来实现的，讲授是教师系统向学生传授理论知识的过程，是教学的主要活动形式。讲授的基本要求是：

1. 目标明确、恰当

教学活动是围绕教学目标、实现教学目标的过程，教学目标在整个教学活动中起着引导作用。因此，教学目标的设定必须要明确、恰当，即对学生在知识、能力、道德情感方面应达到的明确、恰当的要求。

2. 内容正确

教学内容是实现教学目标的桥梁。为了正确无误的传授理论知识、提高学生的认知水平、有效地达到教学目标，合理正确的组织教学内容是重要的。对此，教师应理论联系实际、实事求是的组织和求证教学内容的准确性和科学性。

3. 教学方法得当

学生积极地参与教学是教学有效性的保证。对此，教师应依据教学目标、教学内容、教学条件的不同，恰当的利用教学方法来提高学生学习的积极性和效率。

4. 组织有序

教学活动是一个有序的过程，教师应有能力对教学过程的各个环节予以把握。课程的开始要安稳学生情绪，激发学习动机和兴趣；然后，按预定教学进程，何时讲、何时练、何时观察、怎样组织讨论、如何评论总结等都要组织得妥当有序。

5. 作业适宜

作业是巩固课堂教学效果的方法。作业应反映教学目标的要求，具有可行性，难度与数量均要适宜。并且应讲明作业的要求、完成的时限，必要时给予指导。

(二) 实践课

实践课包括实验教学、校内外实训教学、实习、毕业课程设计等，在进行实践教学时必须遵循一定的计划和程序。一般而言，实践教学分为三个阶段：

1. 实践课准备阶段

在进行实践教学之前，教师必须做好充分的准备，如做好实践教学的计划，明确实践教学的目标与内容，备好实践教学需要的设施与材料，联系好实习的单位等。

2. 实践教学的实施阶段

教师应首先阐明本次实践的目标及意义，学生应做好哪些必要准备，实践过程中必须注意哪些事项，实践的形式以及结果的呈现与测评要求等；此外，在实践过程中教师必须做好巡回指导，指导鼓励学生在实践中独立练习与解决问题，并就实践教学过程中出现的问题及时的解决与总结。

3. 实践教学的评价总结阶段

实践教学结束之后，教师应对学生实践学习取得的结果进行总结。如在学生实习完毕之后，教师应根据学生实习报告、实习单位评价、实习成果等材料对学生的实习做出评价，并指出其中取得的成绩以及存在的问题与不足。

三、教学评价阶段

教学评价是对教学工作质量所作的测量、分析和评定。它以参与教学活动的教师、学生、教学目标、内容、方法、教学设备、场地和时间等因素有机结合的过程和结果为评价对象，是对教学活动的整体功能所作的评价。教学评价主要包括：学生学业成绩评价、教师教学质量评价和课程评价。[①]

(一) 学生学业成绩评价

1. 根据评价的功能，可以将评价分为三种类型

（1）诊断性评价。

是在学期教学开始或一个单元教学开始时对学生现有知识水平、能力发展的评价。目的是为了更好的组织教学内容、选择教学方法、改进教学流程，全面提高学生的学业成绩。

（2）形成性评价。

是在教学过程中，当完成一个课题或单元的教学之后，对学生知识掌握、能力获得进行及时评价。包括在课堂中对学生的口头提问和书面测试，目的是使师生双方及时了解教学的效果，改进教学过程，提高质量。

（3）终结性评价。

是在一个较长的学习阶段，如学期、学年或毕业时，对学生一个阶段的一门课程或一门学科或全体学科所作的最终成绩评价。目的在于最终评定学生的学业成绩。

2. 学生学业成绩评价包括理论知识的掌握与应用和实践操作技能两方面的内容

教师应通过多种评价工具来恰当评价学生知识与技能水平。常用的评价方式包括：笔试、口试、实践考试。

（1）笔试。

笔试是通过一定的书面方式，来考察学生知识的掌握以及应用能力。笔试有正式和非正式之分。正式的笔试有严格的操作规程，试卷的编制、保密、评

---

① 王道俊，王汉澜．教育学（新编本）［M］．北京：人民教育出版社，1999，290．

阅以及考试的组织都有严格的规定，对违反规定的也有相应的处理。非正式的考试往往是教师进行的随堂考试，目的在于了解学生成绩，改进教学效果。

（2）口试。

口试是通过口头测试的方式，来考察学生知识的掌握以及应用能力。口试也有正式与非正式之分。正式的口试是正规考试的组成部分，目的在于测试学生的口头应变能力、知识掌握情况等。而非正规的口试可以看成是教师课堂教学活动日常方式，通过口头随机对学生提问，可以及时了解学生知识理解与掌握情况以及存在的困惑，有助于教师适时的做出解释和调整。

（3）实践考试。

实践考试是通过一定的实际操作或完成一件产品，来考察学生知识的综合应用能力，以及技能的掌握与熟练情况。实践考试形式多样，如项目考试、作业考试、操作过程考试等。职业教育的目的是培养具有实践操作能力的职业人，实践考试相对于笔试与口试更能对学生实践能力做出考察，这有助于判断职业教育教学目标的达成情况，并进一步改进教学质量。

（二）教师教学工作评价

教师教学工作评价，亦称"评教"，是对教师教学的质量分析和评价，包括教师教学过程评价和教学绩效考核。教师教学过程评价主要考核教师备课、运用教学法和教学手段、控制教学过程、教学质量监控等教学环节。教学绩效考核是依据学生的学业成就、学习态度以及学习能力等方面的进步情况来实施。教师教学评价的目的是使教师个人清楚了解教学的长处与不足，不断提高教学能力，改进教学质量。

按照评价主体来分，教师教学工作评价可以分为：

（1）领导及同行评价。

领导及同行评价是通过观察、听课、共同备课等途径，可以以"他人"的视角判断教师教学过程中存在的问题。领导与同行评价的目的在于找出教学过程中存在的问题，促使教师教学质量的改进。

（2）学生评价。

学生是教的对象，学的主体。学生评价是从"受教育者"的视角提出教学中的优缺点，具有重要的意义。教师应从学生的评价中积极吸取经验教训，不断改进教学能力。

（3）自我评价。

自我评价的主体是自己，个体通过对自己教学行为的反思，认识自己的优缺点，明确进一步的发展方向。自我评价有利于教师自我评价反思能力的提升，有益于教师专业能力的提高。

(三) 教学评价的原则

1. 客观性原则

教学评价要客观公正、科学合理，不能主观臆断、掺杂个人感情，以致评价不符合实际情况。要实现客观公正必须要关注评价的目标、内容、程序是否科学、合理、公正，也要关注评价者与被评价者在评价时的个人情绪状态、评定的先后顺序等客观因素的影响。

2. 发展性原则

教学发展应着眼于学生的学习进步、持续发展，着眼于教师教学改进和能力提升。评价应是鼓励师生、促进教学的手段，要尊重师生的人格，使师生不断取得发展。

3. 指导性原则

教学评价应在检测学生学业成绩或教师教学绩效的基础上提出建设性的意见，使被评价者发扬成绩，克服不足，不断向前。

4. 计划性原则

教学评价必须紧密配合教学工作有计划地进行，为教师和学生经常而及时的提供信息反馈，以便有效地调节和改进教学活动。教学是一项复杂的活动，只有加强评价的计划性才能够使评价适度、适宜的发挥作用，否则，要么出现松弛不能鞭策，要么过于集中负担过重。

第三节　职业教育教学方法

教学方法是为实现一定的教学目标在教学过程中采用的一种以教师为主导的师生共同作用的协同活动方式。它包括教师的"教"与学生的"学"两个方面，是两者的有机协调统一。教学方法是一个行动的概念，它依据人类知识的创新与发展、教学目的与内容的设定或变化、教学理论的最新理解与发展以及教师与学生本人的个性特点和知识经验不断创新、发展和应用。教学方法没有好与差之分，只有适合与否的区别。为了最有效的实现教学目标，教师在具体的教学活动中应灵活采用最适宜的教学方法。

一、职业教育教学的方法

（一）四阶段教学法

四阶段教学法是在第二次世界大战期间美国工业界"Within-Industry-Programm"训练框架内开发。此后，德国为便于在工业界学习工厂中职业能力的传授，由 REFA 协会加以改造。其出发点是熟练产业工人的工作活动分析。在此，被归结为工作任务、工作流程、劳动工具和劳动组织。

首先，培训者一方将编制出一个详尽的传授或训练计划；然后，将工作传授内容细分为四个阶段，如表 7-1① 所示。

表 7-1　四阶段教学法（Arnold/Lipsmeier/Ott，1997，39）

1	2	3	4
			独立应用阶段
		模仿阶段	
	示范阶段		
准备阶段			
1. 准备工具	1. 示范和解释	1. 模仿	1. 独立操作
2. 介绍和建立个人联系	什么—怎么做—为什么	什么—怎么做—为什么	2. 帮助性的干预
3. 列举学习目标	2. 分配学习步骤	2. 检验或评判性问题	3. 成果检查
4. 阐释基础知识	3. 提供学习帮助	3. 纠正错误	4. 表扬赞赏
5. 描述组织背景中的目标	4. 重复	4. 重复	5. 后继活动的指导
6. 激励兴趣	5. 强调要点	5. 肯定	
		6. 表扬或批评	

（二）引导课文教学法

四阶段教学法被看作是培训者中心的教学方法，为了促进或保障受训者在

---

① ［德］Prof. Dr. Klaus Jenewein. die Vorlesung：Didaktik und Curriculumentwicklung ［M］. Uni Magdeburg，183.

培训过程中自己制定计划、实施计划和监控计划，就产生了"引导课文教学法"。引导课文教学法是借助于预先准备的引导性文字，引导学习者解决实际问题。（Rottluff. 1998，P148）本质是指向学生自我教育，使学习者获得自我教育的能力的方法。我们把为传授专业能力和知识而通过课文、图标、符号以及影像描述等形式提供给学习者的工作素材称为引导课文。引导课文由以下几部分组成：

（1）引导问题：针对每一步的工作帮助；

（2）工作计划：原则上学生自己开发以及与培训教师的协商；

（3）监控表：作为任务目标达成与否的判断依据，伴随培训阶段的上升由学习者自己完成；

（4）引导句：问题解决的必要帮助信息，在学习者自己不能独立完成任务的情况下。

依据学习心理学的原理，引导课文教学法作为一个完整的行动过程由六个阶段构成，如图 7-1[①] 所示。

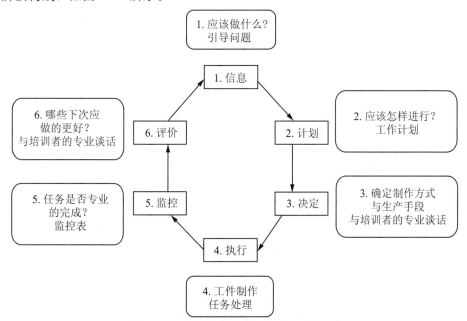

图 7-1 引导课文教学法阶段结构概观（Arnold/Lipsmeier/Ott，1997，40）

---

① ［德］Prof. Dr. Klaus Jenewein. die Vorlesung：Didaktik und Curriculumentwicklung ［M］. Uni Magdeburg，183.

在引导课文教学中，培养学生的独立工作能力是教学行动的基本出发点，即教师的行动局限在准备和收尾阶段，而不是教学过程中，学生行动是独立的。

（三）项目教学法

"项目教学法是职业教育实践中最为典型的行动导向教学的组织形式之一，它充分体现了行动导向教学的真实性、完整性、协作性学习的原则。"[1] 所谓项目教学法是师生共同进行的"项目"的开发与执行的活动。它强调：①行动导向学习；②个人生活经历的意义；③共同交流反馈；④作为过程导向教学的"过程即目标"的原则。

根据基尔帕特里克与杜威的项目教学法，项目方法可由以下几种方式构成：参与者寻找相关问题；进一步定位问题；勾勒出行动和解决方案的基本模型。

项目教学法的实施过程：

1. 确定项目任务

通常由教师提出一个或几个项目任务设想，然后同学生一起讨论，最终确定项目的目标与任务。

2. 制定计划

由学生制定项目工作计划，确定工作步骤和程序，并最终得到教师的认可。

3. 实施计划

学生分组合作，按照计划工作。

4. 检查评估

先由学生自我评价，再由教师进行检查评分。师生共同讨论、评判项目工作中出现的问题、学生解决问题的方法以及学习行动的特征。

5. 归档或结果应用

项目工作结果应该归档或应用到企业、学校的生产教学实践中。

项目教学的关键是设计和制定一个项目的工作任务。职业教育的每个阶段

---

① 刘邦祥. 试论职业教育中的行动导向教学［J］. 职教论坛，2006，（2）.

都可设计一系列相互联系的项目。但初次学习的操作技能或新知识不一定适合采用项目教学法。

（四）案例教学法

案例教学法是教师或课程设计人员选用具有代表性、典型性的材料，在教师的指导下，学生进行独立思考，对案例材料仔细加以分析、探究，提出解决问题的路径的方法。"案例教学法是一个复杂的引导过程，其中首要任务是发展解决问题的理念。"[1] 案例教学法有利于培养学生独立分析和处理问题的能力及今后在职业活动中的应变能力。

在案例教学法中，学生必须在某种标准下对不同问题解决路径方案进行严格的比较和选择。

案例教学可以被分为三个阶段，它们是：首先，学生开始分析、探究问题；其次，学生寻找问题解决的方案或路径，并且决定最好的一种；最后，对解决方案进行评判。

Kaiser 把案例教学阶段划分为六个阶段，如图 7-2 所示。

图 7-2　Kaiser 案例学习阶段模型

1. 介绍

即教学案例的引入，由教师讲解教学案例的基本情况与案例要达到的目标以及对学生讨论的建议。

2. 信息

学生先辨析教学案例目标与问题，然后寻找获得这些问题的相关信息。

3. 研讨

学生根据相关信息对这些问题进行研讨，寻觅解决问题的方案。

---

① ［德］Frank Buenning. 职业技术教育培训中的行动导向教学法导论［M］. Inwent，43.

4. 决策

学生对各种问题解决方案进行比较分析，决定最适宜的解决方案。

5. 辩论

报告与讨论所作的最终决定方案。

6. 评判

引导学生对解决方案做出评价，通过思想的碰撞，加深学生对某些问题的理解，启迪智慧思想。

教师在案例教学时，应注意以下要求：①案例的选择要注意真实可信、客观生动、多样化；②案例教学要目标明确、创造良好的气氛。

（五）实验教学法

实验教学是在教师的指导下，利用一定的仪器、设备和材料进行独立的操作，是验证一种假设或取得相关数据的过程。原则上，实验可以分为研究性实验和教学性实验两种。研究性实验现多在研究所中进行，目的是验证某种假设或取得数据以得出某种结论或发现；教学性实验是教师为了达到教学目标而采取的一种教学方式，是以交流为目的，理解理论或结论的合理性以及因果的内在联系。

实验教学的主要特征是学生需自己动手独立或合作进行实际的操作。通过实验教学，学生可以获得对原理或结论的深入了解；可以培养观察能力、动手能力、计算能力、分析能力等诸项能力；能使学生掌握科学的方法、增强探索的兴趣、提高研究能力；可以培养学生严谨求实的科学精神。

巴德尔（Reinhard Bader）认为实验的过程由以下阶段构成[①]：

（1）观察一个现象（例如：当加上负载后零部件产生形变）。

（2）根据一个假设提出问题（例如：部件的形变与作用力之间的关系）。

（3）实验的计划阶段（例如：计划一个滑轮组实验，决定变量和常量；夹具；加上负载；测量样本；每个单位时间增加负载；估计并计算误差）。

（4）实施实验（观察、测量、记录、计算）。

---

① ［德］Frank Buenning. 职业技术教育培训中的行动导向教学法导论［M］. Inwent，44.

（5）得出结果（检验假设）。

（6）在整个理论范围内对子理论的归类（例如：一个单轴压力条件的假设；应力假设）。

（7）反思理论和应用可能性的结论（例如：实验结果与实际情况下的某个零件一致；零件的数学计算的可能性）。

在利用实验教学时必须注意以下要求：

（1）实验开始前，实验仪器与材料要准备好，教师要讲解实验的目的、程序、要领与注意事项，学生对实验规范要有充分的认知准备。

（2）实验过程中，教师要做好指导工作。

（3）实验结束后，师生合作对实验进行总结。

（六）模拟教学法

模拟教学法是以目标为导向的行动导向教学法的一种，它是依靠教学环境、教学内容、教学用具对事物或情境所作的模拟。

模拟教学分为模拟设备教学与模拟情境教学两大类：

模拟设备教学主要是靠模拟设备作为教学的支撑，其特点是不怕学生因操作失误而产生不良的后果，一旦失误可重新来，而且还可以进行单项技能训练，学生在模拟训练中能通过自身反馈，感悟正确的要领并及时改正。

模拟情境教学主要是根据专业学习要求，模拟一个社会场景，在这些场景中具有与实际相同的功能及工作过程，只是活动是模拟的。通过这种教学让学生在一个现实的社会环境氛围中对自己未来的职业岗位有一个比较具体的、综合性的全面理解，特别是对一些属于行业特有的规范可以得到深化和强化，有利于学生职业素质的提高。

模拟教学法实施的步骤以及注意事项：

（1）准备阶段：模拟练习前，教师要布置好模拟需要的物品和环境，向学生说明模拟的目的、内容、时间与注意事项，提供模拟的示范。

（2）实施阶段：模拟练习中，教师要把握或者指导或者置身局外的角色。

（3）总结阶段：模拟练习结束后，师生要做好批判总结。

（七）参观教学法

参观教学法是组织学生到大自然和社会特定场所，观察、接触客观事物或现象以获得新知识和巩固验证已学知识的教学方法。

参观教学是一种常用教学法。参观可以给学生提供生动、直观的事物形象，有利于调动学生的学习积极性；可以使学生了解社会实际，增强学生的社会认知；可以使学生对职业环境有充分的感知，提高学生对职业与职业道德的认识。

1. 按照教学任务，参观可以分为三种

（1）准备性参观：在教授或学习新的内容之前，安排学生事先对教学内容的应用环境去参观、体验，获得感性认识，有利于引起学习的兴趣和提高学习的效果。

（2）并行性参观：教学内容的教授与参观在一个过程中同时进行，边讲授边参观，边参观边讲授。

（3）总结性参观：在讲授完内容之后，为验证、加深和开拓学生所学的知识、技能等，到特定场合所作的参观。

2. 参观教学的步骤以及注意事项

（1）准备阶段：做好参观活动计划安排；使学生明白参观的目的、计划、规范以及其他注意与预防事项。

（2）实施阶段：要求学生认真观察、细心记录、质疑问难、注意规范与安全。

（3）总结阶段：参观结束之后要求学生整理参观所得之材料与思考，撰写参观报告，采取座谈会形式对学生的参观及思考加以总结回答。

（八）计算机辅助教学法

计算机辅助教学法是利用计算机为核心的媒体技术来达成教学目标的教学法，随着计算机以及计算机应用能力的普及，计算机辅助教学日益受到重视。计算机辅助教学给教学效率提高带来了益处。

随着计算机技术中虚拟现实技术日益发展与成熟，其在职业教育教学中的应用受到重视。所谓虚拟现实技术在教学中的应用是指"利用计算机创建的一个可视化实验操作环境，其中的每一个可视化仿真物体代表一种实验仪器或设备，通过操作这些虚拟的实验仪器或设备，即可进行各种实验，达到与真实实验相一致的教学目的和要求。"①

---

① 柯中炉，牟慧康，杨林生. 虚拟技术：提升高职专业课实践教学的有效策略 ［J］. 职业教育研究，2008（10）.

1. 虚拟现实技术在教学中的应用有显著的优点

①可以弥补教育实验实习设备、材料不足或浪费的问题；②一人一机，可以充分训练，提高训练效果；③可以不受场所、环境限制，有利于个人自学；④虚拟实验，有益于实验安全；⑤虚拟实验，不产生废弃物，无环境损害。

2. 虚拟教学的步骤

（1）准备阶段：教师事先把相应的虚拟软件安装到计算机中，并讲解相应的操作方法，然后做出示范，或边示范边讲解。

（2）进行阶段：学生自己独立的进行虚拟操作，教师给予必要指导。

（3）检查阶段：教师对学生虚拟操作的质量或效果进行检查，评估教学效果。

（4）巩固阶段：巩固学生的操作熟练度，使所有学生都能熟练操作。

需要注意的是，虚拟现实技术的应用代替不了真实环境的操作或实验，当虚拟模拟操作达到熟练以后，教师要带学生作必要的真实的操作实践训练。而这时的实践训练效果和速率将会大大超过没有进行虚拟训练的直接真实操作。

二、职业教育教学法的应用要求

教学法的采用既是科学也是艺术，教师在教学中该采用什么样的教学法是由多种因素共同决定的。这些因素包括，教学目的与内容、教学的条件、教师的个性特征与专业能力、学生的个性特征与知识经验的水平等。这就决定了教师在采用具体教学方法时切忌简单照搬模仿，而是必须综合考虑各种因素，对教学方法进行再创造，灵活地运用于教学实践中。

根据实验研究与经验总结，教师在采用具体教学方法时，应注意以下要求[①]：

（一）综合性

在职业教学实践中，教学任务的完成只采用单一的教学法是罕见的。由于职业教育内容的复杂性，教师在采用具体教学法时往往是多种方法综合运用。教学法的综合运用，是为更好的优化教学过程，达成教学目标，促进学生各项

---

① 刘舒生，董燕桥．教学法大全［M］．北京：经济日报出版社，1990.

职业能力发展的保证。

（二）适应性

职业教育教学法的适应性是指教学法的采用既要适应现代社会、科学技术以及劳动组织方式的发展要求，也要适应教学内容的特征、学生基础知识与技能以及个性特征。

（三）互动性

所谓互动是指在教学过程中教师与学生之间的教学性交往活动。现代教学是师生共同的活动，强调师生的合作。

（四）灵活多样性

教学活动的进行受多种因素制约，不同的教学条件、教学目标、教学内容、教学对象等因素决定了教学法的多样性，教师必须在诸多教学法中灵活选用。

（五）双部性

学生在学习活动中有两个活动的存在，一个是外部的活动表现，如注意力是否集中、操作是否有秩序、是否精准；另一个是内部的活动状态，即学生内部的心智状态，学生的思维是否积极地反映、想象与创造思维能力有没有发展等。教师在教学过程中既要关注学生外在的活动，也要关注学生内部的心智活动。通过外部活动的把握，促进学生内部心智积极发展。

（六）教育性

教学既是知识能力的传授培养过程，更是培育人格的过程。通过教学法的灵活运用，可以在教学活动中培养学生社会责任感、团队合作能力、纪律意识、批判与自我批评的能力、自我控制能力、精益求精的精神、实事求是的科学品质等。同时，在师生互动中，对教师而言也是一个自我人格不断成长的过程。

（七）发展性

世界万事万物都处于发展之中，随着社会经济与科技的发展以及其他制约因素的发展变化，职业教学法也必然做出相应的变化。如果从历史的角度看待这一观点，那么当今人们常常使用的教学法正是这一历史性发展变化的结果，基于此，我们深信新的教学法会不断出现。当前，媒体技术的发展与应用给教学法带来了新的革命，发达国家都在加强媒体技术在教学中的应用和研究，我们的职校教师也应积极地应对这一变化。

第四节　职业教育教学的组织形式

教学组织形式是教学活动的各项要素在教学过程中的组合方式和工作形态，涉及教学活动的规模、师生的社会活动模式、师生活动的时间与场所等方面。依据师生间互动关系以及教学活动的规模，教学组织形式主要有四种：课堂教学、小组教学、匹配教学、个别教学。

一、课堂教学

课堂教学是指将一定数量相同专业程度的学生集合在一起，编成班级，由教师按照规定的教学计划和进度采取适宜的教学方法实施授课和组织学生学习的教学组织形式。

课堂教学是一种重要的传统教学方式，教师往往发挥中心或主导性的作用。课堂教学有利于保证教学的进度、知识传授的系统性、学习的目的性与有序性，是职业教育文化课、理论课和部分实践课教学的基本组织形式。课堂教学有一系列优点，如教学管理制度严格，教学工作严密且有章可循；教学速率快，能在短时间进行大量内容的教学。但是，课堂教学中教师往往处于中心地位，不利于学生主动性的发挥，因此，人们正在努力摆脱这一问题，建立以教师为主导，以学生为主体的教与学的双向活动。

正面教学也叫前面教学，是课堂教学的主要形式，是指教师位于全体学生的前方，与学生面对面的教学组织形式。正面教学发轫于17世纪的夸美纽斯时期，后经裴斯泰洛奇与赫尔巴特最终成为当时流行的教学组织方式。由于正面教学是以教师为中心的教学方式，一直受到人们的批评，如认为它阻碍学生的自发性、妨碍学生间的交流、学生个人的成绩缺乏公正性等。但作为一种常用教学组织方式，它的课堂教学优点也是不可替代的。为了弥补它的不足，人们提供了许多方式，其中之一是融入合作学习与质疑发展性问题。

基本教学步骤[①]：

（1）引起注意与激发学生的先前知识。分组并且做出相关解释，使学生清晰了解讲课的主题，激发学生已有的相关知识。

（2）教师讲课 I。教师开始讲课程内容的第一部分，这时可以利用黑板或 PPT 等。

（3）吸收阶段 I。为让学生消化所学的内容，教师提出一个与教学内容相关的任务或问题让学生处理。

（4）教师讲课 II。教师开始讲课程的第二部分内容。

（5）吸收阶段 II。教师提出第二个任务，可以遵循"思考-交流-介绍"的模式进行。

（6）教师讲课 III。如果教学内容比较多，教师也可以进行第三阶段的讲授。

（7）总结与回顾。最后，教师要亲自或指导学生对教学内容加以总结和回顾，以让学生进一步消化所学内容和有一个宏观整体的了解。

总之，为了达成教学目标，一堂好的正面教学应采用多种教学方法，积极发展学生的思维能力，增强知识的掌握和巩固程度。

二、小组教学

小组教学是一种以学生为中心的教学组织形式，是指把学生分为几个小组，在没有老师的帮助下，小组同学通过努力解决问题的教学组织方式。它有利于学生实践自己偏爱的方法或者监控自己不熟悉的方法，有利于达到较高的认知目标，有利于形成能独立的工作、交流展现、评判性的评价能力。

采用小组学习形式时，每个小组的学习内容可以相同，也可以不同。小组学习的基本流程是：

（1）个人文献阅读。个人要对相关文献进行阅读，以了解问题的背景知识。

（2）工作任务的形成。根据背景材料的内容，提炼出相关工作任务。

（3）工作分组处理。根据学生数量的多寡，适当的分成几个小组，并将工作任务分配给各小组，由各小组对人物进行分析完成。

（4）简短报告展示结果。各小组应简要介绍任务解决成果。

---

① ［德］Ludger Bruening, Tobias Saum. Frontalunterricht und kooperatives Lernen ［J］. Schulmagazin5bis，2006，10，9.

（5）总结发言。最后，教师对各小组的工作成果进行总结。

由于课时、教学内容、学生数额等因素的制约，教师在实际小组教学时应灵活建构小组教学的流程。此外，要注意单个学生小组学习的参与性。

三、匹配教学

匹配学习也是教学中常用到的教学组织形式，它是教师把任务按两个人一组的形式分配下去，由他们两个人合作解决问题的教学组织方式。

匹配学习对学生的成长是积极的，学生在匹配学习中可以了解伙伴的兴趣、观点等，有益于自己学习借鉴他人的长处。

匹配学习的缺点是：

（1）需要较多的时间；

（2）不能充分估计学生自己的成绩；

（3）学生会从事自己陌生的主题。

匹配学习的一般进程是：

（1）教师对学生先进行匹配。注意要形成优势互补和帮带效应，并应注意学生之间的意愿。

（2）教师对特定的教学内容提炼相应的教学任务，并把这些任务分给各个匹配组。

（3）教师应明确问题解决的时限、结果的报告方式等。

（4）学生报告自己对问题的解决，教师做出相应的点评。

（5）教师总结。

四、个别教学

个别教学是学生个人在没有教师与同学帮助下的独立自主的学习或问题解决的教学组织形式，在这种组织形式中学生独自决定工作的步骤和解决问题的方式，是典型的以学生为中心的教学形式。

个别教学的优点是：

（1）学生以自己合适的节奏和学习方式工作；

（2）学习任务可以个人化，即每个学习任务的安排遵循学生的个人特点与程度层次；

（3）每个学生的创造力得以发展；

（4）工作任务可以有难易的差别。

个别学习也有一定的局限性，表现在：

(1) 由于个别教学之单独性，会导致学生孤立感；

(2) 容易导致学生缺乏合作意识。

第五节　职业教育实践教学

实践教学是职业教育的重要组成部分，是职业教育的特色所在。其对于学生综合职业能力的培养具有不可替代的重要作用。

一、实践教学的含义

所谓实践教学是通过特定的实践活动方式，培养学生实践能力、职业能力以及职业道德等为目标的教学活动。

(一) 实践教学与理论教学的区别[①]

1. 教学任务

理论教学的任务是传授从事某一职业所需要的知识以及对该职业的规律性的认识。而实践教学是一种能动地认识职业现实世界的活动，任务是培养学生的职业技能、技巧和职业道德等。

2. 教学环境

理论教学的环境主要囿于课堂，人际环境、社会环境和自然环境都表现的单纯。实践教学的环境多样，实验室、实训工厂、生产或服务场所等，人际环境、社会环境和自然环境较为复杂。

3. 教学方法

理论教学多采用视觉、听觉参与的教学法，如讲解、演示、讨论等。而实践教学除了视觉、听觉的参与外，还强调四肢这一感觉器官的参与，教学法如练习、实习、案例法、情景模拟法、实验法等。

---

① 国家教委职业技术教育中心研究所. 职业技术教育原理 [M]. 北京：经济科学出版社，1998，214.

4. 教学组织形式

理论教学的组织形式基本上是课堂教学，教师教学的对象是全班学生。而实践教学多采用小组或个别的教学组织形式，教师的主要任务是对小组或个人予以指导。

(二) 实践教学与理论教学的协调统一

实践教学与理论教学应该协调统一，实现理论与实践的有机整合。实践教学与理论教学的协调统一实现最好的莫过于德国的双元制。双元制职业教育采用双元的教学方案，在企业以《培训条例》指导学生实训，在职业院校以《教学框架》指导学校的理论教学，课程为学习领域的课程方案。两者均以实践为导向，并在教学内容与进度上相互协调最终实现教学目标。

二、实践教学的意义

(一) 实践教学有助于形成和发展学生的职业能力

纯理论教学既无助于学生理论知识的理解和掌握，更对学生职业能力的形成与发展无益。而通过实践教学既可以加深对理论知识的理解和掌握，更可以塑造学生的专业能力、合作能力、交流能力、方法能力、学习能力等关键能力，以及形成良好的职业道德、职业纪律、职业情感、职业价值等职业精神。

(二) 实践教学有助于学生反思和巩固理论知识

实践教学是学生独立依靠自己的理论知识解决问题和实施操作的过程。为学生提供了一个检验、反思自己理论知识获得实践的机会，从而为理论知识的巩固与最终教学任务的完成奠定了基础。通过学生亲身独立的实践，学生还会获得书本上没有的社会知识，以及发现或获得与职业能力相关的其他新知识。

(三) 实践教学有助于发展学生的心智技能和潜力开发

学生在实践教学中要依靠自己的理论知识与经验，独立解决问题与进行技能训练。在这一过程中，学生必须"手脑并用"，这样学生的观察能力、反应能力、思维能力、注意能力、想象能力等心智技能会不断提高。

（四）实践教学有助于形成和发展学生的职业道德

道德源于社会实践，实践又是检验道德的唯一标准。因此，学生职业道德的形成与发展需要真实的工作环境，离开了真实的工作环境谈职业道德的教育是虚无的。实践教学提供了这样的机会，学生在实践环境中能够对职业、职业功能、团队合作与职业道德有真切的体验，能够加深对自己工作价值的理解、认同和社会归属与责任的荣誉感。从而形成爱岗敬业的事业心，尊重他人、团结友善的社会品质，遵守职业规章纪律，热爱公共财物等职业道德。

（五）实践教学有助于教师检验理论教学的质量和缺失

通过实践教学，可以检验学生所学理论知识的掌握和应用情况，从而发现理论教学的质量。也能够检验理论知识对实践能否够用，有没有什么缺失，从而发现理论教学的漏洞。总之，实践教学为教师改进理论教学提供了依据和动力。

（六）实践教学有助于获得良好的社会和经济效益

通过实践教学，学生、学校和社会都会获得良好的效益。对学生而言，通过实践教学有助于职业能力的形成，有益于就业与职业生涯的规划，并有机会获得一定的经济报酬；对学校而言，通过实践教学可以提升人才培养质量，有利于学校与企业的技术合作；对社会而言，企业可以甄选优秀后备人才，节省了人才招聘和培训的经费，并且有利于整个社会技术实力和竞争力的提升。

三、实践教学体系

职业教育教学以实践为导向，包含两层思想：一是职业教育的理论教学应建立在实践的基础上，以实践为导向；二是实践教学体系的构建与运行。理论教学即理论知识的讲授，实践教学即学生实践能力的培养。传统职业学校的教学存在两个偏差，一是重视理论教学，忽视实践教学；二是理论教学与实践教学存在着割裂状态。随着职业教育课程与教学论的发展，职业教育越来越重视实践教学以及理论教学与实践教学的整合。鉴于此，我们认为所谓实践教学即以实践为导向的教学，就是不论是理论的知识讲授还是实践能力的培养均应该建立在职业实践的基础上。

（一）以实践过程为导向的理论教学

以实践为导向的理论教学要求理论的教学着眼于职业的行动过程或实践过程，摆脱以知识的系统性为目标的知识传授过程。所谓以知识系统的传授为目标，表现在课程上，就是强调课程内容的系统性、逻辑性，是按照知识的系统性、逻辑性来组织内容，教师在进行理论教学的时候，即按照课程目标的要求与课程的知识逻辑递进过程来系统的传授理论知识。以实践为导向的理论教学，课程目标的要求是学生掌握实际工作行动过程中需要的理论知识，以及利用所学理论知识解决实际问题的能力，内容上完全按照职业行动过程或实践过程所需要的理论知识来构建，强调的是行动逻辑的递进，教师在教学时，即按照课程目标关于培养实践能力的要求与实践过程性来教授理论知识。

以实践为导向的理论教学比之于以知识系统性为导向的理论教学更易于激发学生的学习兴趣与问题解决能力的培养，也易于形成学生的"实用主义"精神，更符合实践人才培养的目标要求。

以实践过程为导向的理论教学有三个方面的要求：一是课程目标的设定与内容的筛选要根据行动或实践过程，也就是理论的内容能够理解并解决实践行动或实践过程中遇到的问题；二是课程内容的组织应根据过程递进的逻辑来组织，过程性与知识性有机结合；三是理论教学的教师必须对理论的应用情景，也即职业工作的行动过程或实践过程有充分的了解，能够拥有理论与情境联系起来合理组织教学的能力，这对从事理论教学的教师要求更高了。

（二）实践教学的系统化

职业教育实践规模大，实践任务持续时间长，涉及主体多，组织繁杂。因此，要保证实践教学的整体效益，就必须对学生整个学业期的实践制定统一的实践教学计划，详细规定各个学业期实践阶段的时间、目标、内容、地点、方式等，使各个实践阶段的实践循序渐进，协调统一。

实践教学的方式多样，如实验、教学实习、生产实习、课程设计、毕业设计等。在进行实践教学时应做好必要的组织工作，如实践教学的计划及前期准备阶段、实践教学的实施与监控阶段、实践教学结果的评价总结阶段，各种实践教学方式在各个阶段均有不同的工作内容与重点。

实践教学需要一定的仪器设备、实践场所、教学材料等，所需费用较为昂贵。以职业院校为主的职业教育实践教学要求职业院校须具备条件较好的校内实训基地，但这对职业院校的教育财政问题提出了过高的要求。此外，校内实训基地也无法具备真实企业环境生产过程的整体性与真实性，对于职业人才的培养有一定的局限性。依据国际经验，企业参与职业教育是弥补学校职业教育不足的重要途径。政府应制订相关政策，发挥主导作用促进企业积极参与职业教育与培训。企业也应看到参与职业教育与培训对于提高本企业开放性、生产效率以及提高社会整体人力资源质量的重要作用，从而热衷于职业教育事业。

四、实践教学的原则

实践教学除应遵循一般教学的科学性与思想性统一等原则外，还应遵循以下教学原则。

(一) 针对性原则

"技能实训是主要围绕职业组织起来的教学体系。"[①] 实践教学的针对性原则是技能的训练与操作应依据教学目标与教学内容，并具有职业针对性，即技能模块、实训组织应体现职业行动的要求与过程，每一组块实践教学都有相应的能力目标，并与具体的职业行动能力相适应。

(二) 全面性原则

实践教学的最终目的是塑造学生的职业综合素质，培养学生的职业能力。关注的是学生整体的全面发展，既会做事——具备好的专业能力，即利用专业知识、技能解决专业问题，提出专业合理化建议等；也会做人——具备良好的社会能力和个人能力，即沟通能力、合作能力、参与意识、适应能力、成功欲、个人生涯规划能力、自我发展能力等；也要具备良好的方法能力与学习能力，适应不断变革的技术工作与社会，可以持续发展。

(三) 独立性原则

实践教学的主体是学生，独立性是学生实践活动的固有特性。学生在进行具体的实践技能练习或操作时较少得到教师的帮助，必须独立进行。在小组学习时也必须要有主动承担工作的责任意识，积极从事小组的合作分工，共同完成小组的工作。坚持实践教学的独立性原则是培养学生职业能力和责任意识的

---

① 刘合群. 职业教育学 [M]. 广州：广东高等教育出版社，2004，207.

应有之意，否则教学目标将难以实现。

（四）发展性原则

发展性原则有两种含义，第一是实践教学的目的着眼于学生的发展；第二是实践教学必须紧跟技术应用实际的发展。实践教学要培养学生的创造创新能力与学习能力等关键能力，对于实践中出现的问题能够理智的看待，把其作为学生发展的机会。此外，遵守经济与技术的变革，实践教学应做出积极地反映，尤其是在校内进行的实验、教学实习等形式的实践教学；同时，教师也应不断学习和锻炼，有计划的到企业学习、锻炼与调研，及时了解变化了的职业环境。

（五）过程性原则

实践教学必须以过程为导向，也就是以事物发生发展的有序进程以及合理化为参照进行教学，以职业行动过程安排实训的过程和环节，有目的、有计划的培养学生的职业能力。比如，实验教学实习中，教师必须遵照实验、实习的正确步骤进行示范，并向学生讲明其中的原理。在生产实习中，应遵循企业职业的工作过程组织学生熟悉整个生产流程，按照操作原理进行相应技术操作。

第八章
职业院校德育工作

  道德是每一个社会的基础，渗透在社会的每个细胞中，是人类和谐共处的基本准则。然而，生于人类本能层面的道德及其派生的伦理、政治思想和国家情感等内容，则需要在一个人的不断成长中逐渐培育，并凝结成其人生的必要部分。从事职业教育的职业院校则将这神圣任务汇聚于德育工作中，有目的、有计划、有组织系统地实现人的德性生成，以便使培养的职业技术人才有应有的职业精神，熟悉并遵守职业道德规范，坚守职业理想，能够让技术服务于人"过幸福生活"的目的。

第一节 职业院校德育的任务和内容

  职业院校德育工作是其主要任务之一，科学地完成这项工作，是保证职业技术人才培养质量的必然要求。长期以来，社会上的各行各业都形成了本行业的行为道德规范，从而保障本行业的健康持续发展。这里，从职业教育的视角透视职业院校德育工作，明确职业院校的德育任务和内容，突出职业院校实景训练进行德育的特色，以提高职业技术人才的培养质量。

一、职业院校德育的任务

  职业院校德育的基本任务，就是运用马列主义、毛泽东思想、邓小平理论、三个代表和科学发展观理论武装广大学生的头脑，使学生热爱党，热爱祖国，热爱社会主义，拥护改革开放，关心集体、乐于助人，努力学习、钻研技能，积极向上、自强不息，提高思想政治觉悟和认识能力，协调人际关系，调动他们的工作和学习的积极性，为实现职业目标和社会主义现代化建设而奋斗。

（一）德育的含义

在我国古代，德的本字为"悳"，汉许慎《说文解字》说："悳，外得于人，内得于己也。"解为要正直地处理与他人的关系，要无愧于心。现代汉语中本字"悳"已演化为"德"的异体字。育，本作育，义为养。《说文解字》说："育，养子使作善也。"

在现代，人们已赋予德育以更广泛的内容，但无论是古今中外以至各个国家、地区、民族、历史阶段对德育的本质属性认识是一致的，那就是德育是培养人的品德的活动，也是德育与其他事物、其他社会现象，包括体育、智育、美育等教育现象相互区别的本质特征。

因此，我们理解德育是教育者按照一定社会需要，有目的、有计划的对受教育者施加思想、政治和道德影响，培养学生形成他们的品德和自我修养能力的教育活动。简而言之，德育就是老师有目的地培养学生品德的活动。德育是相对于体育、智育、美育等教育现象提出的，是我国全面发展教育的一个重要组成部分，对学生进行德育是学校的一项重要工作。

德育的性质和内容，是被一定社会的经济基础决定的，德育是以一定社会意识和道德规范为内容，因此我国社会主义的学校德育包括三个组成部分：道德品质教育，即引导学生逐步掌握社会主义的道德规范，履行道德义务，以形成高尚的品德；政治教育，即引导学生坚持社会主义道路，坚持共产党的领导，逐步形成爱憎分明的政治态度和立场；思想教育，即引导学生逐步掌握辩证唯物主义和历史唯物主义的基本观点，以形成正确的人生观和科学的世界观。在上述三者中，道德品质是基础，要注重培养学生具有良好的基本道德品质，三者相互联系、相辅相成，不应有所偏废，以发挥它们在培养学生品德中的最佳整体功能。

（二）职业院校德育的任务

职业院校德育的基本任务，即进一步加强思想政治教育，把社会主义核心价值体系融入到职业教育人才培养的全过程。高度重视学生的职业道德教育和法制教育，重视培养学生的诚信品质、敬业精神和责任意识、遵纪守法意识，培养出一批高素质的技能性人才。职业院校的具体任务有以下几个方面。①

---

① 关于加强和改进中等职业学校学生思想道德教育的意见［Z］. 教职成［2009］11 号 . 2009-6-24.

1. 进行民族精神和时代精神教育

以爱国主义和改革创新教育为重点，开展中华民族优良传统和中国革命传统教育、民族团结教育、形势政策教育，引导职业院校学生树立民族自尊心、自信心和自豪感，培养改革精神和创新能力。

2. 进行理想信念教育

以马克思主义基本观点、中国特色社会主义理论体系为重点，开展中国革命、建设和改革开放的历史教育与国情教育，开展哲学与人生教育、经济政治与社会教育，引导职业院校学生树立中国特色社会主义共同理想，逐步确立正确的世界观、人生观和价值观。

3. 进行道德和法制教育

以职业道德教育为重点，开展公民道德教育、民主法制教育，开展集体主义精神和社会主义人道主义精神教育，引导职业院校学生树立社会主义荣辱观，养成良好道德品质和文明行为，提高职业道德素质和法律素质。

4. 进行热爱劳动、崇尚实践、奉献社会的教育

以就业创业教育为重点，开展职业生涯规划教育和职业指导，引导职业院校学生树立正确的职业观和职业理想，提高综合职业素质和能力。

5. 进行心理健康教育

以培养良好的心理品质为重点，开展心理健康基本知识和方法教育，开展职业心理素质教育，指导职业院校学生正确认识和处理遇到的心理行为问题，引导他们养成自尊、自信、自强、乐群的心理品质，提高心理健康水平和职业心理素质。

6. 以珍爱生命为重点，实施健全人格教育

实现这一点，需要开展安全教育、预防艾滋病教育、毒品预防教育、环境教育、廉洁教育等专题教育，引导职业院校学生树立安全意识、环境意识、效率意识、廉洁意识。

二、职业院校德育的内容

德育内容具体规定学生发展的政治方向和应掌握的思想观点与道德规范。它标志着应当培养学生具有哪些品德，是进行德育的依据，是完成德育任务、实现德育目的的一个重要保证，因而全面正确地确定学生德育的内容是一个极为重要的问题。德育内容的创新，就是要根据时代发展的需要，适应职业院校学生的身心发展的特点，针对德育的时代性特点和职业教育的职业性特点，从职业院校学生全面发展的需要出发，解放思想、与时俱进，在继承和发展的基础上，不断更新和调整德育内容。职业院校德育大纲明确指出的德育内容包括以下五个方面：民族精神教育；理想信念教育；道德品质、文明行为教育；遵纪守法教育；心理健康教育。除以上各系列教育内容外，职业院校还要随着经济、政治形势发展进行形势教育和时事政策教育。在此基础上，德育内容还包括从以下四个方面寻求突破：[①]

1. 德育内容由"高"到"低"贴近生活

传统的德育内容，不乏爱国主义、集体主义等内容。这些德育内容对提高学生的思想觉悟确实是必要的。但是实事求是的考察职业院校学生的身心发展实际之后，我们不难发现，这些德育内容有的确实是有些高远了。说教这些高远的德育内容固然是非常重要和十分必要的，但如果把德育当成了简单的政治任务，德育课上所讲的道理与学生面对的现实生活没有切合点，缺少亲和感，缺乏感染力，失去号召力，最终就不能形成德育影响力，妨碍德育实效性的发挥。

德育内容要实现由"高""远"到"低""近"的转变，处理好德育内容选择的"高"和"低"、"远"与"近"的关系。德育要贴近、关注学生的个体生命和现实生活，把体现社会要求的思想观念、道德规范与他们的日常生活密切联系起来，构建学生喜闻乐见的具体教育内容系列。德育内容要扎根生活土壤，融入对受教育者个体日常生活、学习生活、交往生活、集体生活等的关心、指导之中，真正发挥对人生的肯定、调节、提升的功能。从学会爱父母、爱家人到学会爱人民；从学会爱家乡、爱学校到学会爱祖国；从不随地吐痰、不大声

---

　　① 张学茹. 当前我国中等职业学校德育创新问题研究 [D]. 石家庄：河北师范大学，2007，32—35.

喧哗、买饭不加塞儿等行为习惯的养成教育，到做一个合格公民的教育。教会学生从高处着眼，从低处着手，在日常小事的处理问题上积累道德经验和道德认识，逐步提高学生的道德水平。

2. 寻求由"外"到"内"的自律型德育内容

传统学校德育，习惯于将外在的道德规范强制灌输给学生，这是一种他律型德育。这种德育强调的是教师的权威和学生的服从，忽略启发诱导，既不重视道德情感的体验，也不关心道德意志的锻炼，更谈不上自我判断、自我选择、自我教育等能力的培养。这不仅不符合教育规律，而且也压抑了学生身心发展的要求在这种强制性灌输中，学生迫于一时的外界压力表面上接受某些道德规范和知识，但是由于不是出于道德情感上的共鸣，更不是出于自觉的道德需要，这种接受只能是暂时的和表面的。为了职业院校德育真正收到实效，必须将这种外在的他律型德育，向内在的自律型德育转变。

德育应该培养学生在个体道德生活和社会道德生活中学会自律。那么学生到底需要什么样的德育内容来内在地提升自己的道德素质呢？现实生活中，青少年学生存在的问题表现在自我评价障碍、意志薄弱、人格障碍、挫折心理等。因此从这些方面着手的德育内容是：第一，挫折教育，培养学生正确认识和驾驭挫折能力，培养对未来生活的适应能力和对周围环境的调节能力；第二，自我评价教育，对自己的行为做出肯定或否定的价值判断；第三，道德两难问题讨论，把培养道德判断力作为德育的重要任务；第四，道德责任心培养，指导学生树立对自己、对他人、对社会、对国家甚至对全球的责任；第五，活动课程教育为学生的道德自律能力培养提供一个实践的机会。

3. 从传统到现代的德育内容的扬弃与超越

职业院校德育内容选择必须处理好继承和发展的关系。既要继承和发扬中华民族优良道德传统，又要借鉴世界先进文明成果，形成具有民族特色、体现时代精神的生活化、创新性的道德教育内容系统。

中国是文明古国，数千年的悠久历史积淀了丰厚的伦理思想，体现了中华民族精神的优良传统。剔除传统伦理思想的封建糟粕后，赋予这些伦理思想以新的时代内涵，就扬弃地继承和发展了传统道德思想。比如：从"天人合一"思想到"以人为本"的理念、从"和为贵"的思想到和谐社会的理念、从"天下兴亡匹夫有责"的爱国抱负到爱国主义的思想、从"先天下之忧而忧，后天下之乐而乐"的集体情怀到集体主义思想等，无不体现着传统伦理思想的精华。除此以外，"自强不息"的进取精神，"仁爱孝悌"的人伦原理，"先义后利"的价值取向，"诚实守信"的道德品质，"修身养性"的修养态度，"富贵不能淫、贫贱不能移、威武不能屈"的浩然正气等等也应成为职业院校学生道德修养的重要思想源泉。

同时，适应时代发展和市场经济的客观要求，职业院校德育还要注意吸收当代世界各国包括资本主义发达国家的先进文明成果，尤其是普遍适用于市场经济、知识经济和解决当代人类共同问题的伦理思想，比如竞争意识、团队意识、质量意识、职业道德品质等。将这些先进国家的伦理观念，剔除其阶级性的因素后"洋为中用"，使之与中华民族优良道德传统融为一体，为职业院校学生的德性成长提供丰富的伦理思想资源。

4. 德育内容着眼点从共性向个性提升

德育中的个性教育实质就是坚持因材施教的原则。因材施教不仅适用于智育、体育、艺术等方面的教育，也同样适用于社会主义道德教育。传统的职业院校德育用统一的道德规范在完全相同的层面上进行教学，是一种共性的教育。而人是千差万别的，每个人的道德发展也是因人而异的。虽然个性中有共性，但是个性更包含着个人区别于他人的个性心理特点。因为德育传统上是面向全体学生，过分地强调规范对学生的共性制约，忽视了学生的个性差异。加之国际分工的精细化和科学技术的突飞猛进，社会更加需要多层次多方面的个性创新人才。没有个性就没有人才，没有个性就没有创造力。德育的以人为本原则就要求重视对学生的个性教育。因此职业院校德育应该在共性学习基础上，进行有针对性的个性化教育，比如：师生面对面的心理咨询、心理辅导、创业指导等。

5. 德育内容创新由知识学习到能力素质培养转移

德育过程是知、情、信、意、行的有机统一。道德认知固然是整个道德形成的基础，但是德育更重视的是道德情感和道德行为的形成。

2000年世界21世纪教育委员会提出21世纪人才素质的标准：第一，有积极进取开拓的精神；第二，有崇高的道德品质和对人类的责任感；第三，在急剧变化的竞争中，有较强的适应能力和创造能力；第四，有宽厚扎实的基础知识，有广泛联系实际、解决实际问题的能力；第五，有终生学习的本领，适应科学技术综合化的发展趋向；第六，有丰富多彩的健康个性；第七，具有和他人协调和进行国际交往的能力。[①]

从 21 世纪人才素质的标准可以看出：21 世纪人才培养的思路发生了重大变化，从学习知识到学会做事到学会做人，强调人才培养要从单纯的知识的掌握，到能力和素质的发展，到与人相处的艺术，到广泛可持续发展的潜质。因此职业院校的德育内容选择要以科学发展观为指导，把学生培养为全面的人、独立的人、道德的人、健康的人、创新的人，要从单纯的知识的掌握，到全面的素质和能力的发展。

职业院校德育创新不仅要培养学生树立良好的职业习惯和安全意识、质量意识、效率意识、环境意识，而且还要形成终身学习的能力、抗挫折能力、竞争能力、合作能力、创业能力、创新能力等诸多能力。

第二节　职业院校德育的原则和模式

职业院校承担着职业道德教育的任务，面对不同专业方向的学生来说，有必要抽取出职业道德教育的共同内核与规律，对学生进行教育，为他们打下职业道德基础，为他们建立一个职业道德平台。将来，不论职校学生进入哪一个职业领域，都能自然地将专业的职业道德规范嫁接在已形成的职业道德平台上，形成专门职业所要求的道德规范。

一、职业院校德育的原则

德育原则是教师对学生进行德育必须遵循的基本要求。职业院校德育原则是职业院校德育工作者在实践经验的基础上根据德育规律提出的、并且应该遵循的基本要求，对组织与进行德育、提高德育质量都具有重要的意义。要正确选定职业院校的德育内容、途径和方法，恰当地处理教育者与受教育者、学生个人和集体之间的关系以及各种教育问题，都应当依据和遵循德育原则。

我国职业院校德育原则来自德育的实践，是以马克思主义为指导，依据我国教育目的，对学校德育经验的积累和对德育过程规律的认识和深化而发展、充实的。加强和改进职业院校学生思想道德教育要遵循以下基本原则：方向性

---

① 王小明. 社会转型期高校德育工作创新研究 ［M］. 上海：华东师范大学出版社，2005，34—35.

与时代性相结合的原则，贴近实际、贴近生活、贴近未成年人的原则，知与行相统一的原则，教育与管理相结合的原则，解决思想问题与解决实际问题相结合的原则①。

（一）方向性与时代性相结合的原则

方向性与时代性相结合的原则是指既要坚持正确的政治方向和育人导向，又要紧密结合时代发展的实际和职业院校学生的思想状况，增强思想性和时代性。教育者进行德育时要把思想政治观念和道德规范的教育与参加社会生活的实际锻炼结合起来，把提高学生的思想认识与培养道德行为习惯结合起来，使他们言行一致，要根据受教育者的特点逐步引导，提高学生的思想认识，培养学生的道德行为。

贯彻方向性与时代性相结合原则的基本要求如下：

1. 提高学生思想，积极参与实际锻炼

思想认识是行为的先导，要求学生必须逐步掌握马克思列宁主义、毛泽东思想提高社会主义觉悟，树立远大的理想和培育高尚的品德。在学校要进行系统的政治理论教育，掌握政治、道德、哲学的概念和原理，并善于运用这些知识来分析具体问题。理论教育要联系实际，包括联系社会主义建设、人民生活等实际，学习理论时要领会如何从无产阶级立场出发，运用辩证唯物主义和历史唯物主义的观点和方法来观察问题，处理问题。

2. 在实践中培养道德行为

职业院校德育要以实践为基础，注重引导学生积极参加集体生活、公益劳动、社会服务、政治活动与社会主义建设等活动，在实践中锻炼成长，养成好的道德行为习惯。要求学生参加实践活动，把革命理论教育和革命实践活动结合起来，引导学生关心祖国的社会主义建设，要求他们在学习上勤奋刻苦，热爱劳动，参加校外、学校和家庭中力所能及的劳动，养成良好的习惯和道德品质。

---

① 关于加强和改进中等职业学校学生思想道德教育的意见 ［Z］. 教职成 ［2009］11 号. 2009-6-24.

（二）贴近实际、贴近生活、贴近未成年人的原则

贴近实际、贴近生活、贴近未成年人的原则是指既要遵循思想道德教育的普遍规律，又要适应职业院校学生身心成长的特点，从他们的思想实际和生活实际出发，开展富有成效的教育和引导活动，增强针对性和吸引力。职业院校在对学生进行德育时，要对学生个人的尊重和信赖与对学生思想和行为的严格要求结合起来，使教育者对学生的影响与要求转化为学生的品德。

人们都具有自觉能动性、自尊心和荣誉感，只有受到尊重与信赖，他们才能充分发挥自己的主动性和创造性。尊重学生，就是尊重学生的首创精神，以平等的态度对待学生，学生有问题，要热情帮助，如果以歧视、侮辱、压制来对待，那么后果是不堪设想的。严格要求，古语云"严师出高徒"，严格要求是对学生关怀与爱护的另一种表达方式。尊重学生与严格要求，两者是辩证统一的，并无本质对立，严格要求是教师对职业、对学生的高度责任感的表现，尊重学生是严格要求的前提。社会主义社会要建立和发展平等、团结、友爱、互助的新型人际关系，发扬尊重人、关心人的社会主义人道主义精神，所以，社会主义职业院校必须把贴近实际、贴近生活、贴近未成年人作为德育的一个重要的原则。

贯彻贴近实际、贴近生活、贴近未成年人原则的基本要求如下：

1. 尊重、信赖和爱护学生

职业院校的学生都肩负着建设社会主义事业的重要任务，是祖国的未来，尊重、信赖和爱护学生是一个优秀教师的基本品德。教育者要满腔热情，对学生加倍关心，爱护学生，启发引导学生自觉进步，对他们的缺点、错误要帮助他们改正，不能以偏代全，对学生有偏见，不能侮辱和体罚学生，尊重、信赖和爱护学生是教好学生，期望良好效果的重要条件。

2. 严格要求学生

教师向学生提出要求就是在对学生进行教育和培养时，提出的要求要合理、正确、明确、具体，要难易适度，经过努力可以做到。所谓严格要求就是对学生的缺点和错误丝毫不能松懈，不能因其事小、或因其年轻而原谅，要注意防微杜渐，但严格要科学合理，符合学生年龄特征，切合实际，易被学生理解，如果"严"到使学生望而生畏或产生逆反心理，就失去了要求的意义。对学生

的正当要求、合理欲望，尽量给予满足，对不正当不合理的欲望，要采取控制、教育、引导的方法，控制其发展。职业院校德育要以人为本，贯彻尊重学生与严格要求学生相结合的原则也是教师在德育上获得成功的一项重要的艺术。

（三）知与行相统一的原则

知与行相统一的原则是指既要重视知识传授、观念树立，又要重视情感体验和社会实践，引导职业院校学生自觉遵循道德规范，形成知行统一、言行一致的优良品质。我国古代教育家就非常重视"言行一致"。孔子十分重视人的道德行为的培养。他说："君子耻其言而过其行"。[①] 他认为评价一个人的道德水平，不能"听其言而信其行"，而要"听其言而观其行"。[②] 朱熹认为知与行是不可偏废的，"论先后，知为先；论轻重，行为重"，"致知、力行，用功不可偏，偏过一边，则一边受病"。[③] 这些宝贵的见解都是值得我们借鉴、学习的。知行统一，言行一致也是共产主义道德的重要特征。马克思主义的道德观，不仅要求言行一致，而且要求把科学理论与社会实践结合起来，形成社会主义新人的世界观、人生观。对职业院校的学生来说，尤其要注重理论与实践相结合，推动他们积极参加社会主义建设和社会生活实践，不断提高自身的修养。在职业院校中进行德育要注意依靠学生集体，发挥集体的作用，培养合作与互助意识，同时也要注意学生的独创精神，以提高道德修养。

通过集体教育学生，是职业院校进行德育的有效途径之一，也是培养学生集体主义精神、团队协作意识的一个重要途径。马卡连柯指出："只有建立了统一的学校集体，才能在儿童的意识中唤起舆论的强大力量，这种舆论的力量，是支配儿童行为并使它纪律化的一种教育因素。"[④] 心理学认为，学生在集体中可产生一个彼此影响、互为诱导的社会效应。学生集体不仅是教育对象，也是教育的主体，具有巨大的教育力量。职业院校在统一的德育的要求下，同时也要注意针对个体学生，从实际出发，采用个别教育的方式，培养学生的独立意识，独自发现问题、解决问题的能力，这也有利于全体学生从业能力的培养，促进共同进步。

---

① 《论语·宪问》.

② 《论语·公冶长》.

③ 《朱子语类辑略》卷之二.

④ ［苏联］马卡连柯，格牟尔曼，别特鲁兴. 论共产主义教育［M］. 北京：人民教育出版社，1954，353.

贯彻知与行相统一原则的基本要求如下：

1. 引导学生热爱集体，培养集体主义精神

要发挥学生集体的教育作用，集体对学生品德性格的形成是很有影响作用的，要看到培养学生集体的过程，也是培养学生品德发展的过程，要注重培养集体观念。良好集体的形成是德育的结果，而良好的、正义的集体形成后，又会促进德育进程的发展，成为道德教育的力量。要倡导学生之间建立良好的关系，善于依靠集体，也是一种群众观点和群众路线的工作方法。集体教育的成效也可成为检验职业院校德育工作的一种表现成果。

2. 通过集体教育学生个人，通过学生个人影响集体

要发挥集体的教育作用，就要先向集体提出要求，在集体分工协作时，就成为要求、教育和帮助学生个人的成长。这种方式可以把集体和个人的积极性都调动起来，通过个人的转变来影响整个集体。当然在这一过程中，同时也需要教师对集体培养和个别培养并行来解决分析所遇到的问题、现象，并及时影响或纠正不正确的"小集团"或个别错误思想，引导集体与个人共同向正确的方向努力，来真正达到通过集体教育个人，通过学生影响集体的效果。

(四) 教育与管理相结合的原则

教育与管理相结合的原则是指既要进行深入细致的思想教育，又要加强科学严格的管理，实现自律与他律、激励与约束的有机结合。根据学生的年龄特征和个性差异，从学生的思想认识和品德发展的实际出发，同时也要考虑到学生所学专业特点，使每个学生的道德品质得到发展。

我国古代教育家孔子积累了丰富的因材施教经验，他善于了解学生，提出了"视其所以，观其所由，察其所安"的了解学生的有效方法，擅长根据学生的特点进行有区别的教育。在职业院校德育中同样要注意因材施教，学生的品德发展既有一般规律、年龄特征，又有各自的个性特点、优点与缺点。既要尊重学生的身心发展规律，又要给予合理的指导，发展学生的个性和创造精神，这也是尊重学生表现、因材施教的基础。否则，如若一视同仁，不但不能发展学生的个性、调动他们进行道德修养的积极性，而且还会无视学生特点，以致压抑学生的个性，阻碍学生的进步。

贯彻教育与管理相结合原则的基本要求如下：

1. 深入了解学生的个性特点

这是进行德育的基本前提，也是正确实施因材施教的基础，同时也是一项复杂的工作，这就要求教育者平时要多与学生接触，了解学生，掌握学生的个性特点和差异，有针对性的进行德育，具体问题具体分析，德育工作中使用的方法有很多，在下一节详细介绍，可以参考。

2. 结合学生特点有的放矢地进行教育

应结合职业院校学生的个体差异和所学专业的特点，因为不同年龄阶段的学生对职业及职业理想的理解也是有所不同的，进行德育要弄清每一阶段学生的思想特点，用一句通俗的话来说，就是"一把钥匙开一把锁"。要发挥学生的优势，就要善于找出并运用特定的钥匙，打破"一般化"的原则，要体现学生所学专业方向的职业理想、职业责任、职业情感、道德意志，突出职业院校德育工作的特色，促使学生成为生产管理、服务第一线需要的应用型高素质人才。

（五）解决思想问题与解决实际问题相结合的原则

解决思想问题与解决实际问题相结合的原则是指既做到以理服人、以情感人，又要切实帮助职业院校学生解决学习、生活中遇到的实际困难和问题，增强教育的实际效果。进行德育要循序渐进，从提高学生思想认识入手，要给学生指明前进的方向，调动学生的主动性，以理服人，启发诱导。

我国古代教育家孔子非常善于循序渐进、诱导学生主动学习，能充分调动学生学习与创造的积极性。此后，积极疏导，循序渐进成为我国教育的一个重要原则和教师应具备的一个优秀品质。职业院校的青少年学生正处在道德认识迅猛发展时期，对未来非常向往，要扩大自己的知识与视野，对社会生活有了一些了解。但他们缺乏对社会经验的是非辨别能力，看问题容易简单片面，容易出现过失。这就需要我们的道德教育发挥应有的作用，积极疏导，循序渐进的进行思想教育等，所以就要求解决思想问题与解决实际问题相结合，正面教育、说服诱导，提高思想认识，使他们明白事理，自觉地向正确的方向发展。

贯彻解决思想问题与解决实际问题相结合原则的基本要求如下：

1. 循序渐进，疏通思想

对职业院校的学生进行德育，要注重摆事实、讲道理，做深入细致的思想工作，启发他们自觉认识问题，自觉改造道德规范。即使学生有品德上的问题或思想上的缺点，也要注重疏通思想，提高认识，要疏导，而不能压制，压制往往带来反抗，不利于学生进步，只有让学生懂理明理，才能心悦诚服、自觉改进。在职业院校中，青少年学生往往活泼好动，在课外活动中参加自己喜爱的活动，但如果学生沉迷于某项不良的活动，也会严重影响学习和学校的纪律，所以要循序渐进，因势利导，把他们的积极性向正确的方向引导。

2. 以正面教育为主

以正面教育为主主要指要以表扬，激励为主，职业院校的青少年学生积极向上，有自尊心、荣誉感，但往往不能正确认识社会和人生问题。教师要给予启示、指点，要用马克思主义的基本原理和共产主义道德规范去教育学生，使他们放眼社会、懂事明理，关心他人，热爱祖国，并运用环境因素和学生思想行为中的积极因素去提高学生们的思想认识。在他们成长的过程中，要坚持正面教育，对学生注意观察，对他们表现出的积极性和微小进步都要注意肯定，多加赞许和表扬，要以鼓励为主，态度不能简单粗暴，切忌用挖苦、侮辱、讽刺、谩骂等方式。引导他们树立远大理想，激励学生自觉产生正确从业的动机与动力，以培养他们的优良品德。

二、职业院校德育的模式

在汉语中，模式一词指"某种事物的标准形式或使人可以照着做的标准样式"，例如：文化模式、教育模式、经济模式、社会模式、办学模式等。英文Model 可以译为"模式"，该词还可译成"模型"、"范例"、"典型"等意思。通过研究模式，可以把事物的主要因素、关系、状态、过程突现出来，排除了事物次要的、非本质的部分，便于人们进行观察、实验、模仿和理论分析。

德育模式就是从特定的德育理念出发，在德育过程中固化下来的一套操作系统。它是一种独特的研究范式，是德育理论实践化和德育实践理论化的中介。职业院校的德育模式的主要内容是以课堂教学和实践活动为依托，对学生进行思想政治、道德知识、专业知识、行为规范的引导，根据专业特点和年级差别，开设不同的德育课程和开展不同的德育活动。

职业院校德育模式主要有工学结合与交替模式、职业探索与职业指导相结合模式、活动体验与实践模式、德育课程为主，其他课程渗透模式等。①

（一）工学结合与交替模式

职业院校要实施弹性学制，学生可以采取工学交替的方式完成学业，或是采取工学结合，学生在学校学习两年半，在校外实习半年。在学生的工作期内，学校在德育中不能采取放任自流的办法，忽视对学生的跟踪管理。实际上，这一时期是学生首次面对全新的社会环境，面对复杂的人际关系的时期，是学生思想最为动荡，矛盾冲突最为激烈的时期，是学生体验最为丰富，德育最见成效的时期。学校要主动与工作中的学生保持密切联系，密切关注学生的动态，关注学生的心理变化，并及时给予帮助和指导。帮助他们完成学生向社会人角色的转变，指导学生适应社会。用企业的先进文化熏陶学生，用企业的模范人物影响学生，将用人单位的纪律要求内化为个人职业道德，进一步强化学生的职业素养。周济部长指出：要以建立和完善工学结合培养模式为目标，深化职业教育教学改革。一要加快推进职业教育学分制，建立"学分银行"，支持工学结合的有效开展。二要继续推进产教结合，为推进工学结合提供坚实的体制基础，积极推进"订单培养"，为行业企业输送适合他们需要的高素质技能型人才。三要完善管理制度，为推进工学结合提供强有力的制度保障，制订为参加工学结合学生提供合理报酬和津贴的政策。工学结合不仅是职业人才培养的一个好模式，而且是职业院校学生德育的重要途径。

（二）职业探索与职业指导相结合模式

学校要激发学生对专业的热爱之情，增强学生的岗位体验。学生带着无奈和一线期望进入职业院校，在适应了学校生活后，由于对专业的不了解，对前景的不乐观，经常会出现松懈和失落的不良情绪。学校要在学生入学时就对学生进行专业教育，宣传专业的前景，介绍学校的校史，介绍本校毕业生成功的范例，激发学生热爱学校，热爱专业的情感。组织低年级学生对自己的职业生涯进行设计，帮助学生克服错误思想，让学生在进校之日起就树立职业理想，立志成才，同时为全面进行职业道德教育、提升学生素质打下基础。在专业教学中，强化专业意识的培养，不断地传授行业规范，让学生在学习中潜移默化地形成职业道德观念、敬业精神。加强学生的职业试探，必须大力建设有职业

---

① 王承欣. 中等职业学校体验德育模式研究［D］. 长沙：湖南师范大学，2006，16—21.

特色的校园文化。校园文化是指校园的整体文化，既包括校容校貌、教学与管理制度，师生共同遵循的道德规范和行为准则，也包括以此产生的一种强烈持久的精神氛围。德育工作者应注重内部的校园文化建设和管理，把它变成一种有意识地控制和设计的隐性课程，为学生提供品德体验的环境，加强学生思想品德的教育。

（三）活动体验与实践模式

在学生自治管理和学生实践活动中，强化职业意识，增强责任感。学校的学生会、团总支以及班委会、各班团支部是学生自管理、自我服务的自治组织。在这些学生自治组织开展工作时，要科学分工，民主管理，明确职责，突出学生干部的职业意识的培养。教师特别是班主任要善于培养学生积极分子，善于培养班干部，通过积极分子和班干部活跃地参与班级事务，积极地维护学校的制度和纪律，从而形成健康的集体舆论，这种健康的集体舆论就会成为学生体验的依据，从而影响集体中的其他成员。让全体学生接受到同样的关怀爱护，而不是只有少数人能够获得成功体验，多数人获得庸碌和平常的体验。苏联杰出的教育家马卡连柯指出：要采取这样一种方式——使每个学生都不得不参加共同的活动，这样一来，我们就教育了集体，团结了集体，加强了集体，以后，集体自身就能成为很大的教育力量。因此班集体一旦形成，它便成为教育的主体，具有巨大的教育力量，成为学生成长的体验场。在此条件下，学校还可采用与现实生活对接的办法，将学生角色社会化，通过班集体的整体力量来促使学生进入准职业状态，进而水到渠成地在职业环境内培养学生的品性。如有的学校在学生管理中运用了现代企业的管理模式，在班级管理中按企业的模式设立主管、经理等职务，在学生的日常生活中，渗透着文明礼貌、爱岗敬业、诚实守信、办事公道、勤俭节约、遵纪守法、团结互助、开拓创新等职业道德的教育，为学生成功走向社会打下基础。

（四）德育课程为主，其他课程渗透模式

在任何一种教育中，人的教育，人格的教育和养成都是第一位的，职业教育也不例外。对职业教育来说，德育尤其是职业道德教育同样应该置于学校工作的首位，而实施德育的最佳形式和主要渠道，仍是各种形式的教学活动[①]，

---

① 刘春生，徐长发. 职业教育学［M］. 北京：教育科学出版社，2002，165－166.

但是德育不可能只依靠单纯的、教条的、机械重复的说教达到育人目的，而必须通过大量的、丰富多彩的、形式多样的教育教学活动才能实现，才能收到良好的效果。德育课在职业院校德育中起着重要作用，是职业院校学校进行德育的重要战场。学校应该开设有实用性的德育课程，如《公关礼仪》、《就业指导》、《形势政策教育》、《政治》、《法规》等，还要根据专业特点开设针对性强的德育课，如针对会计专业开设《财经法规》、《会计道德》等。但总的来看，德育课的效率并不高，学生对德育课不满意，甚至有抵触情绪。其原因在于德育课教师没有把德育和德育课结合起来，在上课时，只是照本宣科，没有引起学生的共鸣。因此，要提高德育课的实效，必须转变教师的观念，要把完成课时计划和德育结合起来，要认识到德育课的根本目的是育德。因而，在教学中，要有双向交流，要多用案例教学，让学生在课堂上有角色的体验和情感的交流。职业院校的德育课始终要突出学生职业道德培养的这一主题。

第三节　职业院校德育的途径和方法

职业院校进行德育，不仅要有正确的内容，而且要有恰当的途径和方法，如果教师讲授的内容是正确的、有针对性的，但往往会因德育方法不得当而收不到良好的效果。为了出色的完成德育任务，教师必须了解德育的主要途径和方法，以便在德育过程中做出更正确的判断和选择应用。

一、职业院校德育的途径

德育的途径是指对青少年进行思想品德教育所通过的渠道。为了向学生进行德育所施加的各个不同方面的教育影响都是德育的途径。青少年学生所处的家庭、社会、学校、人际交往环境都会影响学生思想品德的形成和发展，所以，职业院校应通过多种德育途径来引导学生，主要有：校园文化建设，社会实践活动，职业指导工作，思想教育和心理健康教育，职业道德课程与各学科教学，班主任工作，团组织及党组织工作。①

（一）开展校园文化建设

校园文化是社会主义和谐文化的重要组成部分，是学校精神、学校秩序、

---

① 周济. 坚持育人为本、德育为先　开创中等职业学校德育工作新局面 [J]. 职业技术教育，2009，（7）：26－30.

学校环境和学校形象的集中体现，对于学生的成长具有潜移默化、熏染陶冶的作用，具有重要的育人功能。职业院校要有目的、有选择地创造情境，让学生在实践活动中，获得亲身体验，加深感受，形成习惯，通过这个途径进行的德育，能符合学生的特点和需要，激发他们的兴趣，调动他们的积极性。职业学校要建设体现社会主义特点、时代特征和职业学校特色的校园文化，形成优良的校风、教风和学风。在学习生活上，让学生根据兴趣、爱好自愿选择参加，自主地组织、开展丰富多彩的活动，制订并执行一定的计划与纪律，以调节自己的行为和处理人际关系。重视校园人文环境和自然环境建设，完善校园文化活动设施，抵制各种有害文化和腐朽生活方式对学生的侵蚀和影响，营造良好育人环境，建设平安、健康、文明、和谐校园。

（二）开展社会实践活动

这是生动活泼地向学生进行德育的一个重要途径，要开展丰富多彩、积极向上的技能竞赛、体育、艺术和娱乐活动，开展特色鲜明、吸引力强的主题教育活动，寓思想道德教育于校园文化活动之中。要以"做一个有道德的人"为主题，组织学生开展中华经典诵读活动，引导他们在家庭孝敬父母，在学校尊敬师长，在社会奉献爱心。组织学生参与大中专学生志愿者暑期"三下乡"社会实践活动、"弘扬和培育民族精神月"宣传教育活动和全国职业学校"文明风采"竞赛活动，吸引更多学生和老师参与到活动中来；定期组织学生参观德育基地，瞻仰革命圣地，祭扫烈士墓，参观名胜古迹；组织学生参加公益活动、志愿服务等社会实践活动，不但使学生加深了对专业知识的理解，提高学生的自我教育能力和社会实践能力，在思想品德方面，更能增强学生热爱专业、学以致用的科学态度和道德情操，而且特别有助于培养学生的识别是非、自我教育等道德能力和互相友爱、团结合作，纪律性与责任感等良好品德。

（三）开展职业指导工作，帮助学生解决实际问题

职业指导是职业院校学生思想道德教育的重要途径。学校要把思想道德教育全面融入职业指导工作，加强职业意识、职业理想、职业道德和创业教育，引导学生树立正确的职业观，养成良好的职业道德行为，提高就业创业能力。完善职业院校学生就业信息服务系统，帮助学生认清就业形势，促进学生顺利就业。要按照国家关于职业院校家庭经济困难学生资助有关规定，落实国家助学金、学费减免、勤工助学、校内奖助学金和特殊困难补助等政策，让学生感

受到党和国家的温暖，感受到社会的关爱，增强爱党爱国的情感，立志报国，服务社会。

（四）开展深入细致的思想教育工作和心理健康教育

要加强师生之间的联系与沟通，动员全体教师结合学生实际，广泛深入开展谈心活动，有针对性地帮助学生处理好学习成才、择业交友、健康生活等方面的具体问题，提高思想认识和精神境界。要重视心理健康教育，根据职业院校学生生理、心理特点和发展的特殊性，运用心理健康教育的理论和方法，培养职业院校学生良好的心理素质，促进职业院校学生身心全面和谐发展。要针对职业院校学生在成长、学习、生活和求职就业等方面的实际需要和遇到的心理问题进行教学、咨询、辅导和援助，配置必要的心理健康教育设施。在信息化、网络化时代的校园网络思想道德教育中要加强网上正面宣传，为广大学生创造良好的网络文化氛围，加强对校园网站的管理，规范上网内容，教育学生自觉遵守网络法规及有关规定，文明上网、依法上网。杜绝各种违法有害信息在校园网上传播，对上网成瘾的学生要及时发现，热情帮教。

（五）职业道德课程与各学科教学

开设职业道德课程是职业院校有目的、有计划、有组织、系统地对学生进行德育的基本途径。开设政治课、职业道德课，是职业教育培养目标的需要，职业院校所要培养的目标应是使学生具有高中文化程度和掌握一定专业知识及操作技能的德、智、体全面发展的社会主义建设劳动者和接班人，教育者要引导学生掌握系统的科学知识、马列主义毛泽东思想的基本理论和社会主义的道德规范及基本的职业道德规范。这对提高学生的思想认识、形成他们的道德观点、奠定他们的人生观与世界观的基础都有极为重要的作用。同时，职业院校的德育工作也要在各学科教育中渗透德育。这些学科是建立在掌握科学知识和认识事物发展规律的基础上，经过了逻辑论证和学生个人的思考、领悟的，所以培养的品德是自觉的、巩固的；而且教学是一种组织十分严密的活动，有明确的目的、任务、内容与一定的进度，需要教师与学生集体严格遵守一定的要求、制度与纪律，自觉调控自己的思想与行为，有助于培养学生各种良好的品德，只有这样才能更好地培养德、智、体全面发展，全心全意为人民服务的新一代劳动者。

（六）团组织及党组织工作

党团组织生活是学校思想政治教育的重要形式。加强共青团、学生会和学生社团工作，发挥职业院校学生自我管理、自我教育、自我服务作用。职业院校共青团工作是学校育人工作的重要组成部分，共青团组织在开展学生思想道德教育、实施素质教育方面具有不可替代的作用。学校团组织要把加强职业院校学生思想道德教育工作摆在突出位置，切实履行好团结青年、组织青年、引导青年、服务青年和维护青少年合法权益的职能，认真做好优秀青年入团工作，加强学生团校建设，配合党组织办好学生业余党校，做好推荐优秀团员入党工作。在学校党组织的领导下，发挥共青团团结教育青年学生的作用。健全团组织生活，不断提高团员的政治觉悟和组织观念，充分发挥共青团的先锋模范作用。要积极支持帮助共青团开展课外政治活动和有关青年身心发展的其他活动。建立健全学校共青团组织，切实做到"校校有团委、班班有团支部"，各专业、班级应相应建立团组织，把青年学生紧密地团结在团组织的周围。学生会和学生社团要在共青团指导下，针对学生特长、专业特点、兴趣爱好开展生动有效的思想道德教育活动。学校要加强对学生会和学生社团的领导和管理，支持和引导学生会和学生社团自主开展活动。

（七）开展班主任工作

职业院校班主任工作是学校里最重要的工作，也是职业院校对青少年学生进行德育的一个重要而又特殊的途径，是学校德育和学生管理工作的重要组成部分。在学校中班级是学校教导工作的基本单位，也是学习、活动的基层组织，它需要由班主任通过大量的工作，有目的、有计划地组织、培养，根据学校的培养目标，开展多种活动，这样，才能成为一个真正的集体。加强班主任工作，对于做好德育工作，提高教育和管理学生的整体水平都具有十分重要的作用。同时，班主任是班级工作的组织者、班集体建设的指导者、学生健康成长的引导者，通过班主任管理与指导，学校才能强有力地管理基层学生集体、教育每一个学生；更好地发挥各个德育途径的作用。班主任要根据岗位的要求，对学生开展多种形式的思想道德教育，做好班级的日常管理工作，组织开展班集体活动，发挥好沟通协调学校、家庭和社会的作用。加强班集体建设，发挥学生干部的作用。对有不良行为的学生要重点实施帮教，有效预防校园暴力和学生犯罪，要制订《中等职业学校学生守则》和日常行为规范。严格说，这个途径与上述其他途径不能并列，它通过班主任的自觉能动作用，对其途径起调节作用，要比其他途径复杂，但对学生品德的发展会产生巨大的影响。

上述德育的途径各有自己的特点与功能，互相联系、互相补充，构成了德育途径的整体。对完成德育任务来说，其中每一种途径都是不可缺少的，不应有所偏废。学校应全面利用各个德育途径的作用，使其有机地配合起来，以便发挥德育的最大的整体功能。

二、职业院校德育的方法

德育的方法，是指教育者用来提高学生思想认识、培养他们的品德的方法，是教师用以形成和巩固学生思想品德，道德行为的手段。不能把德育方法单纯归结为教师运用的方法或以教师活动为主的方法，从整体上说，它是在教师的德育影响下师生共同活动的方法，不只限于教师来运用，也可以在教师引导下，由学生来运用。德育与教学不同，不仅可以依靠教师参与，而且可以依靠家长、有关社会人士参与，还可以通过学生集体来进行。深入了解德育的特点，有助于我们掌握与运用德育的方法。我国职业院校德育的一般方法有：说服、榜样示范、实际锻炼、自我教育、情感激励等。

(一) 说服

说服是通过摆事实、讲道理，来提高学生思想认识和觉悟，形成正确观点的方法。它是职业院校德育工作的基本方法，要求学生遵守道德规范、养成道德行为，就要从提高认识、调动他们积极性开始。这就需要运用说服的方法来讲清道理，使学生明白应当怎么做？为什么要这么做？学生明白了其中的道理，感觉这样做有必要了，他们才会自觉的去行动。我们的职业院校是社会主义学校，要把学生培养成为自觉的社会主义建设者，尤其要注重说服。但无论运用哪一种德育方法，都离不开提高学生的认识，都要结合说的方法。

说服包括：谈话、报告、讨论等。

1. 谈话

说服常用谈话来进行，通过谈话可以交流思想情感，了解学生的情况，提高他们的认识，对他们进行教育。谈话作为一种教育方法，是教师就有关思想教育的问题与学生交换意见来进行教育。广泛用于扩大学生的社会生活，科学与技术，体育与运动，伦理与美学领域的认识概念，由于它的针对性强，特别适用于对学生进行个别教育。

2. 报告

当学生思想认识上有一些带有普遍性的问题需要解决和共同要求需要满足时，采用报告形式进行说服为宜。如形势政策报告、职业道德教育专题报告、英雄模范事迹报告、法制教育讲座等。报告可以帮助学生较全面系统和深入地认识一些问题。但报告的次数不宜多，一次报告的时间不宜长。

3. 讨论

当学生对某些社会或道德问题有些看法、但又不太明确、不太全面时，特别是产生了分歧和对立的看法时，采用讨论、辩论，能使问题解决得更好。在教师的领导下通过讨论、辩论能使学生交换思想，集思广益，互相启发，能培养学生追求真理的志趣，共同提高。既发挥教师的主导作用，又能调动学生主动学习的积极性。并且讨论可以根据情况灵活运用，在没有弄清问题之前，允许学生各抒己见，当问题辩明后，应鼓励学生服从真理。

(二) 榜样示范

榜样示范也是典型的德育方法，是以他人的高尚思想、行为和优良品质来影响学生品德的方法。通过典型示范、以典型的人物、事例教育学生，把道德观点和行为规范具体化、人格化，形象而生动，有极大的感染力、吸引力和鼓动力，以提高学生的思想认识。并且职业院校青少年学生正处于善于模仿的时期，受效仿父母、师长，学习有威望的同学，尤其崇拜伟人、英雄、学者，具有可塑性强的特点，所以在良好的环境里，榜样示范的力量是无穷的。值得注意的是，榜样必须具有先进性、典型性、真实性和可接近、可模仿等特点，这样才能给学生以正确舆论的环境，正确的引导方向，起到良好的榜样示范效果。

历史伟人、民族英雄、革命导师、著名的科学家、思想家和各方面的杰出人物，他们是民族的代表、人类的精英，当然是青少年学生学习的典范。他们不平凡的一生、伟大业绩、崇高品德和光辉形象，对学生有极大的吸引力，容易激起学生对他们的敬仰思念之情，对照典范严格要求自己，推动自己积极上进。引导学生确定学习的典范，是德育的重要方法。

除了革命领袖、英雄模范人物为学生提供榜样的力量之外，还有父母、教师、优秀同学等在德育中也是学生学习的一种榜样，尤其是教师与父母是学生接触最多的人，他们肩负着培育学生的重任，也得到学生的信赖。他们的言行、举止、仪态、作风、为人处世和各方面的表现，都对学生起着示范作用，产生潜移默化的深远影响。他们的榜样作用对学生影响很大。学生的榜样，是全体同学看得见、模得着的，在学生中树立先进典型，有助于学生中形成你追我赶，共同进步的局面。

（三）实际锻炼

实际锻炼是有目的地组织学生参加各种实际操作活动，在实践中锻炼学生的思想，以培养他们的良好品德的方法。职业院校的青少年学生品德的培养离不开实际锻炼，只有在社会生活和道德实践的过程中才能形成、发展和完善。通过实际锻炼，有利于解决学生思想品德形成过程中的道德认识与道德行为的矛盾，使知与行统一起来，使学生做到言行一致，巩固已获得的正确观点和信念，形成良好的意志品质和行为习惯。在职业院校进行德育要注重理论联系实际，既要坚持说服教育，又要重视实际锻炼。

实际锻炼包括参观、访问、实习、课外活动等。

1. 参观、访问

参观、访问是让事实说话、通过接触实际来提高学生的思想认识，进行事实教育的最佳方法。它的作用在于用学生亲眼见到的感性知识，用具体事实补充口头说服的不足，如参观历史博物馆、烈士陵园等对学生进行革命传统教育，参观现代化工厂、大型建设工地等进行远大的职业理想教育。常言道，"百闻不如一见"，"事实胜于雄辩"。通过参观访问，能使学生不忘过去，热爱生活，树立远大的职业理想。

2. 课外活动

组织学生参加各种各样的课外活动是很重要的道德锻炼途径，这些活动包括学习、劳动以及一定的社会实践活动等。在这些活动中，学生要遵循一定的规范，克服许多困难，经受多方面的锻炼，因而能培养学生各种好品德。特别是通过社会实践，包括社会调查和社会服务，能使学生接触社会、了解国情、察悉民心，有助于学生提高品德素质、正确理解党的政策和认清自己肩负的使命，形成正确的理想和人生观。

3. 实习

实习包括很多种形式，在职业院校主要采用岗位实习，是按计划、分步骤组织学生到生产第一线，进行实际训练的教育方法，这是职业院校德育工作的特有方法，它能有效地解决学生思想品德形成过程中的道德认识和道德行为的矛盾，使理论与实践统一起来。岗位实习对于学生良好的职业道德形成具有不可替代的重要作用。

(四) 自我教育

自我教育是指在教师的指导下，学生为养成高尚的思想品德而进行的自我教育、自我激励、自我严格要求和自我反省，不断克服缺点，发扬优点、自我提高的一种方法。职业院校的青少年学生所处的年龄阶段，由于其自我意识、独立性和自主性都有较大的发展，道德思维和道德判断能力有了一定的发展，为其进行自我教育奠定了一定的心理基础。因此，加强青少年学生的自我教育是十分必要的，也是可行的。

加强学生的自我教育也是当代社会发展的必然要求。当代学生的价值观念、生活方式、行为准则更新得很快，信息全球化的影响使学生面对复杂的"大众传媒"。因此，必须在德育工作中加强对学生的选择力、鉴别力和实践能力的培养，让学生学会自我教育。同时，自我教育是学生对自己有所准备，即自觉的、有计划的对自己进行工作要求时，才能有效。当他开始意识到自己作为个体而存在，开始考虑自己的未来，并在实际生活中表现出一定独立性的时候产生的，当学生能按照集体要求修正自己的行为时，在集体中就会创造出自我教育最有利的条件。职业院校可以通过校园文化开展职业道德自我教育，形成校内的育人氛围。在校园文化建设中，应大力倡导文明礼貌、助人为乐、爱护公物、遵守法纪等社会公德，利用校园文化的同化作用、促进作用、约束作用、净化作用和参照作用，强化爱校勤学、诚实守信、奉献社会、服务人民等职业道德规范。通过开展创建"文明宿舍"、"文明班集体"、"青年志愿者"活动等多种形式，培养学生爱校爱集体、与人友好合作等职业品质。

(五) 情感激励

情感激励法是把学生当朋友，用情感的力量感染学生的德育工作方法。教师用言语教育学生固然重要，但通过培养情感，引导学生情感健康发展更有意义。这类方法是以培养和丰富青少年学生的道德情感为主，引导学生情感健康发展，从低级的情感向高级的或高尚的情感过渡，使青少年学生的思想有所转化和提高，最终付诸道德行为。

情感激励包括陶冶、表扬与批评、感化等。

1. 陶冶

陶冶是通过创设良好的、有意义的情境，潜移默化地培养学生品德的方法。它的显著特点是通过较长时间的定向熏陶，影响学生思想情感和性格特征，产生比较稳固和持久的教育效果。它既不向学生传授系统的道德知识，也不对他们提出明确的要求，而是寓教育于情境之中，通过按教育要求预先设置的情境来感化与熏陶学生；既没有强制性的措施，也难有立竿见影的功能，然而对学生有潜移默化的效果，能给学生品德发展以深远的影响。

2. 表扬与批评

表扬与批评是对学生的良好思想、行为做出肯定的评价，对引导和促进其品德积极发展；对学生不良思想、行为做出否定的评价，帮助他们改正缺点与错误的方法。这些都是职业院校对学生进行德育的不可缺少的方法。在德育过程中，一般以表扬为主、批评为辅，但两者相辅相成，缺一不可。表扬不可滥用，批评不可缺少。对学生的良好思想、行为要多表扬、多鼓励，以促进他们奋发向上。当发现学生有不良表现时，要及时给予批评，提醒学生注意和立即改正。但无论是表扬还是批评，都要实事求是，弄清事实，适当的做出判断，激励学生努力向上，改正错误。

3. 感化

这是教育者以自身的品德和情感为情境对学生进行情感影响，以其真诚的关怀、尊重和信任去触动学生的心灵，通过情感上的交流，实现教育上的要求，达到思想感情转化的一种教育方法。这种情况下，教师不是通过说服和要求教育学生，而是以自己的高尚品德，对学生的深切期望和真诚的爱来触动、感化学生，教师的威望愈高、对学生的关怀和爱愈真挚，对学生道德感化的力量就愈大，但是感化不是感情用事，也不是无原则的迁就，而是与严格要求，坚持真理相一致的。而且，感化的过程是一个微妙的，长期的过程，特别需要教育者的诚心、耐心、信心和恒心。

第九章
职业院校职业指导

　　职业院校的职业指导主要是对职业院校学生进行就业、创业方面的帮助，使学生顺利地步入社会，并在社会找到自己的位置，从而开始自己的人生旅途。这对于即将离开学校，或初涉社会的青年学生来说，尤为重要。

第一节　职业院校职业指导的含义及功能

　　职业院校开展职业指导工作需要对职业指导本身有充分的认识，把握其内涵，将其教育功能和服务功能尽量体现出来，这样才能尽可能地发挥职业指导的多重作用。

一、职业院校职业指导的含义

　　所谓职业院校职业指导，是指职业院校根据社会需要和各种职业岗位对劳动者素质的具体要求以及每个人的自身条件，对职业院校的学生提供择业咨询与指导，帮助学生结合个人的意愿、自身条件、个性特点以及现实需要，选择合适的职业或专业。帮助用人单位选择合格的劳动者，达到人与职业优化结合的过程。也就是说，职业指导是人们选择与自己的知识结构、身心特点相适应的专业和职业的过程。它的作用表现在：职业指导可以促进劳动力合理配置。一方面，帮助职业院校学生客观地分析自己，获得职业信息，掌握求职方法，增强就业能力，确定求职方向。另一方面，帮助用人单位确定用人标准，选择招聘方法，使求职者能够就业，用人单位能够获得满意的劳动力，从而达到双方合理配置；职业指导可以促进职业院校学生充分就业，帮助学生正确认识自己，认识职业，引导学生发展自己的兴趣爱好及能力倾向，确定职业方向。从而抓紧在校学习的时间，自觉提高自己的素质，努力掌握与自己职业方向相关的知识和技能，促进就业；职业指导可以促进劳动力资源的开发和利用；职业指导可以帮助和引导劳动力供需双方进行自主选择，达到供需平衡。它可以使劳动就业制度从原来的僵死状态进入一种不断调整、不断达到新的供需平衡的良性循环状态，减少劳动力资源的浪费，实现劳动力资源的有效利用；职业指导可以起到对学生的教育和激励作用；职业指导对学生有着重要的教育和激励作用，它可以帮助学生对自身的知识能力素质进行调整。帮助学生建立职业目标，树立职业理想，教育学生争取做社会需要的合格人才。

二、职业院校职业指导的功能

中共中央办公厅、国务院办公厅《关于适应新形势进一步加强和改进中小学德育工作的意见》要求，职业院校要加强职业道德教育、职业理想教育和创业教育，帮助学生树立正确的择业观、创业观，培养良好的职业道德素养，明确了职业院校德育的重点，而且提出把丰富多彩的教育活动作为德育工作的重要载体。职业指导工作，不但要通过德育课主渠道强化，而且要在文化课、专业课教学和各种社会实践特别是实习活动中得以强化。

职业院校加强职业指导工作，既体现了职业教育满足受教育者就业、发展需要的本质特征，也是职业教育自我完善、提高活力的需要，更是社会对职业教育改革与发展的要求。其功能如下：

（一）教育功能

1. 提高思想道德水平，做好职业生涯规划

职业指导的教育功能体现在结合专业特点对学生进行职业意识、职业理想、职业道德教育，帮助学生树立正确的就业观。这是职业院校职业指导工作的特点，它区别于社会上中介机构的职业指导。

（1）加强职业意识教育的目的，在于引导学生完成由基础教育向职业教育的转变。

其主要内容是让学生理解职业对社会发展、自身生存的作用；了解所学专业对应的职业群及其对从业者的素质要求，以及社会发展和科技进步拉动职业演变对从业者终身学习的要求；懂得即将从事的职业，不但对经济社会发展具有重要作用，也为个人的人生道路提供了灿烂的发展前景；明白即将从事的职业对自己今后人生道路的重要作用，明白三百六十行，行行出状元的道理。

（2）职业院校加强职业理想教育的目的，在于引导学生挖掘潜能，形成奋

发向上的动力。

其主要内容是让学生在了解自己、了解社会的基础上，确立实事求是的职业理想；制定具体、可操作的阶段目标及其相应措施，不断培养兴趣、调适性格、提高能力，主动适应即将从事的职业对从业者素质的要求，提高学习自觉性；明白人人有才、人无全才、扬长避短、个个成才的道理，看到各行各业都有各领风骚的成功者，选择最适合自己的职业就是最好的职业，挖掘学生潜在的内驱力，形成成功者的心态，对未来的职业生涯充满信心；了解当前的就业形势和就业机制，懂得先立足、后发展的道理，形成符合社会和个人实际的就业观。

（3）职业院校加强职业道德教育的目的，在于引导学生在理解职业道德内涵的基础上，养成适应职业需要的道德行为习惯。

其主要内容是理解职业道德的核心和原则；掌握职业道德的内容和重点，以及所学专业对应职业群的职业道德规范和养成途径；懂得遵守职业道德对社会、个人发展尤其是职业生涯发展的作用，自觉养成符合即将从事的职业需要的职业道德行为规范。

职业意识教育是职业理想、职业道德教育的基础，职业理想教育是职业道德教育的前提，职业道德教育是职业意识、职业理想教育的最终目标。上述三类教育内容的重点，既有区别，又有联系，构成了职业院校职业指导工作教育任务的主体。提高上述三类教育实效的关键在于内容和方式的针对性和时代感，要与学生所学专业的实际紧密结合，要与学生今后职业生涯发展紧密结合，调动主体自身的主动性。加强职业意识尤其是职业理想教育，有着特殊重要的意义。对于不了解、不热爱自己即将从事的职业的学生，进行职业道德教育无疑是事倍功半之举。只有对自己的职业生涯有所追求、充满信心的人，才能主动接受职业道德教育，才会自觉养成职业生涯发展所必须具有的职业道德行为习惯。具有这种主动性，才能真正提高职业道德教育的实效。

2. 树立实事求是的就业观，提高职业院校毕业生就业率

引导学生把个人对职业前途的追求，与现实社会对劳动者素质的要求有机地融合为一体，使职业理想教育有了随风潜入夜，润物细无声的效果。职业生涯规划便于职业院校以此为主题开展丰富多彩的教育活动，将德育渗透于文化课、专业课教学之中，把职业道德教育与职业能力训练紧密结合起来，引导学生在社会实践、专业实习中加深体会，使职业意识、职业理想教育具有很强的

可操作性，有利于提高职业道德教育的实效，是推进职业指导的教育任务的有效载体。

3. 加强创业教育，拓展个人发展空间

创业教育是适应我国国情的、有着特殊重要的意义，把创业教育摆在重要地位，这是职业院校职业指导工作的一项重要任务。创业教育要与专业课、文化课、就业指导课有机整合，将"创新是创业者之魂，技能是创业成功之剑"的创业教育理念渗透到职业院校教育的全过程和教学的各环节之中。

（1）创业教育要坚持以培养创新精神和创业能力为宗旨。

针对不同层次学生的心态，指导学生正确处理创个人小业与创国家大业、岗位创业与自谋职业的关系。职业院校创业教育的主要任务包括三个方面：一是引导学生树立创业意识，培养创业精神，学习创业知识；二是帮助学生参加社会实践，提高创业能力；三是帮助学生了解创业信息，选择创业方向，为毕业生自主创业或从事个体经营提供咨询和跟踪服务。创业教育的内容应面向全体学生，虽然多数学生在刚毕业时并不具备创业条件，需要通过一段时间取得经验、积累资金，但在校期间，就应该树立创业意识、培养创业精神、学习创业知识、训练创业能力。

（2）创业教育的内容应有针对性。

即根据不同对象的不同需求，选择不同的内容，利用职业院校的资源优势，提供创业信息和咨询，为学生创业提供有利条件和帮助。对具有创业条件、创业意愿的应届毕业生，在创业前，给予针对性强的具体帮助和创业信息咨询服务；在创业中，给予指导和追踪服务。对已有创业意愿，却还不具备创业条件的学生，毕业前，应让他们了解自己创业还欠缺哪些条件，怎样通过自己的努力创造这些条件；毕业后，把这部分学生作为重点跟踪对象，给予具体的咨询和帮助，对于存在的问题，做到及时发现、及时指导、及时帮助。

职业院校创业教育与毕业生成功的创业互动，必将成为我国职业教育的重要特征。为了把创业教育落在实处，除了重视德育课有关创业知识的教学外，创业教育应主要通过开展创业实践活动进行。例如，组织多种形式的模拟创业，举办创业有成者的典型案例教学和报告会，帮助学生学习创业知识，培养创业意识和创业能力。

（二）服务功能

职业教育就是育人、就业与服务的教育。职业指导的服务功能主要指就业

援助。职业院校毕业生的主要出口是就业，从职业教育的本质属性看，毕业生就业率是评价一所职业院校办学质量的首要指标。毕业生在就业市场上是低头作揖求婆家、门当户对找婆家，还是居高临下选婆家，以及他们就业后的起点工资和转岗、晋升情况，都是对一所职业院校最生动、最具体、最有说服力的检验指标。

1. 就业援助是职业院校职业指导工作必不可少的重要内涵

职业院校的就业援助是为学生择业、就业、创业提供具体的指导和帮助。就业援助不同于包分配，既不是对毕业生就业无原则的承诺，也不是让毕业生到职业院校指定的单位就业。而是帮助学生提高求职能力、选择求职目标，为学生提供就业信息、拓展就业渠道，尊重学生的自主选择，提高学生在双向选择中的主动性、适应性，为学生依法就业、顺利就业提供帮助。在就业援助工作中，要坚持劳动者自主择业、市场调节就业、政府促进就业的方针，职业院校要在援助二字上下工夫。

2. 就业援助的主要任务

帮助学生了解就业政策法规，依法就业；帮助学生了解就业形势，并依据自身条件选择就业目标；帮助学生了解本地、异地、国（境）外的就业信息，提供择业咨询；帮助学生掌握求职技能，并组织创业能力训练。

3. 就业援助的具体工作

一是通过指导学生学习写求职信、掌握求职面试技巧和进行必要的求职礼仪训练等，提高学生就业求职的能力；二是提供本地、异地、国（境）外就业咨询服务，加强与劳动人事部门、就业中介组织的联系与合作，建立本地职业教育的人才就业网络或利用现有网站，广泛收集和提供社会人才需求信息，并发布毕业生信息；三是根据学生自身条件和就业意愿，进行针对性强的咨询；四是加强职业院校和用人单位的合作，疏通毕业生具体的就业渠道，组织供需见面会，为毕业生与用人单位实现双向选择创造条件。提供上述援助的目的在于提高毕业生求职能力，广开就业渠道，为毕业生顺利就业服务。

4. 就业援助的全程性

就业援助的具体工作虽然主要在毕业前夕进行，然而援助的大多数内容必须渗透于职业指导日常的教育工作之中。例如，从学生入学后到毕业前的各年级，均应带领学生考察劳动力市场或收集就业信息，不同年级的考察或信息收集应有不同目标，应根据不同年级德育的具体要求，分阶段帮助学生了解所学专业对应的职业群变化发展趋势和就业形势，感受并理解用人单位对从业者的素质要求，并以此为依据调整自己的生涯设计目标和相应的措施，形成正确的就业观念，引导学生主动适应经济社会发展和科技进步对从业者素质的新要求，增强提高自身素质的自觉性。又如，求职礼仪训练和求职信写作应与日常教育教学工作相结合，渗透于职业道德行为习惯养成和基础能力的提高之中，以提高求职能力作为学生自觉养成职业道德行为习惯和努力学习文化课、专业课的动力之一。以上援助内容虽然应该在毕业前夕强化，但绝不能只是临阵磨枪的应急措施。再如，包括与人交往合作、塑造自我形象、自我控制、反省、抗挫折、适应变化、收集和处理信息、组织和执行任务、推销自我等能力在内的适应社会、融入社会的社会能力，不但是提高求职成功率所需要的，而且是现代社会从业者必备的能力，其训练是日积月累、逐渐提高的过程，不能仅仅在毕业前夕亡羊补牢。

5. 跟踪服务

创业援助的对象大量存在于已就业一段时间的往届毕业生中。职业院校必须强化服务观念，改变学生毕业离校就与职业院校无关的传统观念。职业教育与经济社会发展有着千丝万缕的直接联系，职业院校既能利用已有资源为毕业生提供创业援助，也能通过众多毕业生的成功创业，提高职业院校的社会声望，甚至得到资源方面的补偿。我们不难想象，有许多创业成功的毕业生参加职业院校校庆活动，会带来一定的社会效益和经济效益。

6. 全面服务

随着我国人才成长立交桥的逐步建成，职业院校毕业生升学的机会越来越多，职业院校职业指导的援助工作也应包括升学指导，其主要内容是提供升学信息和志愿选择的咨询服务。由于职业院校毕业生的主要出口是直接就业，因此，除了对部分有升学意愿的毕业生进行针对性强的咨询外，应对全体学生强调终身学习的理念并给予具体的指导。例如，帮助学生了解职业培训的多样性，了解边工作、边学习的必要性，帮助学生了解工作一段时间后继续学习的途径及其应做的准备。

通过职业指导疏通职业院校以就业为主、升学为辅的两大出口，是提高职业院校办学活力的有效手段。因出口畅，而进口通，是许多职业院校的成功经验。能否给学生充分的就业援助，直接影响职业院校的生存和发展。充分既有足够的内涵，又有尽量多的含意，职业院校应该在就业援助上多做些思考。与其苦心孤诣地在生源大战中下工夫，不如千方百计地在就业援助方面多做些努力。

强化职业指导的功能，提高学生了解职业、准备职业、选择职业、适应职业、转换职业的能力，是新形势下做好职业指导工作，推动职业教育又好又快发展的有力保证。

三、职业院校职业指导的作用

社会在发展，时代在前进。社会发展的后备力量主要来自学校，各行各业的人才都是由学校输送而来，这就决定了教育和社会的一致性。职业指导就像在学校和社会之间的一个纽带，把两者紧密地联系起来。职业指导让学生了解社会、主动适应社会需求，提高自己的素质，通过职业指导，学校可以了解社会对人力资源的需求，按照社会需求调整专业设置，培养社会需要的专业人才，增强学校教育对社会需求的针对性。

(一) 职业指导凸显职业院校办学指导思想

当前，我国职业院校正在迎来一个前所未有的发展机遇。这是树立和落实科学发展观、实现经济增长方式的必然要求，是走新型工业化道路和加快城镇化建设的必须要求，是从根本上解决"三农"问题的必然要求，是加快实施人才强国战略和科教兴国战略、建设人力资源强国的必然要求。职业院校要实现快速健康持续发展，必须坚持"以服务为宗旨，以就业为导向"的办学指导思想，积极转变办学思想、办学模式和办学机制。职业教育就是就业教育，职业指导就是使学生了解职业、准备职业、选择职业、适应职业、转换职业的科学，对学生进行职业指导，有助于提高学生的全面素质，增强学生的市场就业意识、依法就业意识、竞争就业意识，使学生树立正确的职业理想，提高学生就业竞争力、创业能力，从而实现职业院校的办学指导思想。

(二) 职业指导引领职业院校教学改革方向

职业院校培养高素质劳动者和高技能人才，深化以就业为导向的教学改革，打造面向就业市场的核心竞争力，这是职业院校的根本使命；职业院校必须面向市场办学，坚持以就业为导向，以提高能力为本位，实行产教结合和校企合作，注重加强对学生职业道德和职业技能的培养，造就生产、服务和管理一线的高素质的劳动者和技能型人才。

1. 职业指导能促使职业院校各专业培养目标具体化、标准化

培养目标是职业院校教学工作的指针，培养目标是否明确、具体，人才培养的规格定位是否恰当，直接决定着人才培养的质量。目标定位过高、过低或模糊不清等均不利于职业院校教学工作的具体组织和实施。根据培养目标，合理制订教学计划、确定教学内容、选用教材、组织教学。

2. 职业指导能促使职业院校以提高学生的综合职业能力为主线，坚持以能力为本位，优化教学与训练环节

职业院校的学生要能得到社会和用人单位的信任，关键的就是学生在职业院校能够真正学到一技之长。职业院校必须始终坚持"以文化课为基础，以专业课为重点，以技能训练为核心，以岗位合格为目标"的教学理念，让每一位学生都学会学习、学会发展、学会创业、学会创新。教学工作的终极目标落在学生就业后能够直接顶岗工作。为了培养好学生的技能，职业院校积极实施"产教结合，校企联合"战略，把学校办进工厂，把工厂请进学校，理论和实践密切结合。学生学完理论知识，在学校经过一段时间的实习，掌握一定的技能以后，就到相应的企业顶岗实习。职业院校的实验实习室，基本参照工厂生产车间来布置，让学生提前感受工厂的氛围，在就业上岗之前提前经受心理和技术的锻炼，直接进入工作角色。职业院校从劳动力市场和职业岗位分析入手，加大课程改革力度，积极开发校本教材和综合化课程。积极探索工学交替、弹性学制、学分制等方面的教育教学新模式。

（三）职业指导推动职业院校加强和改进学校德育工作

《教育部关于加强职业技术学校职业指导工作的意见》指出：开展职业指导工作是增强职业技术学校德育工作针对性、实效性和时代感的重要途径。职业院校的办学特点决定了其德育工作内容方式方法与普通院校不同，职业指导是学校德育工作的重要内容、途径。

（1）通过加强职业意识、职业理想和职业道德教育，引导学生从职业的角

度了解社会、了解自己，树立正确的职业理想，增强学生提高职业素质和职业能力的自觉性；引导学生树立正确的职业观、择业观和创业观，做好适应社会、融入社会的准备，提高求职择业过程中的抗挫折能力和变换职业的适应能力；引导学生依据职业对从业者的道德要求，规范自己的行为，促进职业道德的养成；引导学生认识到只有劳动技能，没有对本职工作的热情和高度的责任感是不行的。只有责任心，没有高超的技能也是不行的。一个合格的劳动者要有对本职工作的爱心、责任心，树立爱岗敬业的精神，并有一定的专业文化知识，还有较强的创造力和适应社会需求的与职业相关的能力，才能够在本职岗位上实现人生自我价值，职业指导者使学生在择业实践中找到自己的优势和不足，不断进行自我完善，懂得社会需要的合格人才是全面发展的。

（2）通过心理咨询，提高学生的心理素质，帮助学生树立心理健康意识，培养学生乐观向上的心理品质，增强心理调适能力，促进学生人格的健全发展和适应激烈社会竞争的能力；帮助学生正确认识自我，增强自信心，学会合作与竞争，培养学生的职业兴趣和敬业乐群的心理品质，提高应对挫折、匹配职业、适应社会的能力；帮助学生解决在成长、学习和生活中遇到的心理困惑和心理行为问题，并给予科学有效的心理辅导与咨询，提供必要的援助，提高学生的心理健康水平。

（3）通过素质测评，有利于学生职业生涯规划的制订与实施，对学生当前素质水平的了解和对其发展潜能的发掘，可以帮助学生选择适合自己的职业，同时可以制订合理的未来发展计划，从而珍惜在校学习生活，积极参加社会实践和职业活动，全面提高职业素质和综合职业能力。

（4）通过提供就业指导及援助，帮助学生了解就业政策法规，依法就业；帮助学生了解就业形势和自身条件，选择就业和升学方向；帮助学生了解本地、异地、国（境）外的就业信息，提供择业咨询；帮助学生掌握求职应聘的技能和方法。

（5）通过开展创业教育，引导学生树立创业意识，培养创业精神，学习创业知识，积极参加社会实践，提高创业能力；帮助学生了解创业信息，选择创业方向，为毕业生自主创业提供咨询和跟踪服务。

（四）职业指导促进学生顺利就业、成功创业

1. 以就业为目标，为职业院校的毕业生搭建服务平台

职业指导的一项重要内容就是为职业院校的毕业生顺利就业提供援助。职业院校要坚持主动服务的指导思想，积极创造条件，拓展服务空间，想方设法为职业院校的毕业生排忧解难，帮助他们实现顺利就业。一是注重实习指导，对职业院校的学生实习应具备的条件、工种、工时等都做了明确的规定。同时，采取职业院校的学生实习全程跟踪服务的方法，加强与实习单位的联系。二是注重就业服务。为职业院校的学生进行就业指导系列讲座，讲座涉及就业形势、择业观念、求职途径、应聘技巧、职业道德、劳动用工政策、择岗定位等内容，及时、客观地引导职业院校的学生冷静地面对"双向"选择，从而为其学业有成、事业有为迈出基础性的第一步提供服务。三是注重扩大就业空间。联合办学、订单培养是解决职业院校毕业生出路的最佳途径。

2. 通过加强创业教育，增强职业院校学生创业能力

一是构建创业教育课程化模式。在实施创业教育课程化过程中，要始终坚持以培养创新精神和创业能力为宗旨，针对不同层次职业院校学生的心态，指导他们正确处理创个人小业与创国家大业、岗位创业与自谋职业的关系。为激发职业院校学生的创业意识，通过组织"创业明星"专题报告会，运用案例教育、情境教育等方法实现创业明星与学生之间零距离接触，让他们真切地感受到只要有过硬的专业本领和坚韧不拔、吃苦耐劳、脚踏实地的创业精神，同样也会成为一名成功的创业者。二是加强教材建设，构建课程体系。形成了"文化课、专业课、创业课"功能互补、立体多元的具有本地特色的创业课程体系。三是积极探索"创业调查——创业设计与答辩——创业实践"为主要环节的创业教育的实践性途径，避免在"黑板上搞创业"。

第二节　职业院校职业指导的内容

职业院校职业指导的内容较为丰富，它应该包括职业理想、职业意识和职业道德的教育，还包括指导学生专业学习、技能培训和社会能力实践，也还要对学生进行就业政策、就业技巧和创业规则的教育，还要向用人单位进行学校的专业介绍、推荐学生以及对学生实施就业援助服务等。

一、开展职业理想、职业意识和职业道德教育

这三个方面的教育是职业院校学生能够从容就业的重要前提。

（一）职业理想教育

由于在校学生基本上没有社会生活经验，对职业的了解比较模糊，确定职业目标和理想往往带有较大盲目性。因此，职业指导者要帮助职业院校学生从职业的角度正确认识自我、认识社会。帮助他们正确的定位，树立正确的职业理想，增强他们提高职业素质和职业能力的自觉性。

（二）职业意识教育

职业院校职业指导主要在于帮助还未步入社会的职业院校学生做好就业前准备。有针对地引导他们了解所学专业研究领域及服务范围、本专业发展概况及相关职业的发展趋势等内容，激发他们对专业学习的热爱，培养职业荣誉感。帮助他们确定适合自己的职业发展方向，以尽快完成从基础教育到职业教育的角色转换，从而为即将开始的职业生涯做好具体而实在的准备。在开展职业指导时，应发挥作为教育者的特长，充分运用各种有效工具，如心理测验、体验测试等，对他们的心理素质、兴趣特长、生理特点进行评估，为他们提供自我表现评价的科学标准，以使他们能发现和发展自己的长处，克服自己的不足，增强职业选择的针对性，从而避免盲目性。同时，职业院校也应向学生系统介绍国家的就业制度和政策、人才市场供求状况、职业的种类及分类特点、现代职业的发展趋势以及各种职业资格要求、社会地位等，以增强学生对职业世界的了解。另外，职业院校还应注意引导学生了解职业在人类生活、社会发展乃至个人价值实现过程中的重要意义，阐明积极就业的重要性，从而使学生在获得职业知识的同时，又能受到正确的职业价值观念的教育。

（三）职业道德教育

1. 职业良心是劳动者对职业责任的自觉意识

职业良心是职业道德、义务经过职业道德规范转化为自觉行为的自我控制能力，它贯穿于职业行为的全过程，培养职业良心是职业道德修养的重要内容，只有具有高尚的职业良心，职业劳动者才有做好本职工作的精神支柱，才会全身心地投入到自己的本职工作中去。

2. 职业态度就是人们对所从事的职业的热爱程度

职业院校学生步入校门后，就基本上确定了专业发展方向，但由于有的学生对专业选择带有盲目性和被动性，入学后对所学的专业往往表现出"不满意、不满足"，因而产生思想波动。因此，当学生一旦确立了专业目标之后，职业院校就要努力培养学生对本专业的感情，在实践中巩固专业思想，加强本专业的职业道德修养。通过学习，使学生逐渐了解自己所学专业，并逐渐热爱它。职业道德修养程度越高，专业思想越牢固；反之，专业思想牢固了，就会自觉地注重职业道德修养。

3. 职业荣誉是指职业良心中的自尊、自爱、荣誉等感情

它充分体现了职业劳动者崇高的职业道德。有了职业荣誉感，从业人员才会感到自己所从事的职业神圣而伟大，从而自愿牺牲个人利益去履行职业道德所赋予的义务。为此，我们无论学习何种专业，不管将来从事何种职业的工作，都要正确对待职业荣誉，以勤奋工作去赢得荣誉。

在职业道德教育过程中，还要注重感恩励志教育。通过演讲会、作文比赛、班级讨论会、感恩励志体验活动、感恩励志特训等硬教育与看不见的日常生活习惯培养、职业院校校风感召力、家庭生活习惯感染力、社会风气影响力及各种书籍、影视文化作品等软教育相结合，使感恩励志教育深入人心，真正发挥其作用，从而使广大学生学会感恩，学会励志成才，成为人格健全、心理健康、有高度责任感的社会有用之才。

职业院校的学生无论学习何种专业，都应该从本专业实际出发，在实践中巩固专业思想，从端正职业态度、培养职业良心、培养职业荣誉、培养职业作风等方面来加强职业道德修养。

二、指导专业学习、技能培训和社会能力实践

职业院校职业指导工作必须以培养和提高学生的专业技术素质、为人处世的能力为根本。要认真研究社会不同行业、不同学科对学生素质的不同要求，强化措施，加强学生技能和行为训练，提高学生的竞争技能。

职业院校对于非毕业班学生，要进行专业学习、技能培训和社会能力实践等的指导，这是职业院校职业指导的重要内容。职业院校在入门教育的基础上，可以引导学生将初步形成的职业理念落实在专业学习和日常生活中，引导学生主动提高自己的思想素质、心理素质、文化素质、身体素质和专业素质，引导学生根据自己的兴趣和特长参加"一专多能"技能培训，以主动提高自身生存和从业能力、创新精神和创业能力、社会适应能力、自我调控能力、不断学习

和发展能力，引导学生强化职业理想，形成持久、稳定的奋发向上的动力。

职业院校毕业生走向社会，是人生道路上的一大转折，在这个过程中，要完成"从学生到社会人"的角色转变。如何尽快适应环境，进入新的角色状态，完成工作以后的心理调适，这也是职业指导需要解决的问题之一。通过指导学生在校参加科研活动、假期社会实践、日常学生活动等途径，帮助学生及时调整自己的心理，尽早进入新的角色状态，尽快适应环境，适应社会，树立信心和责任感，用自己所学知识在实际工作中乐业、敬业，脚踏实地地干一番事业。

三、深化就业政策、就业技巧和创业规则指导

（一）就业政策指导

职业院校在学生即将步入社会以前，就要对学生进行就业政策、就业技巧和创业规则指导，这是十分必要的。过去，很大一部分学生由于对就业政策缺乏了解，择业时往往在思想上带有很大的随意性和盲目性。通过开展就业政策指导，使学生了解国家及地方制定的行业性和区域性就业政策，以及所在职业院校制定的具体实施意见。只有广泛宣传就业政策，才能引导他们根据市场需要并结合个人实际，有针对性地选择职业，从而走出择业"误区"。

（二）就业技巧指导

这是以帮助学生就业为目标，以传输求职知识和技巧为手段，以调整就业心态为主线，对毕业生进行必要的职业礼仪、人际关系和挫折教育。同时，指导毕业生在了解当地经济特点和就业市场情况的前提下，根据自身实际做出职业决策，以尽快转变角色，适应社会，迈好职业生涯第一步。

（三）创业规则指导

在开展就业技巧指导的同时，职业院校还应对学生进行适当的创业规则指导，指导应以创业意义教育、综合素质培养、心理障碍预防等内容为基础，以创业的方法和途径、创办小型企业的条件和步骤等内容为重点。

四、推荐、咨询、职业介绍和就业援助服务

帮助用人单位开展校园招聘活动也是职业指导的一项重要内容，为用人单位提供咨询服务则是实现该项工作目标的重要手段之一，其重点在于要为用人

单位提供招聘方式、建立劳动关系、办理就业派遣手续、毕业生身份信息验证等一系列咨询服务。同时，职业院校职业指导人员在热诚为用人单位提供咨询服务的同时，也要充分利用自身拥有的资源优势，积极为学生提供职业介绍服务，通过组织校园招聘会、人才市场双向选择等活动，为学生提供直接的就业服务。

帮助学生了解就业政策法规，依法就业；帮助学生了解就业形势和自身条件，选择就业和升学方向；帮助学生了解本地、异地、国（境）外的就业信息，提供择业咨询；帮助学生掌握求职的技能和方法。从学生见习、实习开始，职业院校就要跟踪服务，对学生加强走向社会的指导，及时帮助学生做好心理调适，完成"从学生到社会人"的角色转变。

对于残疾学生、特困家庭学生等需要特别关注的弱势群体，职业院校职业指导者还要从实际出发，对这些需要帮助的学生实施必要援助。这种援助不应仅仅局限在一个技术环节或一种方法上，而应完全体现在一种活动中，以项目实施方式直接针对求助者的就业问题展开，譬如根据相关政策指导用人单位吸纳属于弱势群体的毕业生就业、联系用人单位对就业有特殊困难的毕业生进行保护性安置等。

第三节　职业院校职业指导的实施

职业院校职业指导的实施主要依靠职业院校的就业指导部门（就业指导办公室或就业指导中心），其他部门如学生处/科以及班主任和德育老师也是不可缺少的部分。

一、预防性的职业指导

要求把握好以下四个环节：一要从新生入学开始进行全程化指导，将职业指导纳入必修课，形成比较完善的贯穿整个职业教育过程的职业指导教学体系，自始至终地贯穿到政治学习、业务学习、各类大型活动、第一课堂、社团活动等方面，帮助学生塑造完整的人格形象，建立合理的知识结构，培养高尚的职业道德，形成完整的职业素质；二要围绕就业观念问题进行指导，采取各种积极措施，消除和控制学生在择业过程中将遇到的不切实际的、非理性的就业障碍因素；三要针对心理问题开展指导，在学生就业前期做好早发现、早确定、早解决的"三早"预防工作，防止学生在就业心理障碍和择业误区等方面问题的发生；四要针对特殊群体开展指导，要关心、做好优秀学生、家庭困难学生等群体的就业指导和帮扶工作。

二、全员化的职业指导

主要体现在两个方面，一是强化全员参与意识。培育各级教师、学生和家长主动参与的意识，教师要在教育教学环节中渗透职业指导，将其作为自身教学任务的重要部分；学生要将职业指导与专业知识的学习一样正确对待；争取家长理解、支持职业院校开展职业指导的意义和作用，配合职业院校帮助子女进行职业定位和就业选择。二是健全职业指导工作平台。职业院校职业指导工作平台包括组织机构和服务人员，组织机构主要包括职业院校的就业工作领导小组、就业指导办公室或就业指导中心，人员要由职业院校领导班子成员、职能部门工作人员、专业科室干部和教师、职业指导教师、辅导员、班主任等组成，形成上下衔接、横向协作、融会贯通的就业工作网络，确保职业指导工作目标的贯彻和过程的控制。

三、个性化的职业指导

重视个体指导，加强职业指导的针对性。学生个体心理和行为特征具有很大的差异性，职业院校的职业指导必须重视学生的个体差异，在对学生普遍指导的基础上，结合学生的职业生涯规划，以就业指导为主线，以职业测评和个性化指导为辅助，深入了解学生，有针对性地对学生进行职业指导。学校可以采取心理辅导、调查问卷、职业咨询、交流座谈等形式，不受时间和环境限制，帮助和指导学生进行职业兴趣测验、职业能力倾向测验以及职业气质、职业选择等测试，增强职业指导的针对性和实效性。主要方法有：人才（素质）测评法、团体咨询法和个体咨询法。人才测评法主要是运用一些标准化的测评工具来了解学生的气质、性格、职业兴趣和职业能力等，使学生与职业之间相互匹配。团体咨询法是为一组学生提供指导与帮助的一种心理咨询形式，即根据学生问题的性质，组成团体，通过共同讨论、学习与训练，解决学生的健康发展或心理障碍问题。个体咨询法是"一对一"的个性化指导，咨询过程大多以语言方式进行沟通。

四、实践式的职业指导

实践式职业指导，突出学生的职业能力培养。职业院校的职业指导不应该只局限于学生的就业指导，而应该对学生进行全过程的多方位的职业熏陶和职业训练。首先是"走出去"：一方面，以实践式职业指导为重点，加强校企合作。利用双休日、节假日、寒暑假等时间，安排学生到企业锻炼；通过顶岗实习、毕业实习、职业培训等，在真实的企业环境中，突出学生的职业能力培养，达成社会需求与学校教育目标的一致。另一方面，主动适应市场经济的特点，打破传统教育体制下的封闭教学状态，充分利用社会资源，与企业、行业协会共同制订人才培养计划、开发职业指导培训课程；按照社会整体发展的要求，有选择地向学生传递价值观念和职业知识。其次是"请进来"，就是聘请企业专家、富有职业经验的"能工巧匠"来到学校，从不同角度对学生给予职业方面的指导；对学生进行职业培训，进行职业理想、职业意识和职业行为的教育，并使职业教育效果在校内外实习基地的职业实践或者各种实践活动中得到验证和反馈。

"请进来"指导方法就是要处理好"四个联结"：一要联结公共就业服务机构和职业介绍机构，争取人力资源和岗位信息的最大开放与利用；二要联结用人单位，争取用人企业对职业院校的认知、对学生用人要求的指导；三要联结各类职业培训机构，争取为学生创造职业能力训练和职业资格考证平台；四要联结知名专家、人力资源主管、校友等，争取他们来做讲座。指导学生到人才市场、劳动力市场和就业招聘活动中进行社会实践，观摩招聘过程，感受就业氛围，增加认知，积累经验；指派教师走访用人企业，收集信息，推介学生，开展毕业生质量跟踪调查等，这是"走出去"指导方法的具体体现。

五、信息化的职业指导

加强职业指导工作的资源信息化和市场扩大化的建设力度，多方面、全方位地为毕业生就业提供信息指导服务。一要培育和规范以职业院校为基础与人才、劳动力市场相互贯通的校园就业市场，以综合性招聘会为龙头，小规模、专业性供需洽谈会为补充，使校园招聘活动经常化、规范化。二要建设、用好本校就业指导网站，充分发挥就业网站在职业指导中的重要功能和作用。三要建立毕业生生源信息库和用人单位需求信息库，建立校企交互信息平台。四要扩大信息收集渠道，利用人才网站、人才交流中心、报刊、杂志等信息源来捕捉有效的需求信息。

六、与思想政治教育相结合

职业指导要贯穿在学生思想政治教育之中。通过多种形式大力宣传往届毕业生在生产第一线建功立业的典型事迹，形成良好的舆论导向，唱响毕业生服务基层的主旋律。指导学生正确处理社会需要与个人志愿、事业发展与个人成长的关系，选择合理的就业途径，走与实践相结合的成长之路。对毕业生要突出"五个教育"，即价值观、国情形势、职业道德、诚信和文明离校等教育，以强化学生的职业道德、诚实守信、勤奋上进和勤勉踏实作风的意识。职业院校在工作实践中所选择的内容和方法不仅要有侧重，而且要综合起来进行运用。职业指导无论采用什么内容，采取何种方法，最终目的就是促进学生顺利就业、就业稳定和职业生涯发展，实现学生的人生价值，真正使职业教育健康、和谐发展。

第十章
职业教育教师的成长与发展

职业教育肩负着培养面向生产、建设、服务和管理第一线需要的高素质技能型人才的使命，在我国加快推进社会主义建设进程中具有不可替代的作用。而这种作用的实现，必须依靠高素质的职业教育教师队伍。因此，职业教育教师的专业成长与发展必须予以足够的重视，并大力建设。

第一节　职业教育教师的素质结构

随着社会经济的发展，职业教育从"规模发展"走向了"规模、质量、结构、效益协调发展"的新阶段，其师资需求也从"学历文凭"提升到"素质能力"的一体化高度。所谓"一体化教师"是指既具备扎实的基础理论和较高的教学水平，又具备较强的专业实践能力和实际工作经验，能指导实践操作的教师。

一、良好的思想道德素质

教育大计，教师为本。教师是人类文明的传播者，是知识的传授者，是灵魂的塑造者。要做好职业教育工作，培养优秀的生产一线的人才，首先教师必须具备良好的思想道德素质，特别是师德。它主要包括：教师应该具备的生活目标、道德理想、道德标准和道德情操，热爱职业教育事业、甘于吃苦、甘于奉献、热爱和关心学生、团结协作等。思想道德素质是教师的一种特殊素质，是其进行职业教育工作过程的精神支柱，是其人格魅力的体现。它决定着教师职业活动的方向和态度，制约着教师的道德准则，影响着教师科学文化素质、能力素质等的发挥，直接关系到教师工作的成效。它从伦理学的角度规定了教师在教育工作中应该以怎样的思想、情感、态度、行为和作风去待人接物，处理工作中出现的问题。从政治的角度规定了教师在职业教育过程中应自觉地与党的各项教育方针政策保持一致；在纷繁复杂的社会大背景下，在面对各种问题时，能以正确的政治观念和政治智慧分析问题、解决问题。

二、良好的知识素质

知识素质是职业教育教师素质的核心构成，是教师业务水平的根本保证。职业教育教师的知识素质主要包括三个方面：一是要有精深的专业知识和宽厚的基础知识。只有做到基础知识牢、专业面宽、实践技能精，才能胜任职业教育工作。二是要有广博的当代科学和人文两方面的基本知识。职业教育教师不管是公共文化课教师，还是专业课教师，除了掌握好专业知识，还要不断扩大自己的知识面，及时了解有关科学知识的新成就，掌握企业生产以及本专业的有关信息，学习一些边缘科学知识，增加知识储备。这样，才能做到"居高而临下，厚积而薄发"，才能更好地完成教学任务，适应现代教育的发展。三是要有职业教育心理学、职业教育学和专业教材教法等教育科学知识。一方面可帮助教师树立正确的教育观，了解和掌握教育工作的基本规律及教育教学的基本原则和方法，以及具备必要的教育教学技巧；另一方面，掌握了这些知识，可以帮助教师了解学生身心发展的规律，了解提高学生智力、培养学生能力的方法和规律，并开展教育教学改革和科学研究活动。

三、良好的专业技术素质

专业技术素质是职业教育教师从事职业教育活动的基础与先决条件。包括：一是作为教师应具备的文化知识和基本能力；二是指教师从事职业教育应具备的专业知识和技能。

职业教育的主要目的是训练和开发学生的潜能，使其掌握从事某一职业或承担某项工作所需的专业知识和技能，具备相应的就业能力和资格。学生技能的培养是在教师的示范和指导下反复训练而形成的，因此，教师必须具备丰富的专业知识与较高的专业技能，才能进行示范与指导。在教学过程中不仅要使学生会做，还要使学生知道为什么这样做，提高学生对职业发展的适应性。

从事职业教育的教师应成为既能讲授理论知识，又能进行技能示范与带学生实习的一体化教师。

四、良好的教育教学素质

职业教育教师必须掌握科学的教育理论与教学技能，其能力素质由教学设计和调控能力、实践教学能力、教学转移能力、科研能力、社会交往能力组成。

（一）教学设计和调控能力

教学是教师的基本职责，是其最主要的工作。教学能力是指教师组织和实施教学的能力，是职业教育教师的基本能力，包括加工教育影响的能力和对教育影响进行有效传导的能力，以及较强的组织管理能力。职业教育的课程体系是根据岗位或岗位群所需能力来设计的而非学科体系，教师要有能力根据实际需要设计和调整教学。

在职业教育过程中，影响学生的因素很多，但并不是所有的影响因素都具有教育价值。因此，职业教育教师应具有根据专业特色和学生的实际情况对各种影响因素进行加工的能力，取其精华，去其糟粕，达到教育学生的目的。经过教师加工过的教育影响、教育信息，必须经过合理有效的传导，才能够被学生掌握和接受。教师在教学过程中要恰如其分地运用语言和非语言（手势、体态、表情等）表达能力，多方位传达信息，正确地传导各种教育影响。

职业教育教师还应具备较强的组织管理能力，包括确定班级目标和计划的能力，组织教学、实习的能力，做好思想政治教育工作的能力，开展各种校内外活动的能力，特别是要懂得一般的企业管理知识，具有较强的组织管理生产实习教学工作的能力。结合生产实际，让学生对企业的生产管理有所了解，增强学生毕业后社会适应能力和职业岗位适应能力。

（二）实践教学能力

实践教学能力是双师素质教师的核心能力。职业教育的办学目标是以社会需求为目标，以就业为导向，坚持培养生产、建设、管理、服务第一线需要的高素质技能型专门人才。职业教育强调校企合作、工学结合的办学模式，要突出第二课堂（课外）、第三课堂（企业）的教学。职业教育教师不能再按传统的"理论＋实验"的教学模式进行教学，而是要积极实施项目驱动、任务引导的教学方法，模拟企业现场环境，大力推广实训教学。这就要求作为知识传授者的职业教育教师，首先应是知识的应用者，即应该具备熟练运用本学科知识解决实际问题的能力，否则将难以培养出符合现代社会要求的合格的技术应用型人才。因此，专业实践能力也应该是职业教育教师所应具备的重要素质。具体而言，可以分为两个方面：一方面，这种能力是针对教师本身而言的，教师应获得相应的专业资格，即可以进行实践的资格，如工程师、技师等资格，使其本身具备将知识应用于实践的能力；另一方面，这种能力是面向学生的，教师要能够将自身的实践能力传授给学生，使学生掌握相关知识。

职业教育教师活动的基本环境是：班级、职业院校、企业，这是与其他教育明显不同的地方，教师不仅在课堂上给学生上课，而且经常带学生到企业生产一线进行实习、实训；或者由于生产工艺的需要，一个班集体又要分成几个小组开展活动，这一切都给教师的管理带来难度。客观上要求教师应具备较强的组织管理能力和协调能力。良好的管理和组织协调能力是推动教学、增强教学效果的润滑剂。

（三）教学转移能力

由于职业教育有区域性的特点，要求其专业设置必须适应地方经济和社会发展的需要，具有较大的灵活性。因此，职业教育教师必须具备专业教学任务转移的能力，当专业设置体系发生变动时，能够顺利地实现从原来所教授的专业课程转移到新设专业或相邻专业课程上来，尽快胜任新的教学工作，真正实现职教师资一专多能的目标。

（四）科研能力

职业院校的科研活动主要是教研科研、新技术推广、设备改造和技术革新等活动。职业教育教师要具有教育教学理论研究能力，主持、参与专业教学改革，用教育教学理论指导教学。现代科学技术的发展促进各学科间不断相互交叉、渗透并产生新学科；新技术不断出现，产业结构不断调整，引起新的职业不断产生，旧的职业逐步改造乃至消亡，引起社会职业结构的调整和重组。职业教育教师要通过科技项目开发，掌握新思想、新技术、新方法，提高学术水平，促进产学紧密结合，以科研促进教学，以教学带动科研，在教学中发现问题，在研究中解决问题；也要从职业变动中，开发设计新的职业课程。

因此，职业教育教师不仅要成为一名教书育人的合格教师，还要成为既具有实践教学能力，又具备专业理论知识的教学科研人员。

（五）社会交往能力

公关能力表现为一个人在社交场合的介入能力、适应能力、控制能力以及协调能力等。良好的公关能力是现代社会生活中人的重要素质之一。职业教育的开放性特点决定了职业教育要面向社会，面向企业。职业教育教师必须具有一定的社会交往能力，它是一体化素质教师必备的能力。在开展专业论证、校企合作办学、产学研结合、职业岗位培训、学生实训实习、学生就业等方面，都和社会紧密相关。因此，职业教育教师要面向社会，面向企业，正确、有效地处理和协调好工作中人与人的各种关系，及时掌握社会的发展动向，掌握社会对专业人才的需求信息，掌握专业发展的新技术、新知识、新工艺，善于对信息进行分析、加工、处理，合理使用信息资源。

五、良好的身心素质

职业教育与其他类教育相比，一个称职的职业教育教师，除了必需的思想道德、科学文化、专业技能等素质外，还需要具备良好的身心素质。良好的身心素质是一切工作的根本，是高效率工作的动力源泉。

职业教育教师应通过多种多样的形式手段创造一种有益于交流学习的气氛，把每个学生都当作具有感情独特的个人看待，而不是作为授予某些东西的物体，使学生在一种乐观而非沉闷的环境下学习。要创造这种环境，教师必须要有健康的心理，健全的人格，教师要不断努力提高自身修养，尽量避免产生不利于教学交流的消极情绪，即使产生了，也要像演员演戏一样把一切不愉快的情绪置之课堂之外，以积极的心态去影响感染学生，培养自信乐观、豁达开朗的健康心理，提高自我评价、自我调控的能力，努力克服不良情绪的困扰。只有这样才能充分发掘自己的潜能，发挥自己的才干，促进学生的健康成长，提高职业教育教学的整体效益。

职业教育的教师往往要从事一系列高强度的工作，在正常情况下，他既是理论教师，在课堂上上课，又是实习指导教师，带学生到实训基地或企业生产线上工作，需要经常深入生产一线等艰苦的工作环境。这些特点决定了教师必须要有旺盛的精力和充沛的体力。另外，每个教师不仅要面对各具特性的个体，最大限度地发展他们各自的特性；还要面对复杂的社会系统，最大限度地将学生个性的发展与社会需要协调起来。而这些工作不仅需要教师要有良好的身体素质，而且更需要具备良好的心理素质。良好的身体素质离不开良好的心理素质，正如良好的心理素质离不开良好的身体素质一样，二者互相促进，互相依赖，不可分割，构成一个有机的整体。

第二节　职业教育教师的专业化发展

教育者必须受教育。职业教育教师要具备广博的文化科学知识和精深的专业知识，只有通过不断学习，在自己专业上不断进步，与时俱进，才能提高自己的业务水平。促进教师专业化发展，是一项面向未来、效益无限增长的工作。一定要从社会发展、文化进步的高度去看待教育，看待教师的专业化发展，更要从国家的整体发展、提高教育质量的战略高度去落实教师的专业化发展，要积极采取切实有效的措施，大力提高职业教育教师的专业化水平。

一、职业教育教师专业化发展的含义

（一）专业

所谓专业是指具备高度的专门知识，特殊技能和责任感而异于其他职业而言的。专业是一种需要特殊智力来培养和完成的职业，其目的在于提供专门性服务。专业的基本原则和标准是：一是具有系统的理论基础和高度的知识构成；二是必须经过长期（通常 4～5 年）的知识和技能的培养与训练；三是拥有一套服务、客观、公正的行事规范，如依据专业知识和标准而订立的行规、伦理；四是有同行参照及组成的专业团体。

（二）职业教育教师专业化

职业教育教师专业化是指职业教育教师职业具有自己独特的职业要求和职业条件，有专门的培养制度和管理制度。职业教育教师专业化的基本含义是：

（1）教师专业既包括学科专业性，也包括教育专业性。国家对教师任职既有规定的学历标准，也有必要的教育知识、教育能力和职业道德的要求；

（2）国家有教师教育的专门机构、专门教育内容和措施；

（3）国家有对教师资格和教师教育机构的认定制度和管理制度；

（4）教师专业发展是一个持续不断的过程，教师专业化也是一个发展的概念，既是一种状态，又是一个不断深化的过程。

认识职业教育教师专业化，还可从动、静态两个角度来认识：

第一，从动态的角度来说，职业教育教师专业化主要是指职业教育教师在严格的专业训练和自身不断主动学习的基础上，逐渐成长为一名专业人员的发展过程。这一过程的实现不仅需要教师自身主动的学习和努力，以促进和提高自己的专业能力，而且良好环境的创建也是职业教育教师专业成长所必不可少的重要条件；确立严格的职业教育教师选拔和任用标准；建立职业教育教师专业组织和形成职业教育教师专业规范等。在职业教育教师的专业成长过程中，其自身和外部环境这两方面因素是相互作用、相互促进、缺一不可的。

第二，从静态的角度来讲，教师专业化是指职业教育教师的职业真正成为一个专业，职业教育教师成为专业人员得到社会承认的这一发展过程。因此职业教育教师专业化不仅是教师培养、教师教育的过程，而且是教师培养、教师教育的目标和发展趋势，体现了对职业教育教师专业水平和社会地位的一种肯定和认可。

但是当前，尽管职业教育教师的专业能力和水平有了很大的发展，但与医生、律师、工程师这些专业人员相比，教师的专业化程度仍相对不足，并且相应的社会地位也未达到其他专业人员的水平。因此，当前职业教育教师职业正在由"半专业化"向"专业化"方向发展。"专业化"成为未来教师发展的努力方向。

（三）职业教育教师专业化发展

职业教育教师专业化发展是指职业教育教师个人在专业生活中的成长，包括信心的增强、技能的提高、对所任教学科知识的不断更新拓宽和深化以及对自己在课堂上为何这样做的原因意识的强化。教师专业发展意味着：①教师已经成长为一位超出技能的范围而有艺术化的表现；②成为一位把工作提升为专业的人；③把专业知能转化为权威的人。

教师专业发展是个长期的过程，甚至终身学习的过程，体现了信息时代教师的高度责任感、积极的进取心和令人钦佩的事业追求。

二、职业教育教师专业化发展的目标

职业教育教师专业化发展的目标是职教从业者工作的出发点和归宿，也是衡量一个教师专业成长水平的重要参照。

（一）要确立教师作为专业工作者的职业理想，以之作为教师自身努力的方向和职业院校教师队伍建设的根本奋斗目标

实现教师队伍的专业化，教师成为专业人士的重要的方面就是每个教职工要有敬业精神，讲究职业道德，遵守职业规范，应该是最基本的。

（二）要提高教师的专业水平，必先由教师主体本身充实知识能力，求取专业发展并献身教育工作，以赢得学生、家长与社会各界人士的信赖与认同

对教师来说，专业水平不仅仅是讲他掌握的知识，也不仅仅讲他教学工作、

课堂教学的水平，它包括教学工作、学生教育管理工作、家长工作的水平。不仅仅是知识水平、理论水平，更是在实际工作中所表现出来的教育思想观念以及方法、经验和技巧。

（三）教师专业化涵盖的内容十分广泛，但不同的职业院校里不同个体的专业化发展的重点有所差异

比较重要的有，教师的文化素养、青年教师的专业起步、新课程的核心理念、网络时代新的教学模式、课堂教学中教师教学行为的有效性、课堂教学的调控艺术、班主任工作艺术、学生心理健康教育艺术、家校沟通艺术等，尤其是如何结合校情、社会发展、专业发展，把教育规律同经济规律有机地融合起来，探索教育经济一体化的道路。从实际出发，抓住各个具体的理论教学和实际操作的教学环节，走出一条促进教师专业化成长的新路来。

三、职业教育教师专业化发展的主要措施

根据各职业院校教师队伍的实际情况，建立教师梯队、强调分层管理，对不同层次的教师提出不同的要求，实施不同的培养措施，从而使每一位教师的专业水平，都能够在原有基础上得到不同程度的提高，为形成专业化教师群体奠定基础。

（一）立足教师个人发展，制订每个教师个人的发展规划，做到个体有目标、院校抓落实

教师依据自身情况和专业化成长的需要，制订专业化发展计划，可以从三方面入手：

1. 正确定位

教师的个性不同、环境不同、所受的教育不同，使得教师的价值观、教育观、思想方法具有明显的差异性。因此，在专业发展上，同样要体现"以人为本"的思想，不搞一刀切。教师要为自己正确定位，专业发展的方向必须因人而异；如果强人所难，只能事倍功半，或者是捡了芝麻丢了西瓜。

2. 不断学习

在知识经济时代与信息社会，知识更新周期大大缩短，教师是教育的思想

者、研究者、实践者、创新者和需要不断发展的专业工作者。作为传播知识的使者，面对着知识的快速发展，科学技术的日益进步，教师不仅钻研精深的专业知识，领略前瞻的教学思想，还要涉猎社会自然百科，不自封，不自傲，终生学习，变"一桶水"为"长流水"。每个教师都要确立终身学习、全程学习、团体学习的观念。做到工作学习化、学习工作化。

3. 积极探索

学生不缺理想，不乏智慧，不少计划，但大多数人之所以不能成为各行各业的专家，恐怕最缺乏的是踏踏实实的行动。实践的过程是漫长的，可能还充满着困难与挫折，甚至伴随着痛苦与折磨，所以要有百折不挠的精神；实践的过程是寂寞的，没有轻松浪漫，没有掌声鼓励，所以要耐得住寂寞，经得起考验。

职业院校根据教师制定的目标和措施，有针对性地把握全校教师的整体发展方向。然后将学校确定的培训目标与教师个人申报相结合，确定骨干教师梯队各级目标对象，进行培养。

（二）注重校本培训，关注教师的实际需求

职业院校通过制订和下发《教师专业化发展学习培训需求调查表》，征求和收集教师的建议，积累校本培训的第一手资料，为确定校本培训工作的内容和形式，提供依据。对教师进行校本培训，是职业院校促进教师专业化发展的一项重要工作。在内容上，职业院校要根据教师在专业知识与技能方面的弱势，将校本培训与教师的实际需求相结合；在形式上，将校本培训与建设教师梯队的需要紧密结合，分层培训，采取专家培训和自我培训相结合，走出去与请进来相结合，使不同层次的教师得到不同程度的提高。

（三）发挥各级骨干梯队教师作用

在日常教学工作中，职业院校为骨干教师搭台子，压担子，辐射作用。为便于把握梯队教师所发挥作用，职业院校定期对其进行阶段性评价，注重评价过程，及时反馈评价信息，指导各级骨干梯队教师的工作。

（四）关注各层次教师的发展情况，使各个层次的教师都有培训的机会

教师的专业成长是职业院校的责任，在日常的教学管理中，职业院校定期

进行基本功考核，有针对性地指导教师调整自己的专业知识技能的发展目标，防止目标过高或过低，从而促进其达到自己的最近发展区。职业院校要努力构建学习型组织，让教师在学习型组织中不断学习进修，着眼于全体教师的专业化成长，使各个层次的教师都能充实专业知识，提高驾驭课堂的水平，提升教科研的档次，完善自身的人格。

(五) 为梯队各级教师搭建展示的舞台

构建梯队的最终目的是建设优秀教师群体，促进教师专业化发展，在这个群体出现的过程中，职业院校为不同层次的教师提供不同的展示空间，通过让骨干教师多作展示课、指导课，结合自身特长进行讲座等活动，使不同层次教师的特长得到展示，从而达到互相交流，共同提高的目的。

(六) 创造条件让教师的实践中锻炼和学习

职业院校的教师更强调实践动手能力，鼓励教师去做。这里的"做"不是传统意义上的教学行动，而是以研究的态度去做，去实践。研究教学课程，研究教学策略，研究技能，更要研究学生，研究他们的心理、学习状态、个性及其转化矫正的方法。在研究性的教育实践中，提升自己的教育教学能力，练就娴熟的教学技艺和实际操作技能，形成适合自己个性特征的教学风格和模式。

四、职业教育教师专业化发展的保障

(一) 加强制度建设，保证职业教育教师专业化发展

1. 建立科学、具体的职业教育教师的专业标准

专业标准是培养专业人才的出发点和归宿。要促进职业教育教师的专业化发展，必须首先建立国家公认的、科学的、具体的职业教育教师的专业标准。

科学是指专业标准能反映职业教育教师职业的本质属性。也就是说该标准既能将职业教育教师与中小学教师、高校教师相区别，又能将职业教育教师与工程师、技术员相区别，体现出职业教育教师职业的职业技术专业性和教育专业性。

具体是指为不同类型的职业教育教师制定具体、明晰的专业标准，如为专业理论教师、实习指导教师，以及职业大类的职教教师制定具体、明晰的专业

标准。

　　职业教育教师的专业标准是由职业教育教师的工作对象和工作任务决定的。职业教育教师的工作对象是"具有发展潜力的学生"，其工作任务是把学生培养成为具有较强职业能力的高素质的技术型、技能型人才。这就决定了职业教育教师的专业标准应包括职业技术专业标准和教育专业标准两个方面：

　　（1）职业技术专业标准是指向于职业科学（非工程科学）的专业理论知识和专业实践知识。这与传统的职业教育教师的专业标准有本质的区别。传统的职教师资的培养采取的是"工程师叠加教育科学知识"的模式，其职业技术专业标准是指向工程科学。获得的专业知识和能力是从事工程师工作所必备的。这就给职业教育教师传授职业知识和技能带来知识转换的困难。因为职业教育教师培养的人才是面向生产一线的技术型、技能型人才。这类人才所从事的工作任务与工程师是完全不同的。工程师从事的是研究、设计和开发技术产品，要求在工作中依据一定的科学技术原理，运用一定的科学技术手段来完成某种技术产品的开发与设计。技术型、技能型人才主要从事技术产品的生产与加工，要求他们按照规定的工艺路线，利用相应的工艺设备生产加工技术产品。他们的工作内容不是以某个学科划分界限，而是以劳动过程为载体，因此，在工作中他们较少地依靠系统的学科理论，而更多地依赖工作经验与技能。技术型、技能型人才的这种工作性质和工作内容决定了职业教育教师的职业技术专业标准应是指向于职业科学，而非工程科学。所谓的职业科学是指技术型、技能型人才的职业劳动过程的、反映职业劳动内容的专业技术体系，其基本特征是着眼于专业劳动的完整性、整体性，而不是学科体系的完整性。职业技术专业标准具体包括以下几方面的内容：某一职业科学、职业领域的发展历史、标准及资格；某一职业技术领域中与工作过程、技术和职业发展相关的专业理论知识、专业实践知识及其未来的发展趋势；某一职业技术领域中的职业实践与职业技能；相应的职业伦理规范。

　　（2）职业教育教师的教育专业标准具体包括：①职业教育的基本理论知识；②职业教育的教学设计、实施、评价方面的知识与能力。这是开展职业教育教学工作的主要环节。职业教育教师应具有根据相应职业教育课程的培养目标和教学对象的具体情况，对课程的教学内容、方法、程序、媒体等进行分析和选择确认的能力；③职业教育课程开发技术与方法，这对职业教育教师非常重要；④职业教育专业教学法。它在教育学课程和专业技术课程中间起着桥梁作用。主要是关于专业课程中教什么、如何教的知识和技能；⑤职业教育心理学。主要探讨职业教育对象的心理特点和规律，研究学习职业知识、形成职业能力的规律和特点。

2. 建立完善的职教教师准入制度，提高职教教师的入职标准

教师专业化建设的根本措施之一在于通过资格认定，提高入行标准，体现教师职业的专业性、技术性和规范性。因此，要严格教师资格证书制度，强化教师职业的专业性，提高社会对教师职业的专业认可度。应根据职业教育教师的专业标准，制定体现职业教育教师劳动特点的任职资格，建立相应的职业教育教师资格的认证机构，严把职教师资入口关。

3. 建立职业教育教师在职培训制度，促进教师的专业化发展

一种职业的在职培训制度是确保该职业专业化发展的根本性的制度保障。要提高职业教育教师的专业化水平，在提高职业教育教师的入行标准的同时，必须建立完善的在职培训制度，这可以从以下几方面入手：

（1）制订职业生涯发展规划，倡导终身学习。学校要根据自身的长期发展规划，制订与学校发展相适应的师资队伍建设发展规划，并在时间、资金等方面给予保障。教师要结合学校的发展目标和自身的专业特长制订自己的职业生涯发展规划，明确自身发展和努力的方向。这样才能改变目前职业教育教师专业发展的自然放任状态，同时也可以避免功利性的短期行为。

（2）建立职业教育教师在职进修制度，促进教师个体的专业发展。教师的在职进修可以采取国家培训、省级培训和校本培训相结合的方式进行，充分发挥国家重点职教师资培训基地和省级职教师资培训基地的优势，并以此为基础，通过合理整合、有效配置资金和教育资源，逐步建立区域化的职业教育教师培训机构，提升职业教育教师在职培训的水平。同时要有相应的制度来保障，如：建立带薪进修制度，每年脱产一定时间参加专业进修包括专业理论、教育理论或到企业进行实习，使教师能跟上专业发展的步伐，了解企业的生产与经营过程，积累职业经验。

（3）建立学习共同体，促进教师的专业发展。对教师而言，所谓学习共同体是指教师们共同组成的，以完成共同的学习任务为载体，以促进成员全面成长为目的，强调在学习过程中以相互作用式的学习观做指导，通过人际沟通、交流和分享各种学习资源而相互影响、相互促进的教师学习集体。

除传统的学习共同体，如专业教研组以外，可以把学习共同体的建立与学

校的教研和科研结合起来，围绕所要研究的问题建立多样化的学习共同体，促进教师的群体发展。

（二）稳定有序的工作和专业成长环境

职业院校要营造稳定有序的工作和专业成长环境，成为有利于教师专业化发展的场所。职业院校对教师的专业化发展的思路要突出科学性、前瞻性、实效性，使教师的专业化发展上一个新台阶，符合时代发展的新要求。在发展模式、机制、重点等策略方面做好文章，形成"留人—育人—立人"一体化的培养模式。

在这个模式中，留人是前提，育人是中心，立人是目标。要开创"留得住，育得好，立得稳"的教师的专业化发展的新局面，必须做好如下工作：

1. 以留人促育人

育人的基础是留人，留得住人才能更好地育人。在留人工作中，既要讲事业、也要投入感情、还要考虑待遇。

用事业留人——为广大教师构筑追求事业理想的精神支柱，为每一位教师提供个体发展的时间与空间，搭建施展个人才能的舞台，做到用人所长，人尽其才，支持他们实现积极的人生价值。

用感情留人——形成全方位、全过程、全员的"关心、理解、尊重、支持"教师成长的环境氛围，树立"管理就是服务"的意识。

用适当待遇留人——逐步提高教师的经济收入，实行适当倾斜的政策。让能干的人得惠，不让老实人吃亏。引导教师在职业院校各项工作中主动参与，通过多劳多得、优质优酬，在增长才干的同时，增加工资收入，提高生活水平。

2. 以育人求立人

立人的关键在于育人，育得好才会立得稳。在培养过程中要明确"立人"的目标、通过为教师创造"立人"的条件与环境、开展各种"育人"活动，达到"立人"的目的。

3. 目标管理效能

就每个教师个体的培养来说，可以分前期、中期、后期培养。每一段时间都要建立个人奋斗目标。明确职业院校培养要求，形成比较详细的整体培养计划。通过"目标管理"谋求育人的成效。

4. 共享名师资源

建立以职业院校名师、骨干教师为主体的学科专业培训委员会，开展名师带教活动，形成多元化的名师带教制度。

(三) 健康的职业院校文化

教师在专业化成长的过程中，需要拥有一个良好成长环境。这种良好环境应该具有以下特征：

1. 浓郁的人文气息

一所好的职业院校，不仅要有优美校园，而且应该有浓郁的人文气息。职业院校管理者应该视野开阔，胸襟宽广，思想解放，理念先进；教师应该个性鲜明，志趣高雅，学识渊博，教艺精湛；学生应该刻苦好学，积极进取。

2. 严格的规章制度

教师在成长的过程中，会有来自客观的消极情绪的干扰，更多的是来自自身的惰性，严格的科学的规章制度会对这些消极情绪带来的不健康行为产生约束力。合理的甚至是严格的制度是必要的，也是必需的，是保护大多数人利益的，就是最本质的"人性化"。

3. 宽松的环境氛围

因为教师是一个个具有鲜明个性和丰富思想的活生生的人，不能仅仅以制度去苛求教师，在要求教师为人师表的前提下，应该允许教师有自己的一片天地，使大家在宽松自由、和谐民主的氛围中修身养性、研究学问、提高水平，教好书、育好人。

4. 和谐的人际关系

积极营造一种简单的、非功利性的人际关系，大家都能和睦相处，与人为善，互相关心，互相帮助，也许学生无法改变整个社会，但可以努力来改善和营造生活的小环境。

五、职业教育教师专业化发展的实施

职业教育教师的专业化发展，应有个人层面和组织层面的发展。

（一）教师个人层面的专业化发展

教育是一个使教育者和受教育者都变得更完善的职业，而且，只有当教育者自觉地完善自己时，才能更有利于学生的完善与发展。因此，教师要终身学习、终身发展，不断更新、演进和丰富自己素质结构，实现自我超越和可持续发展，才能很好地完成教书育人的重任。

1．制订职业规划，明确发展方向，做到个体有目标、学校抓落实

职业教师专业化发展主要在教学专业与教育专业两大方面：

（1）教学专业方面。首先是专业知识，即与所任教学科相关的专业知识。一方面要巩固以前所学的专业知识，并将它们转化为活的知识，转变为能动的知识。另一方面，要不断更新已学的专业知识，使之能跟上时代的步伐。因为随着时代的高速发展，专业知识也在不断地更新，不停地发展。不仅如此，还必须突出其核心知识。具体地说，一方面要不断更新已有的学科知识，不懈地充实自己的学科知识，并将其用于教学实践；另一方面，要不断学习先进的教学理论，更新自己的教学理念，用新颖的教学理论来武装头脑。从而，使自己的学科知识处在前列，立于时代的潮头；使自己的教学理论列在前卫，处于领先的地位。其次是专业能力，教师不但要发展教学专业知识，更要发展教学专业能力。具体一点，就是要不断地将教学专业知识转化为教学专业能力，将教学专业理论升华为教学专业技能。因为不是有了教学专业知识就能上课，有了教学专业理论就能辅导。也就是说，不论是上课还是辅导，都需要教学专业能力，都需要教学专业技能，因为教学不仅是一门科学，更是一门艺术。就需要教学专业技能。没有教学专业能力，就没有上课的完善；没有教学专业技能，就没有辅导的完美。换句话说，要想教学日臻完善，就必须发展教学专业能力。

（2）教育专业方面。教师专业发展有：第一，专业理想。教师为什么样的目标去奋斗，为什么样的梦想去拼搏；应该当一个什么层次的教师，做一个什么品位的教师。没有专业追求的教师，不会成为一个好教师；没有专业理想的教师，不会成为一个名教师。只有发展了教师的专业理想，才能提高教师的档次，提升教师的品位。第二，专业思想。教师都必须产生自己的教育专业理念，

形成自己的教育专业思想，而且还必须不断更新自己的教育专业理念，发展自己的教育专业思想。第三，专业品格。一是终身从教。作为教师，不仅要热爱教师职业，更要立志终身从教。二是育人为本。教师的本职工作不光要教书，更要育人；不光要尽心尽力教好书，更要不遗余力育好人；不光要为人民教好书，更要为国家育好人。三是为人师表。为了教书育人，教师必须不断探索，不断创新；为了为人师表，教师必须加强自我修养，提升自身品行。第四，专业智慧。教育是一门科学，科学需要智慧。所以，教育需要智慧。智慧来自先进的教育理论，源于坚实的教育实践，源自先进的教育理论与坚实的教育实践的融合。因此，要想增加专业智慧，必须不断地学习先进的教育理论，深入地进行理性的教育思考；不懈地进行坚实的教育实践，持久地进行教育艺术的探索；及时地进行教育经验的总结，科学地进行教育理论的升华。

由此可知，教师专业发展是有层次的。第一层次是发展教学专业知识，发展教学专业能力，这是成为好教师的基本要求。第二层次是在第一层次的基础上发展教育专业理想，发展教育专业思想，这是成为名教师的重要内容。第三层次是在第一、二层次的基础上发展教育专业品格，发展教育专业智慧，这是成为教育家的必备条件。如果能够孜孜以求，不懈发展，那就一定能由一般教师变成好教师，由好教师变为名教师，由名教师变成教育家。

2. 教师要主动到企业锻炼

新的技术、新的工艺，最先是在企业中使用，从企业到职业院校，走进课堂这个过程往往是很漫长的。书本上所谓的新技术、新工艺，在企业里，在生产过程中，往往已经不是新的了，甚至是过去式了。因此，很多书本上的知识是滞后的知识。所以，技术的更新、工艺的改变，只有到企业去，才能了解到。这些在职业院校、在实验（训）室里是无法了解和掌握的。

教师要想尽快掌握最新的知识，新的技术，只有到企业去，在生产一线中，学习最新的技术，最新的知识，通过在生产过程的锻炼掌握最新的技术，提高自己的技能，提高工艺水平。教师在不影响正常教学的前提下，可以自己联系企业，也可由职业院校联系企业，多到企业去学习、锻炼。对于提高自己技能，了解行业发展等有直接推动作用。

由于每一次到企业的时间都是有限的，教师要带着问题到企业去，制订好实践锻炼的计划。做到有的放矢，目的明确，重点突出，充分利用好时间和机会。

3. 教师要主动到实验（训）室工作

教师要主动到实验（训）室工作，在完成教学（理论或实训教学）后，还应该多到实验（训）室去操作，训练自己的技能，精益求精，不断提高自己的技能，把理论知识，应用到实践中去。

由于教师大多是从职业院校毕业后直接来到职业院校工作，理论水平确实不错，但是，由于没有经历过生产的磨炼，往往技能较欠缺，技术不熟练。即使是在企业工作过的教师，由于离开生产一线后，技艺开始生疏，也需要经常到实验（训）室温习，经常操作设备，保持较好的技能水平。更何况新技术，新工艺不断出现，也需要教师不断地学习，研究新的工艺。职业院校的实验（训）室是教师提高技能的好地方，教师在完成教学任务后，还要在实验（训）室里花费大量的时间，用以提高自己的技能。

4. 主动学习相关知识，扩大自己的知识面

职业教育的性质决定了职业教育教师既要有精深的专业知识，又要有广博的文化科学知识。只有具备了深而广的知识储存，教师才能视野开阔，才思敏捷，讲起课来才能左右逢源、游刃有余。因而，对于专业知识，教师不能仅限于一般性地达到教学大纲中所规定的知识水平，教师的知识应该比教学大纲有更宽的范围和更深的深度，才能在教学过程中把自己的注意力，主要投放到学生的思维过程以及思维中遇到的困难上，而不是集中在所讲授的知识本身；才能做到把握全局，唤起兴趣，使教学不再是生硬的知识输灌，而是诉诸学生的理智和心灵，这才是教育职能的核心所在。例如语文教学，就应该多读一些本学科范围内的经典著作，并积极参与本学科的科学研究工作。做好基础的工作，要给学生"一杯水"，自己要有"一桶水"，这一桶水必须是"活水"。朱熹有诗"问渠哪得清如许，为有源头活水来"就很形象地诠释了这个问题。这"活水"主要来自于教师的科学研究，所以读名著和搞科研就是打好基本功，增强教师基本素质的事情，犹如树的生长，根深才能叶茂。除此之外，教师还必须具备相关学科的基本知识。当今世界，各个学科相互融会，互相渗透，蓬勃发展。一个人要做出较大的成就，就不能封闭在一个狭小的领域里。教师既要重视学科本身的内在知识结构的关联性及各学科知识之间的质的区别性，又要重视各学科之间存在的普遍联系和相互渗透现象，从综合化的高度考虑教学内容。例如语文从大范围来说是属于汉语言文学范围的一种，但如果仅仅从这个角度去

教授这门课是远远不够的，它涉及历史、哲学、社会学、心理学以及专业等多门学科知识，教学中不能孤立地传授知识，而要在有机的联系中掌握概念，以知识的广度来达到知识的巩固性。从教学方法论上讲，应该视之为"学科与学科交叉的方法"，把交叉学科的知识渗透到语文教学当中，学生在学习过程中就能够左右逢源、思路大开，避免目光狭隘、就事论事，这样极大地提高学生发现问题、分析问题和解决问题的能力。如果教师的观念陈旧落后，知识单一狭窄，是不会产生什么好的教学效果的。在知识经济占社会主体的时代，任何人再也不能刻苦地一劳永逸地获取知识，而需要终身学习如何建立一个不断演进的知识体系——"学会生存"，教育的过程本身也应是一个终身学习的过程，这就要求教师不能把大学毕业作为教育的终点而应视为起点，以跟上时代的需要，不断充电，不断更新自己的知识储存，坚持终身学习为目的，像海绵吸水一样，吸取人类文化和科学发展中一切优秀的东西，不能有丝毫的懈怠。

5. 综合素质的培养

综合素质是一种难以测量、非数据化的一种综合的东西，不是通过程序化的学习就轻易掌握的，它需要把各种知识通过有目的的实践行为冶炼成的一种能力。综合素质是知识积淀和内化的结果，是一种相对稳定的心理品质，具有理性的特征；同时，它又是潜在的，是通过外在形态（人的言行）来体现的。因此，综合素质相对持久地影响左右着人对外界和自身的态度，即具有相对的稳定性。这种综合素质就是在敬业和知识基础上的综合能力与情商。

如何培养？教师不能只关心自己的专业发展，而忽略社会的发展。除了要关注专业发展情况外，还要关注社会各方面的发展，对专业的影响。学工科的，要了解文科的知识；学文科的，要了解工科的知识。同时，还要关心社会发展，关心国家大事，具备一定哲学、历史、政治经济等方面的知识；处处要注意教师的形象，为人师表，需要优良的师德、完善的综合素质。

（二）组织层面的专业化发展

加强教师的职业培训，促进教师的专业化发展，既是职业教育自身发展的必然要求，也是职业院校提高教育教学质量的重要措施。为此，职业院校要根据教学的需要和要求，从实际出发，坚持立足国内，在职为主，形式多样，讲究实效的培训模式。第一，对不同年龄层次、不同知识结构的教师提出不同的要求。青年教师必须参加岗前培训，包括学习职业教育法、教育学、教育心理学、教师职业道德教育修养等课程。中青年教师是培训的重点，培训内容应着眼于教师职业道德教育，更新和拓宽知识结构，提高专业技能和教育教学能力。第二，构建多形式多渠道的培训体系，通过长期、短期、专项进修、学术交流、出国考察等多种培养形式，使教师做到博学多识，一专多能。要做到重点培养与全面提高相结合，为全体教师提供平等发展的机会。

1. 做好教师的职业生涯规划

通常都是教师给职业院校的学生作职业生涯规划，往往忽略了给教师自己作职业生涯规划。事实上，教师也很有必要根据职业院校工作的需要，自己的知识结构、专业技能、兴趣爱好等作职业生涯规划。

职业院校要着眼于全体教师的专业化成长，与教师共同制订切实可行的培训计划，使各个层次的教师都能充实专业知识，提高驾驭课堂的水平，提升教学科研的档次，完善自身的人格。特别是针对青年，拟订其专业发展规划，使得每一位教师都清楚自己的专业发展方向，并为之努力。在组织层面为教师制订职业生涯规划时，更多地是考虑职业院校的利益和需求，在可能的情况下，也可考虑教师个人的爱好与兴趣。职业生涯规划的目标不应是抽象的，而应是具体的，应该是符合教师切身实际并通过努力可以达到的。可以从专业基本功、课堂教学水平、专业技能、科研能力、现代教育技术手段使用水平、骨干教师层次、学历层次等方面细化整体性目标，从而达到不断提升教师专业素质的目的。

规划要有时间、目标、步骤、措施、检查、监督等内容。

2. 有计划地对教师进行培训

（1）校本培训。

校本培训就是为满足学校和教师的发展需求，以学校为基本单位，以校长为第一责任人，以教师任职职业院校为基本培训单位，立足本职、本岗、本校的教师培训。

①校本培训的特点：

目标的直接指向性。校本培训有效克服了传统教师培训（包括学历教育、脱产进修、在职进修等）的局限性，将培训目标直接指向教师和学校的具体要求，从学校和教师的实际出发，通过培训解决学校和教师的具体实际难题，促进学校自身的发展，提高教师的教育教学和教育科研能力，从而提高教育教学质量。

组织的自我主体性。校本培训多由学校自身组织、规划，不仅培训方案由学校自身研究设计，而且培训力量也多半来自学校内部。当然也离不开校外专家的指导，但他们都是与学校教师结合成"共同体"，协同开展研究、培训。

内容的现实针对性。校本培训的内容不再是为解决普通性问题而选择的，而是从学校和教师的实际出发，有什么问题就培训什么，其培训内容充分体现了差异性，实用性和针对性。

方式的灵活多样性。校本培训的方式极为灵活，主要有：课题研究；教育专业人员作教育教学和教育科研报告；优秀教师与新教师结成师徒；学校或各教研室组织教师互相听课、评课、开教学研讨会、经验交流会等；校际间的交流、互往等。采取自主学习与集中培训相结合，专题辅导与研讨交流相结合，专家指导与外出考察相结合，课题研究与网络培训相结合等多种培训形式，促进教师素质提高。

②校本培训的基本原则：

针对性原则。以学校和教师的实际需求为出发点，多种途径、多种形式、多种模式地进行，有针对性地解决教师教育中的现实问题和未来问题。

实效性原则。紧密结合教师的教学实际，以"问题"为中心，以行动研究为杠杆，着眼于课程、教材、教法、管理、交流中的"问题解决"。

系统性原则。以学校整体发展和教师专业化为本，注意培训的系统性，以达到提高教师队伍的整体水平的目的。

主体性原则。学校自主培训、自主管理，教师自主学习、自主发展。

协同性原则。实行校内教学、科研、培训的有机整合，对外与培训机构的良好合作。

③校本培训的实施：

校长是校本培训的设计者和负责人。校长对学校校本培训工作负总责；要按上级主管部门的要求，建设并管理学校培训组织；根据学校的情况提出校本培训的思想和工作策略，制订校本培训的规划和实施方案；负责提供专项经费和培训资源等保障；负责建立规范的校本培训管理制度，并组织开展校本培训的检查和评估；负责研究和开发校本培训资源，研究和解决校本培训问题，改进校本培训工作。

教师的个人主动学习是校本培训的关键。校本培训是以教师任职学校为主阵地，以教师互教互学为基本形式，在岗业余自学的一种进修模式。需要教师本人积极主动学习，还需要教师有极大的毅力。因此，首先要让教师认识到未来社会是学习型的社会，作为教师更是需要接受终身教育，只有不断更新教育观念，不断更新知识结构，不断进行自我完善，才能适应社会发展对素质教育的需要。其次要让教师体会到校本培训的得益者是教师与学校双方，教师在培训过程中可以使知识和技能得到提高，同时学校也因教师素质的提高而促进了整体办学水平的上升。

同事间的共同学习与研讨是校本培训的重要形式。要在学校构建不同层次的学习型组织，促使教师有效地进行相关的沟通和交流，即以分享为目的的教学交流。学习型组织的基本单位是众多会学习的团体，要把各科室、教研组变为学习化的组织而不是单纯的管理性组织。定期开展经验交流碰头会或教学沙龙，也可组织教师相互听课，可以超出学科或专业之间的学习。

与校外机构的合作是校本培训成功的保障。开展校本培训的过程中与校外机构之间的合作，是成功实施校本培训的重要保障。首先可以开展校际的横向合作，实现优势互补；其次需要纵向的引领。实施师资培训的机构有着丰富的教育资源和致力于教师教育的专业人员，能够解决校本培训中所存在的缺乏理论支撑、低水平重复、过于迁就现实等问题；第三，校本培训中需要增加一些非直接的教育教学的内容与活动，例如开展社会调查、考察现代企业等。这些活动的目的主要是着眼于为教师提供扩大个人视野的机会与空间，使教师以超越学校的眼光看问题，能够用比较的眼光审视自己的工作、职业及其发展。

（2）送到企业培训。

具有熟练的实践技能素质是职业院校教师素质的特色，职业教育要培养素质高、能力强、上岗快、用得上的技术应用人才，其中很重要的一点就是要求学生在校期间必须完成上岗前的实践训练。因此，从事职业教育工作的教师应当具有较丰富的专业实践经验和实践教学的能力。职业院校要努力创造条件，有计划地安排教师到生产第一线和工作现场，参加社会实践。按照国家教育部的规定，专业课教师每两年要有两个月的时间到企业实习，基础课的教师每两年要有一个月的时间到企业实习。提高中青年教师的应用能力和实践能力，使其具有扎实的基础理论知识和较高的教学水平，又具有较强的专业实践能力和丰富的实际工作经验。要淡化专业课教师和基础课教师的界限，逐步实现教师的一专多能。要采取继续教育、到企业单位见习和到企业挂职锻炼等措施，切实提高他们的素质，建设一支素质过硬的专兼职结合、结构合理、有职教特色的"双师型"教师队伍。

（3）到高一级院校培训。

主要目的是提高理论知识，这是提高有经验人员管理水平和理论水平的一种主要方法。尽管他们当中有些已经具备了一定的理论知识，但还需要在深度和广度上接受进一步的培训。这种培训的具体形式可以是学历进修，也可以是短期培训，或选课进修。采用短训班、专题讨论会的形式，时间都不很长，主要是学习一些基本管理知识以及行内的一些新进展、新研究成果，或针对一些问题在理论上进一步探讨等。

职业院校要有计划地送培教师，中职职业院校的教师送到高职或本科院校学习，职业院校的教师送到本科院校学习进修。

（4）到国外培训。

主要目的是学习发达国家职业教育的理论，他山之石，可以攻玉，借助发达国家的职业教育理论，指导自己的实践，丰富自己的职业教育理论。比如，德国的职业教育"双元制"的教学模式，澳大利亚的 TAFE 学院的教学模式，新加坡职业教育无界化组织文化的管理模式等都是值得学习和借鉴。

有条件的职业院校可以考虑有计划地把职业院校的一些骨干老师送到一些职业教育做得比较好的国家去培训、学习，比如，德国、澳大利亚、新加坡等国。

主要参考文献

[1][德]Frank Buenning. 职业技术教育培训中的行动导向教学法导论[M]. Inwent，43.

[2][德]Ludger Bruening，Tobias Saum. Frontalunterricht und kooperatives Lernen[J]. Schulmagazin 5 bis，2006，10(9).

[3][德]Prof. Dr. Klaus Jenewein. die Vorlesung：Didaktik und Curriculumentwicklung[M]. Uni Magdeburg，183.

[4][苏联]马卡连柯，格牟尔曼，别特鲁兴. 论共产主义教育[M]. 北京：人民教育出版社，1954.

[5][苏联]斯大林. 苏联社会主义经济问题[M]. 北京：人民教育出版社，1952，2.

[6]LiChen. Research on Matching of learning and Working-Place in Cooperation of Enterprises and Vocational Schools in China. TU-Dresden. 2009.

[7]曾宪章. 人的发展与职业教育的关系[J]. 职业教育研究，2005，(3).

[8]崔恒义. 双师型教师的素质结构浅析[J]. 科技信息(学术研究)，2008，(9).

[9]崔士民. 职业教育学概论[M]. 成都：电子科技大学出版社，2008.

[10]单志艳，孟庆茂. 中学生自主学习问卷的编制[J]. 心理科学，2006，29(6).

[11]邓友川. 我国职业教育发展的问题与对策分析[D]. 成都：四川大学，2007，12.

[12]高恒山等. 高等职业教育研究论文集[C]. 辽宁省职教学会高职委员会秘书处，1996.

[13]顾明远. 教育大辞典[Z]. 上海：上海教育出版社，1998.

[14]国家教委职业技术教育中心研究所. 职业技术教育原理[M]. 北京：经济科学出版社，1998.

［15］宦平．论新时期我国职业教育培养目标的界定与实现［J］．理论研究，2003，（1）．

［16］黄春麟．高等职业教育专业设置的理论与实践［M］．西安：西安电子科技大学出版社，2003．

［17］黄亚妮．高水平示范性高职院校建设与"双师型"师资队伍建设［J］．职教论坛，2006，（21）．

［18］黄炎培．我来整理职业教育理论和方法［J/OL］．［2005-11-7］．黄炎培纪念馆．http://www.1918.net.cn/hyp/zzxk1.asp? id＝133.

［19］纪芝信．职业技术教育学［M］．福州：福建教育出版社，2000．

［20］姜大源，吴全全．当代德国职业教育主流教学思想研究［M］．北京：清华大学出版社，2007．

［21］姜大源．职业教育学研究新论［M］．北京：教育科学出版社，2007．

［22］姜大源．职业学校专业设置的理论、策略与方法［M］．北京：高等教育出版社，2002．

［23］蒋宏达．试论职业高中培养目标的定位［J］．职教论坛，1999，（1）．

［24］柯中炉，牟慧康，杨林生．虚拟技术：提升高职专业课实践教学的有效策略［J］．职业教育研究，2008，（10）．

［25］雷正光．现代职教培养目标定位研究［J］．职教论坛，2003，（9）．

［26］李国栋．高等职业教育培养目标定位研究［J］．职业技术教育，2001，（6）．

［27］李向东，卢双盈．职业教育学新编［M］．北京：高等教育出版社，2005．

［28］李向东．职业教育学的产生与发展［J］．职业教育研究，2005，（1）．

［29］梁卿，周明星．行动导向的《职业教育学》教学内容改革初探［J］．江苏技术师范学院学报，2008，23（12）．

［30］梁玉凤．高等职业教育培养目标及教学模式改革［J］．北方经贸，2005，（12）．

［31］梁云福，于广建，陈宇飞．高等职业教育教师素质结构的探索［J］．东北农业大学学报(社会科学版)，2004，（3）．

［32］刘邦祥．试论职业教育中的行动导向教学［J］．职教论坛，2006，（2）．

［33］刘春生，徐长发．职业教育学［M］．北京：教育科学出版社，2002．

［34］刘德恩．职业教育心理学［M］．上海：华东师范大学出版社，2001．

［35］刘合群．职业教育学［M］．广州：广东高等教育出版社，2004．

［36］刘舒生，董燕桥．教学法大全［M］．北京：经济日报出版社，1990．

[37]罗匡，张勖，李或宏. 论职业教育学学科性质与定位[J]. 江苏技术师范学院学报，2008，23(6).

[38]吕鑫祥. 构建我国职业教育体系的背景和依据[J]. 长春：职业技术教育，2004，(1).

[39]马建富. 职业教育学[M]. 上海：华东师范大学出版社，2008.

[40]马庆发. 中国职业教育研究新进展[M]. 上海：华东师范大学出版社，2008.

[41]孟景舟. 职业教育概念问题研究[D]. 石家庄：河北师范大学，2007.

[42]青岛市教育局. 突出三大功能　做好职业指导工作[J]. 中国职业技术教育，2004，(6).

[43]石伟平. 时代特征与职业教育创新[M]. 上海：上海教育出版社，2006.

[44]王承欣. 中等职业学校体验德育模式研究[D]. 长沙：湖南师范大学，2006，16－21.

[45]王道俊，王汉澜. 教育学(新编本)[M]. 北京：人民教育出版社，1999.

[46]王杰恩，王友强. 现代职业技术教育理论与实践[M]. 济南：山东大学出版社，2007.

[47]王金波. 职业技术教育学导论[M]. 哈尔滨：黑龙江教育出版社，1989.

[48]王顺义. 技术论选讲[Z]. 华东师范大学自然辩证法研究所内部资料，1995.

[49]王新梅. 教师素质的结构组成及其优化途径[J]. 文教资料，2007，(17).

[50]王小明. 社会转型期高效德育工作创新研究[M]. 上海：华东师范大学出版社，2005，34－35.

[51]王亚南. 资产阶级古典政治经济学选辑[M]. 北京：商务印书馆，1965.

[52]王义智，江文雄. 海峡两岸职业技术教育[M]. 香港：知识出版社，2004.

[53]王玉苗，谢勇旗. 校本培训：职业教育教师专业化发展的有效选择[J]. 职教通讯. 2006，(11).

[54]吴兴富，李晓萍. 职业道德与就业指导概论[M]. 南京：东南大学出版社，2008.

[55]肖化移，聂劲松. 从人才结构理论看高职人才培养规格[J]. 湖南师范

大学学报．2005，（19）．

[56]谢明荣，邢邦圣．高职教育的培养目标和人才规格[J]．职业技术教育，2001，（7）．

[57]徐国庆．职业教育原理[M]．上海：上海教育出版社，2007．

[58]徐学莹．教育学新编[M]．桂林：广西师范大学出版社，2000．

[59]杨武星．从技术论看职业和技术教育的培养目标[J]．职教通讯，1997，（4）．

[60]杨秀芸．职业工作岗位的分析和培养目标的确立——谈加拿大 BCIT 的经验[J]．海淀走读大学学报，2000，（6）．

[61]袁丽英．职业教育运行机制：目标体系与运行方式[J]．职业技术教育，2001，（28）．

[62]翟博．新中国教育方针的形成与演变[EB/OL]．2009-9-22．中国教育新闻网，http://www.jyb.cn/Theory/jyls/200909/t20090922_312227.html.

[63]翟海魂．发达国家职业技术教育历史演进[M]．上海：上海教育出版社，2008．

[64]张楚廷．论教学的特征性规律[J]．教育评论，1999，（1）．

[65]张家祥．职业技术教育学[M]．上海：华东师范大学出版社，2001．

[66]张学茹．当前我国中等职业学校德育创新问题研究[D]．石家庄：河北师范大学，2007，32－35．

[67]张祖春．校本培训实施指南[M]．北京：首都师范大学出版社，2004．

[68]赵欣，卜安康．由技能本位走向生命发展——从人的可持续发展角度看未来职业教育的创新趋势[J]．职业技术教育，2003，（19）．

[69]赵志群．职业教育与培训学习新概念[M]．北京：科学出版社，2003．

[70]中共中央办公厅、国务院办公厅关于适应新形势进一步加强和改进中小学德育工作的意见[OL]．《中华人民共和国国务院公报》，2001．

[71]中华人民共和国职业教育法[Z]．第 12 条．

[72]中华职业教育社．黄炎培教育文选[C]．上海：上海教育出版社，1985．

[73]周济．坚持育人为本、德育为先　开创中等职业学校德育工作新局面[J]．职业技术教育，2009，（7）：26－30．

[74]周念云．高等职业教育人才培养目标体系研究[D]．桂林：广西师范大学图书馆，2006．

[75]朱启臻．职业指导涵义析解[J]．教育与职业，1994，（9）．

后 记

　　相比较起世界其他国家职业教育学科的产生和发展，中国的职业教育学科要晚得多。在世界职业教育学科发展到较为成熟和理论多样化以后，我国的职业教育学科才在学习西方的进程中开始慢慢孕育。在 20 世纪 80 年代中期到 20 世纪末，我国职业教育学科开始自觉地进行学科建设，涌现出一大批理论专著，但仍存在研究对象泛化、研究范式随意、学科体系趋同和学科理论不够实用等问题；21 世纪初期，职业教育学科的建设完全进入了前所未有的繁荣时期，诞生了一大批理论成果。它们从中国视域出发，立足时代特点，反映中国职业教育实践成就。正是基于此，本书才积极加入到职业教育学学科建设中，立足当下中国职业教育实践，以行动导向理念为指导，建构有区域特色和实践应用性的职业教育学。本书在职业教育学学科的历史、职业教育发展历史介绍的基础上，讨论职业教育学的学科性质、研究对象、职业教育的本质、目标、体系等基本问题，辨析、澄清一些理论和实践问题，并对职业教育人才培养过程中的专业设置、教学、德育、职业指导和教师专业成长等基本环节、要素进行介绍和探索，试图为职业教育人才培养、师资培训等工作给予可能的导向。

　　本书编写过程中，经历了框架讨论、写作理念、写作体例等方面的多次讨论，丛书总编和本书所有编写人员从各自学科专业理念和学术资源的角度，给本书的最终完稿提出了许多富有建设性的意见和建议，体现出一个高效、负责的团队。本书由李强博士担任主编，本书各章编写的基本分工如下：第一章，李强；第二章、第三章，庞丽；第四章，陈莉；第五章、第六章，唐锡海；第七章，逯长春；第八章，高慧君、李强；第九章、第十章，黄启良。全书由李强统稿，黄启良协助统稿，高慧君、卢浩宇做了大量的后期校对工作。

　　本书在编写过程中参考、借鉴、引用了有关文献和资料，有的已在正文中以脚注的方式加以注明，有的在书后的参考文献中加以列举，有的由于篇幅等原因，未能一一注明，在此谨向原作者和出版者表示衷心的感谢。对于未标明出处的地方也请原作者和出版者给予谅解。由于本书由多位专家编写，在文字风格上有不一致之处，在观点、表述方面也有欠成熟、完善的地方，诚挚期盼广大教育工作者和读者赐教指正！

本书得到广西自治区教育厅高枫厅长、黄宇副厅长、师范处何锡光处长、师资培训中心刘冰主任、职成处张建虹处长的指导和帮助。在此一并致谢！

编者

2010 年 3 月